读客中国史入门文库

顺着文库编号读历史,中国史来龙去脉无比清晰!

知行合一王阳明

心学日课21天

每天事上练，
21天养成心学思维习惯！

度阴山 著

江苏凤凰文艺出版社

图书在版编目（CIP）数据

知行合一王阳明. 心学日课21天 / 度阴山著.
南京：江苏凤凰文艺出版社，2024.9. -- （知行合一
王阳明大全集）. -- ISBN 978-7-5594-8709-4

Ⅰ. B248.25

中国国家版本馆CIP数据核字第2024UH6996号

知行合一王阳明. 心学日课21天

度阴山 著

责任编辑	丁小卉
特约编辑	王星麟　乔佳晨　高小玲　尹开心
装帧设计	读客文化 021-33608320
责任印制	杨 丹
出版发行	江苏凤凰文艺出版社
	南京市中央路165号，邮编：210009
网　　址	http://www.jswenyi.com
印　　刷	三河市中晟雅豪印务有限公司
开　　本	710毫米×1000毫米 1/16
印　　张	19.75
字　　数	330千字
版　　次	2024年9月第1版
印　　次	2024年9月第1次印刷
标准书号	ISBN 978-7-5594-8709-4
定　　价	370.60元（全六册）

江苏凤凰文艺版图书凡印刷、装订错误，可向出版社调换，联系电话：010-87681002。

阳明心学思想体系

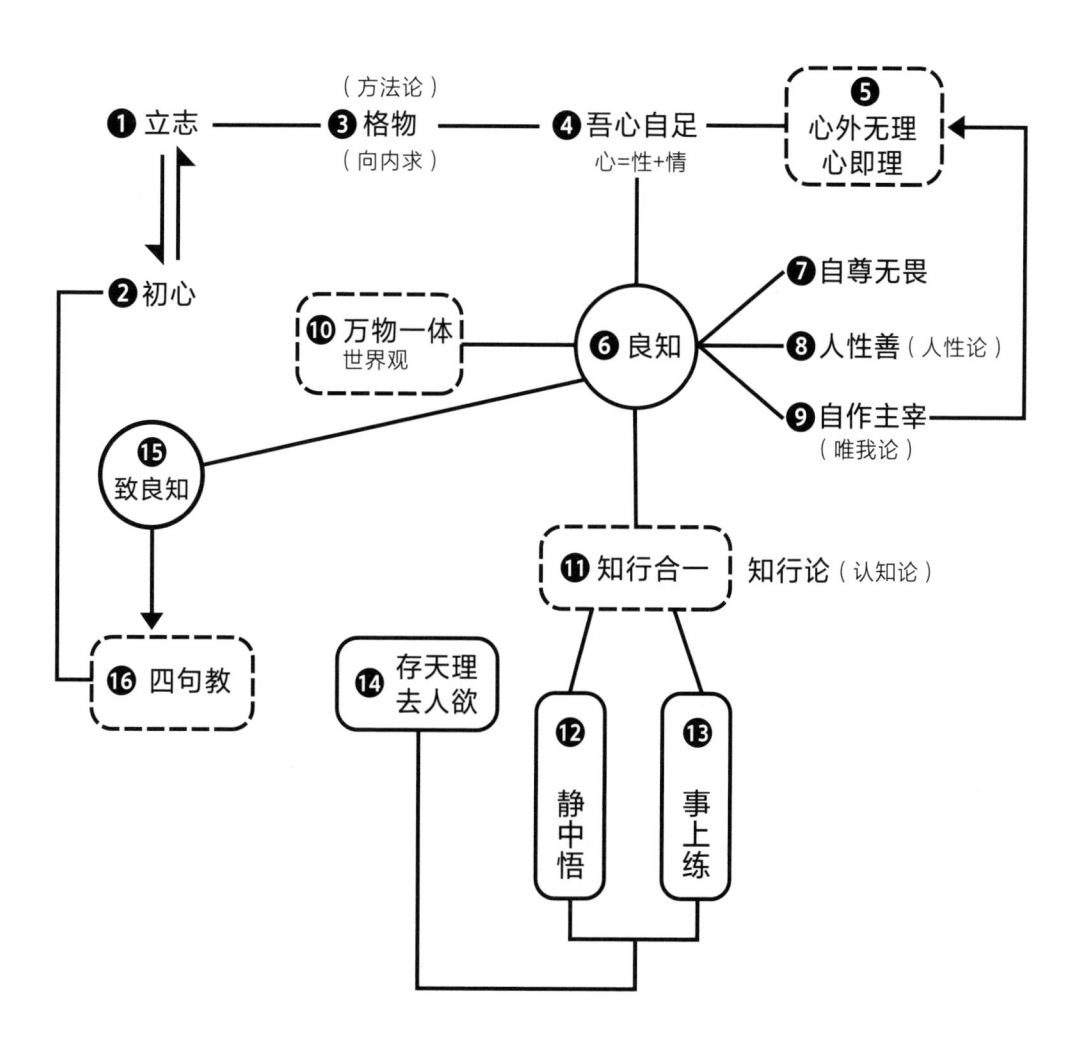

（方法论）

❶ 立志 → ❸ 格物 → ❹ 吾心自足 → ❺ 心外无理 心即理

（向内求）

心=性+情

❷ 初心

❿ 万物一体 世界观

❻ 良知

❼ 自尊无畏

❽ 人性善（人性论）

❾ 自作主宰（唯我论）

⓯ 致良知

⓫ 知行合一　知行论（认知论）

⓰ 四句教

⓮ 存天理去人欲

⓬ 静中悟

⓭ 事上练

目　录

第一章　立志　　　　　　001

第二章　格物　　　　　　017

第三章　心即理　　　　　033

第四章　向内求　　　　　049

第五章　诚意　　　　　　065

第六章　良知　　　　　　079

第七章　知行合一　　　　095

第八章　明德亲民　　　　111

第九章　静中体悟　　　　123

第十章　事上磨炼　　　　137

第十一章　自尊无畏　　　151

第十二章	无我之境	167
第十三章	存天理，去人欲	183
第十四章	破心中贼	197
第十五章	此心不动	213
第十六章	自作主宰	229
第十七章	不忘初心	243
第十八章	致良知	255
第十九章	万物一体	269
第二十章	四句教	281
第二十一章	但用此心	297

第一章　立志

何为第一等事

十二岁时,王阳明向他的私塾老师请教:"何为第一等事?"

私塾老师脱口而出:"读书,中进士,做大官。"

私塾老师的话没错。对于当时的学生而言,读书大多是为了中举做官。

然而王阳明认可的"第一等事"并不是金榜题名,而是"读书学圣贤",不是立志要成为什么样的人,而是立志要如何做人!

对王阳明来说,人生第一等事是做圣贤,非做成圣贤不可。这是一种价值观,是中华文化中宝贵的"立志"思想,王阳明将它当成自己学说中极重要的一部分。

1

尝问塾师曰:"何为第一等事?"塾师曰:"惟读书登第耳。"先生(王阳明)疑曰:"登第恐未为第一等事,或读书学圣贤耳。"——《年谱·成化十八年》[此事其实发生于成化十九年(1483)]

阳明心学作为一种哲学,世界观是"万物一体";人性论是人性本善,"人皆可以为尧、舜";知行观是"知行合一"。从世界观和人性论中可以推导出人生观,阳明心学的人生观就是做尧、舜一样的圣贤。理论上,人人皆为圣人后,人若把自己之外的万物当成自己的一部分,便能如圣人一般,达到真正的"万物一体"。所以,阳明心学的"立志",也就是人生观,只有一个:做圣贤("做"圣贤而非"成"圣贤,强调实现价值而非追求功利)。

中国儒家认为,人生的最大意义是做圣贤。所谓圣贤,须有立德、立功、立言的"三不朽"。立德是为善,立功是为人民服务,立言是创建并坚守自己的价值观。人若践行这"三立",结果已不重要,因为其已经实现了自己的人生价值,也必定得到了人生意义,这意义包括精神性的(内心的愉悦)和物质性的(功名)。

【度阴山曰】

有人问叔本华:"人生有没有意义?"

叔本华说:"人生没有任何意义。它是一团欲望,欲望得到了满足就会空虚，空虚之后又产生新欲望，新欲望得不到满足就会痛苦。人生如同钟摆，在空虚和痛苦中摇来摆去。"

那么，人生到底有没有意义？答案是"有"。人生的意义就在"人生"两字中，那便是"生着"——人只要还"生着"，就有意义，就是意义。有人只是"生着"，而没有"活着"；有人不但"生着"，还"活着"，这些人的人生意义是"生活"。

2

> 诸生相从于此，甚盛。恐无能为助也，以四事相规，聊以答诸生之意：一曰立志；二曰勤学；三曰改过；四曰责善。——《教条示龙场诸生》

王阳明在龙场悟道后完成了《教条示龙场诸生》，给学生们立下了著名的"王门四规"：立志、勤学、改过、责善。排在第一位的是立志，可见王阳明对立志的重视。我们都知道，立志是每个人生导师都要说的事，如此普遍的理念，王阳明为何多此一举，重点强调呢？

原因在于，王阳明所说的"立志"，不是立志做成某件事，也不是要成为某种人，而是建立起某种人格。这种人格即宋明以来理学家所提倡的"为天地立心，为生民立命，为往圣继绝学，为万世开太平"的圣人人格。建立人格的行为没有终点，只有过程，人可以在这种过程中体验人格构筑带来的内心平静和强大。

【度阴山曰】

如何在生活和工作中应用"王门四规"呢？立志，即在生活和工作中不作恶；勤学，即找到自己的长处，努力学习新技能，汲取新知识，使自己永远处于学习中；改过，即纠正自己的不良习惯，更要及时改正因傲慢和偏见造成的错误；责善，即处理好人际关系，人际关系不仅是一种关系，还是一种动力，良好的人际关系可以使人产生飞跃性的进步。

3

> 只念念要存天理，即是立志。——《传习录·陆澄录》

《聊斋志异》中有个樵夫，在山中砍柴时遇到一个迷路的美丽女子（出现在这种荒山野岭的美丽女子，大多为妖怪幻化），他将其引出森林，二人离别时，女子说将来必定涌泉相报。樵夫从此每天去山中等待，等了一甲子（六十年），终于等到那个女子。女子说："我从前是小狐狸，现在成了老狐狸，你还愿意让我涌泉相报吗？"樵夫说："我已年老，如果你愿意跟随我，我希望和你相伴，从白发变成秃顶。"

王阳明所说的立志是什么？它包含两方面：第一，念念不忘；第二，存天理。"念念不忘"是坚持到底的意志力，好比樵夫对狐狸的等待持续了六十年，这是坚持六十年的爱，是善，是"存天理"。所以，立志就是永远为善；永远为善的人，则是圣人。

"志"这个字，在古汉语中，不仅仅是志向，还是意志。意志是一种超级念头，坚强的意志是每个人成就事业的重要力量。强大的意志力可以把"我想得到"强化为"我必须得到"，可以把"我想减肥"强化为"我必须减肥"，还可以把"我不喜欢吃苦"变成"我必须艰苦奋斗"。

人倘若不立志，意味着其既没有行善（存天理）之念，又没有激发意志力。如果没有"存天理"之心和做事的意志力，无论怎么努力都很难有成果；纵然有成果，这成果由于不符合"善"，也将很快失去。我们应重申王阳明的这句话："夫志，气之帅也，人之命也，木之根也，水之源也。""志"是树木之根，没有根，树木必死；而如果成功"立志"，就等于树木有了根，那它成活的可能性就非常高了。

【度阴山曰】

为什么绝大多数人对绝大多数事都是"三分钟热度"？

因为绝大多数事入门简单。比如学习弹吉他，就要练习"爬格子"（一种训练手指速度的技法），只要能卖力练习一天，手指便能比前一天更灵活，这是即时的正反馈。这种快速的正反馈会给人一种错觉：此事容易做下去。这种错觉尤其容易产生于做事给别人看时,因为别人的赞美会更加让人兴奋。但很快,事情就会进入"深水区"(艰难区),此时,虽然你依旧付出了努力,回报却没有之前明显;缺少正反馈,人很快便会心灰意冷,对事物失去兴趣——"三分钟热度"过后,是"抛到脑后"。

要解决这种"三分钟热度"的问题,以下几个方法可供参考。第一,尽可能找到自己喜欢的事情做。第二,耐得住寂寞。第三,抛掉虚荣心,随时提醒自己,做事不是为了给别人看。第四,"热度降低"时,告诉自己:不要放弃,不要放弃,不要放弃。

4

> 天下之人,志轮而轮焉,志裘而裘焉,志巫医而巫医焉,志其事而弗成者,吾未之见也。轮、裘、巫医遍天下,求圣人之学者,间数百年而弗一二见,为其事之难欤?亦其志之难欤?弗志其事而能有成者,吾亦未之见也。——《赠林以吉归省序》

王阳明认为,世间之人,立志做木匠就能成为木匠,立志做裁缝就能成为裁缝,立志做巫医就能成为巫医,他从来没见过谁真的立志做一件事却没做成的。

这里尤其需要注意,如前文所说(立志就是永远为善),王阳明所指"立志"成为的木匠,不仅是技艺高超的木匠,还是做事存天理、有良心的木匠,即是说,按王阳明所说的"立志"成为的木匠必须"德艺双馨",否则,只是假立志。比如有人立志做个出色的厨子,那么此人必须练就高超的做菜技艺,这是基本技能,不需要刻意要求。需要刻意要求,并且必须做到的是此人要"存天理":做的每一道菜都应该是"干净"的,不能用"地沟油"等劣质材料危害食客的健康。不做无道德的事,这才是王阳明的"立志"。

【度阴山曰】

司马光说:"才德全尽谓之'圣人',才德兼亡谓之'愚人';德胜才谓之'君子',才胜德谓之'小人'。"显然,司马光的意思是品德更加重要。

有品德的人，其立场可以"移形换位"。即是说，遇到事情时，这种人不会只考虑自己而不考虑别人。这类人擅长并且乐于"换位思考"，注意这个特征，便能更好地辨认他人的德行。

向内求德，向外求才；德才兼备，方为圣贤。任何一个普通人，都应当立志"做圣贤"。

5

曰："用功如何？"（王阳明）曰："先定志向，立功次第，坚持无失。循序渐进，自当有至。若易志改业，朝东暮西，虽终身勤苦，将亦无成亦（矣）。"——《四箴卷》

王阳明在《示弟立志说》中谈到，终身问学之功，只是立得志而已。有人问他，如何做成一件终身大事？他的回答是，先定志向，然后想清楚该从哪里入手，主次分明，循序渐进，坚持到底——以此心法行动，这个世界上难有成不了的事。

【度阴山曰】

立志的重点既在"立"，又在"行"。比如"要开一家包子铺"，这不是志向，志向是"要开一家有良心的包子铺"——包子馅儿不能用过期肉，价格要适中，为顾客提供更好的餐饮服务，这才是志向。明白了这个志向，接下来的行动便清晰可见：选什么样的肉、菜、面……以"存天理"作为指导思想，还有什么事办不成呢？

6

是以君子之学，无时无处而不以立志为事。正目而视之，无他见也；倾耳而听之，无他闻也。——《示弟立志说》

有个叫乔宇的人去向王阳明请教学问，王阳明告诉他："为学贵在专一。"

乔宇说："我特别专一，年少时喜欢下棋，废寝忘食；下棋时眼睛不看别处，耳朵不听其他声音。后来我打遍全州无敌手。"

王阳明又说："为学贵在精通。"

乔宇说："我特别精而通，从前喜欢辞章之学，字字推敲，句句搜求，钻研各种史书，考究诸子百家。起初我还只是希望能学一点唐宋气象，没想到后来竟得以浸润于汉魏风骨，的确是为学贵在精通啊！"

王阳明又说："为学贵在走正道。"

乔宇愣了一下，恍然大悟，说："我到中年后喜欢圣人之道，对以前把时间花在下棋、写文章这些事上很是懊悔、惭愧，我现在对这些事都不在意了，您认为怎么样？"

王阳明高兴地总结说："很好！学下棋也叫作学，学辞章也叫作学，学正道也叫作学，但结果大相径庭。道，就像是大路；其他的都是荆棘丛生的小路，走这种路很难到达目的地。所以，专注于道才算真正的"专"，精通于道才算真正的"精"。专于下棋而不是专于道，这种"专"便是沉溺；精通于辞章而不是精于道，这种"精通"便只能算是癖好。道的范畴非常广大，辞章和其他一些技能虽然也从道中来，但如果只知道从事辞章创作等事，离道就远了。所以，不专一就做不到精通，不精通就不能明白道理，不明白道理就不能真诚做人。"

程颐说，人的一生在于四个字：学以成人。王阳明说，人要学以成人，只在于两个字：立志。立志为善，一生不变，就是心中、眼中只有立志为善，人生中所有的功夫全用在其中——人生只是一事，行志而已。

【度阴山曰】

立志是"专一、精通、正道"。俗话说"右手画圆，左手画方，不能两成"。无数事实表明，用心不专，万事难成；反之，只要专一，精卫能填海，愚公可移山。

但无论是精卫、愚公，还是平民百姓，除了专一，还要精通其志向；不仅要精通其志向，更要清楚其"正业"。不务正业，志向"立歪"的人，不仅不会成功，反而贻害无穷。明熹宗朱由校本是皇帝，却立志成为木匠——他的木工技艺的确高超，作为皇帝却误国害民。诺贝尔奖获得者屠呦呦有句名言："我觉得科学要实事求是，不是为了争名争利。"这句话也很好地诠释了立志的真实内容：立志要实事求是，不是为了争名夺利。

7

> 诸公在此，务要立个必为圣人之心，时时刻刻，须是一棒一条痕，一掴一拳血，方能听吾说话句句得力。若茫茫荡荡度日，譬如一块死肉，打也不知得痛痒，恐终不济事。回家只寻得旧时伎俩而已，岂不惜哉！——《传习录·黄以方录》

从前，有只兔子去商店问："老板，有胡萝卜吗？"
商店老板说："我们这里不卖胡萝卜。"
兔子走了，第二天又来，还问："老板，有胡萝卜吗？"
老板压住火说："我这里不卖胡萝卜。"
兔子又走了，第三天又来，还问："老板，有胡萝卜吗？"
老板大怒，咆哮道："你再来问胡萝卜，我就用世界上最大的钳子拔掉你的牙！"
兔子飞快地跑了，但第四天又来了。老板很紧张，但兔子没有问胡萝卜，而是问："老板，有世界上最大的钳子吗？"
老板摇头说："没有。"
兔子如释重负地问："那么，有胡萝卜吗？"
这只兔子的志向就是买到胡萝卜，无论面对多么大的风险，它都没有忘记自己的志向，这就是时时刻刻"一棒一条痕，一掴一拳血"的立志。
立必为圣人之心，在王阳明看来，需下大狠心，花大力气。即是说，立志只是立做圣贤之志，无他。倘若没有做圣贤的志向，人就是浑浑噩噩地生活，如同行尸走肉：虽然看上去还活着，其实已经"死"掉了。

【度阴山曰】

人不但要立志，而且要立大志。左宗棠认为立志要和古来圣贤豪杰少小时的志气一般，有做圣贤豪杰这样大的志向。张载立志道："为天地立心，为生民立命，为往圣继绝学，为万世开太平。"陈胜则称要立鸿鹄之志。

《帝范》说："取法于上，仅得为中；取法于中，故为其下。"这告诉我们，做事的出发点和成果往往不在同一条水平线上，若想有优异的成果，就要定下更高的出发点；在立志一事上，就是必须立大志，即使这"大志"并不能完全实现，但若实现了一丁点儿，也许就能超过实现"小志"的最终成果。

8

颜子三十二而卒，至今未亡也。——《答人问神仙书》

为何王阳明认为人唯一的志向应是做圣贤？

人总想解决两个人生终极问题：生死问题和幸福问题。

在古代中国，生死问题通常交给思想家，思想家给出的主意是做圣贤——一旦成了圣贤，就会被后人记住，就活在了别人心中。

王阳明说，颜回虽然只有三十二年的肉身寿命，可他的思想永远活在了人们心中。这就是立志的好处之一：实现"永恒不死"。

【度阴山曰】

一个浑浑噩噩、没有志向的人，逝去数十年后，几乎不会有人再记得他，好像他从未生活在这地球上一样；而一个为人类做出过卓越贡献的人，能永远"活"在人们心中。所以，做有意义的事、有益于他人的事，不但能给自己带来快乐，还能在世界上留下自己的痕迹。

9

持志如心痛，一心在痛上，岂有工夫说闲话、管闲事？——《传习录·陆澄录》

人的痛苦源于人生中的琐碎事。俗话说"将军赶路，不打野兔"——将军赶路，一定有紧急的事，即使看到路边有野兔，也不会转而猎兔。野兔代指我们生活中的琐碎事，它让我们痛苦；若想不痛苦，就要解决它，或不把它放在心上。不把它放心上的办法是专注于更大的事，这事就是立志。立志后，行志如同心痛，变成了顶要紧的事，一心在痛上，哪里还有工夫在乎别的呢？所以，立志可以让我们从痛苦中脱离，获取幸福。

【度阴山曰】

有一种获取幸福的方法叫"以终为始"，它要求我们做任何事前要明确最终目标。这能帮助人保持专注，并有效地分配资源和时间，不但避免人走弯路，而且不会让人因走神而胡思乱想。

人之所以不幸福，不过是因为无事可做、胡思乱想；一旦有事做、有目标，便不会产生无聊感，琐碎事便不会乘虚而入，扰乱心神。

10

志不立，天下无可成之事。——《教条示龙场诸生》

这句话听上去很武断，但若了解阳明心学的人性论，便会明白它的合理之处。

阳明心学的人性论和孟子的人性论基本一致，主张人性本善，"人皆可以为尧、舜"。当然，所谓"人皆可以为"的"尧、舜"，是尧、舜的人格，而不是尧、舜的地位。既然人天性为善，人组成的社会必然是善的，偶尔有恶，也不影响社会的主旋律为善。立志即存天理，也是为善。秉持自身的善，进入以善为主流的社会中，这就是顺天而行，怎么会有不成的事呢？

如果人的志向不是存天理而是纵人欲，那肯定难以长久地成事，因为此人没有顺应以善为特征的社会主流。

所以说，志不立，在以善为主流的天下就难以成事。

【度阴山曰】

人世间最大的善，莫过于"为他人着想"——这是善，也是值得人毕生坚持的教养。我们在日常生活中，经常听到"为他人着想"的说法，其实大多数情况下，为他人"想"时都是从自身出发的，并没有从主观的"我"中跳出，我们应站在他人的立场，真正"成为"他人去思考问题。

所谓"为他人着想"，是一种"同频共振"，是一种"设身处地"——设想自己就是对方，处于对方所处的情境时，问自己的良知："我该怎么做？"如果真的肯为他人着想，就一定会去了解他人所遇到之事的来龙去脉，并在对方的讲述中，把自己代入这件事情的情景之中，甚至会去思考他人的性情、行为，思考如何做才能使他人的利益最大化。

11

> 有志而无成者则有之，未有无志而能有成者也。——《寄张世文书》

有志未必有所成，但无志一定无所成，因为志中包含了正确的路径（存天理）和强大的意志力（念念不忘）。人只有做正确的事，才有可能把事情做对；人也只有在做正确的事时，才能产生强大的意志力。（正确的事、符合天理的事，即为善之事；若认为人天性为善，则为善之事便是贴近人天性的事，多半是人向往的事。对于向往的事，意志力常"不请自来"，源源不绝。）

没有正确的路径和意志力，很难有成功的事。这是阳明心学的"立志定律"！

【度阴山曰】

"做正确的事"体现了"选择比努力更重要",而当你选择"做正确的事"后,事情已经做对了百分之九十,这就是"把事情做对"。

如何选择"做正确的事"?哪怕你不知道什么是正确的事,也一定知道什么是错误的事,停止做错误的事,便是在做正确的事。比如吸烟是错误的,酗酒是错误的,停止吸烟、酗酒,便是做了正确的事。

12

学者一念为善之志,如树之种,但勿助勿忘,只管培植将去,自然日夜滋长,生气日完,枝叶日茂。树初生时,便抽繁枝,亦须刊落,然后根干能大。初学时亦然,故立志贵专一。——《传习录·薛侃录》

立志要从一而终,不能白天说做圣贤,晚上就背道而驰。

王阳明用种树来阐释立志:种下好种子(为善),只管培植,志向(善言、善行、善心)自然而然地长成参天大树。禅宗常以树来做比喻,王阳明也如此。

如果人所立的志向不是为善,而是其他,麻烦就来了。所以,"立志贵专一",不仅是对志向内容本身的专一,更重要的是志向只能有一个,就是做圣贤。

【度阴山曰】

浅薄的爱,才需要用言语来增添重量;深沉的爱,不需要任何言语,也不需要随时"表忠心"。人对某人、某事物越专一,心中越不惊慌,言行举止越无声无息;人对某人、某事物越不专一,爱得越浅薄,越需要时刻表现自己"爱得深沉"。知此,则知什么是爱,什么是真正的立志。

13

> 志立得时，良知千事万为只是一事。读书作文安能累人？人自累于得失耳！——《传习录·黄修易录》

王阳明曾两次进士落榜。第二次落榜时，他在榜单前看热闹。有人从人潮里挤出，手舞足蹈，这是榜上有名了；有人从人潮里挪出，失魂落魄，甚至有人就蹲在那里号啕大哭，这是落榜了。

在众人上演"观榜众生相"时，王阳明气定神闲地站在离榜单很远的地方，便有人跑来问他："你考得如何啊？"

王阳明回答："榜上无名。"

那人很恼火地说："落榜了，竟然如此气定神闲，这是内心强大，还是没有羞耻之心？"

王阳明看着远方，说："你们以落榜为耻，我却以落榜动心为耻。"

那人恼羞成怒地问："这话是什么意思？"

王阳明说："落榜只是一事，落榜意味着失去荣华富贵，这是得失。令你们感到失望和不甘的不是落榜本身，而是落榜后失去的荣华富贵，这是你们的得失心。"

【度阴山曰】

人之累有两种：一为身累，二为心累。凡是累身者，容易感到疲累，但也容易修复，因为这种累来自事情本身，事情结束，身体经过休息，劳累即可消失。但心累并非源于事情本身，而源于事情带来的得失心；虽然事情已经过去，可得失心不会消失，它长期存在，影响着人心。

若立志为善，而非立志成事，则为善本身就是最大目的，至于为善之后能否成事，已与我们无关。所以立志做圣贤不会累心，若没有这个志向，我们就容易纠结于事情的结果，自累于得失。

这个世界上有很多"算盘人"，他们喜欢精打细算、斤斤计较，算盘打得越响，得失心越重，心越累；心越累，就越要打算盘、计得失，如此形成恶性循环，人往往累死在衡量得失上，而不是事情上。

14

> 举业不患妨功，惟患夺志。——《与辰中诸生书》

王阳明认为，科举考试的隐患并非妨碍修行之功，而是可能干扰立下做圣人的志向。

但立下做圣贤的志向，并不会耽误参加科考，甚至不会耽误任何事。因为立志做圣贤是为善，为善不是和参加科考势不两立的一件事，而是一种精神，一种好的人生状态。立志对参加科考不但没有害处，反而大有益处。

人若有做不成的事，进行自我反省，则会发现大多是因为没有以做圣贤的志向为引导。

【度阴山曰】

倘若你觉得学习、考试会影响你的志向，或者放慢你追求志向的脚步，那不一定是学习和考试的问题，也不是志向的问题，而是你自身的问题：是不是迷失了初心而偏离了方向？此时，你要做的是改变自己，而非改变志向。

15

> 立志用功，如种树然。方其根芽，犹未有干；及其有干，尚未有枝。枝而后叶，叶而后花、实。初种根时，只管栽培灌溉，勿作枝想，勿作叶想，勿作花想，勿作实想。悬想何益？但不忘栽培之功，怕没有枝叶花实？——《传习录·陆澄录》

树木是古代中国思想家最喜欢化用的意象之一，王阳明也不能免俗。他用种树比喻立志：种树要专注于使树木健康生长，切忌急功近利，只想到将来的树木成材；同理，立志要慢慢来，要念念不忘。

中国人喜欢植物，喜欢用植物来比喻修行中的功夫。一方面，植物是有生气的；另一方面，植物的生长是缓慢而坚定的，无疑和中国人温良又顽强的性格非常贴切。

【度阴山曰】

项羽和刘邦二人未建功业之时，曾看到了秦始皇的豪华仪仗，项羽说："彼可取而代也（我可以取代他）。"刘邦则说："大丈夫当如此也（爷们儿就应该这样威风）！"二人之志向皆豪气干云，但项羽的志向建立在掠夺他人的基础之上，刘邦的志向则强调自我发展。

即是说，立志是在自己心中动作，不能干扰他人；立志需向内求，一旦向外求，就不是立志，而是攀比了。

16

夫恶念者，习气也；善念者，本性也。本性为习气所汩者，由于志之不立也。——《与克彰太叔书》

立志能激发本能中的善念，一旦善念被激发，恶念会夹着尾巴逃走；如果不激发善念（没有立志），恶念则会张牙舞爪，以习气（大多时候是人类恶念的集合）的模样永远存在。祛除习气的方式有很多，立志便是其中之一。据此可知，立志可以让人洗心革面、脱胎换骨。

【度阴山曰】

王夫之曾留下家训，阐述立志的要点在于摆脱习气。他认为，旧的习气让人犹如在袖子里挥拳暗斗，在针尖上追逐利益，又使人一时发狂，九头牛也拉不回来，哪有人甘心去做这种事情？他认为这些为习气所困的人确实让人可怜，也为他们感到惭愧。王夫之不喜约束，不需拘守，不惜财富。这些为习气所困的人，对于他来说，是用于正己的镜子，不能让这类人、这类事情拖累自己！

17

> 今时朋友大患不能立志，是以因循懈驰，散漫度日。若立志，则警戒之意当自有不容已。故警戒者，立志之辅。——《书顾惟贤卷》

不能立志，是因为习气。习气会导致人懒惰，而立志让人勤奋，祛除习气。在这样的过程中，立志必须有"保镖"——可用作警诫的言行，如选择立志的相关语句为自己的座右铭、每天对着镜子大喊一百遍"我是圣人"等，可以激励自己立志。

纵然是做圣贤这样庞大的工程，开始时也要进行基本、简单的训练。这些训练方式与健身房中肌肉训练的方式本质上无太大差别。

【度阴山曰】

以下三步能让你牢记自己的志向，不会半途而废：

第一步，早晨醒来后不要立即起床，而是进行五分钟腹式呼吸，同时回忆你的志向，使其在脑海中更加深刻；第二步，用五分钟刷牙，从镜子中观察自己，告诫自己遇事不要惊慌，同时观察镜子里的你和"你本人"有什么不同；第三步，每日学习一句王阳明的名言。

第二章　格物

只走一步

王阳明曾和许多朋友登山，登到半山腰就有人掉队。当王阳明抵达山顶时，只有三个人跟了上来。当时王阳明已五十多岁，比这三人年纪都要大，这三人累得气喘吁吁，王阳明却气定神闲，根本不像刚登完山的样子。

有人就很惊奇地问王阳明："您是怎么做到登了这么高的山后，还与平地行走的状态无二的？"

王阳明告诉他："我登山，无论多高的山，只登一步。"

这话有点儿玄乎，王阳明笑着解释："我所说的'只登一步'，就是脚在哪里，心就在哪里。哪怕山比天高，你也必须做到眼中、心中只见眼前这一步，不要做登上山顶的'非分之想'，如此才能成功。"

而有人是怎么登山的呢？脚在山脚时，心已在山腰；脚在山腰时，心已在山顶。心和脚不在一处，当然登不到山顶。即使登到山顶，由于脚一直追赶心，只会累得气喘吁吁。

这就是阳明心学：关注当下，身在心在。不要身在一处，心却飘去另一处；不能身心合一，肯定心累、身累。这就是格物（关注当下正念头）的真谛。

1

众人只说格物要依晦翁（朱熹），何曾把他的说去用？我着实曾用来。初年与钱友同论，做圣贤要格天下之物，如今安得这等大的力量？因指亭前竹子，令去格看。钱子早夜去穷格竹子的道理，竭其心思，至于三日，便致劳神成疾。当初说他这是精力不足，某因自去穷格，早夜不得其理。到七日，亦以劳思致疾。遂相与叹圣贤是做不得的，无他大力量去格物了。——《传习录·黄以方录》

这是一种黑色幽默：王阳明按朱熹理论中格物的方法格竹，险些没命。

朱熹认为，理在物中，一草一木皆有理。若要成为圣贤，非格尽天下之物不可。这是一条不归路，也是个通往"圣人之洞"的无底洞。朱熹的格物是探究万事万物的理，表面看来，已具备科学研究精神。然而朱熹探究出来的理，不是事物本身的理，而是事物之理和人生哲学结合的理——所有事物的理成了人生哲学的注脚，独立的科学探索精神被扼杀，自然科学和社会科学"二合一"。毫不客气地说，在朱熹的理论中，自然科学一直在为社会科学服务。

王阳明格竹，则发现了朱熹格物的错误。第一，天下万物多如牛毛，不可能格完。第二，朱熹格出的道理都是人生哲理，那这个道理是事物本身的还是人心中的？比如格竹，朱熹格出竹子直而有节，从而得出做人要正直、有气节的结论。这正直、气节，到底来源于竹子还是人心？

这种怀疑，最终让王阳明在龙场悟道。

【度阴山曰】

若按研究对象的不同将现代科学分类，除思维科学和贯穿于三类间的哲学和数学外，可分为两类：一类为自然科学，比如物理、化学；另一类为社会科学，比如经济学、社会学。

如果格自然科学、社会科学，要按公式、定理、种种理论来格；如果格人生，便按自己的心来即可。人生道理千千万万，没必要全懂，但至少要懂得这一条：做任何事都要按心走，在必要的事上要"走心"。

2

> 格者，正也，正其不正以归于正之谓也。正其不正者，去恶之谓也。归于正者，为善之谓也。——《大学问》

什么是王阳明所说的"格"呢？格是正的意思。"格"这一行为好比培育一棵树苗，我们要做的是让这棵树苗健康成长。如果它很正、很直，那就保持它的正、直，这叫"归于正"；如果它不正、不直，那就把它正过来，这叫"正其不正"。"归于正"是为善，"正其不正"是去恶，所以"格"就是为善去恶，是维护善的念头，祛除恶的念头。

格物就是首先要做对的事，才有可能把事做对；也只有把事做对，才对自身有利。

1519年，王阳明在去往福建平定兵变的路上得知宁王朱宸濠造反，于是立即决定回江西平定朱宸濠叛乱。有弟子就说，我们去福建是奉旨行事，回江西则是违抗圣旨，况且朱宸濠势力强大，与其相比，我们简直是以卵击石，怎么和人家对抗呢？

王阳明回答，福建兵变是"小儿科"，朱宸濠造反可是"大地震"，如果对他置之不理，不知长江南北多少百姓要遭殃（我为百姓计，违抗圣旨转回江西平叛）。这就叫"做正确的事"。至于你说我和他实力悬殊，我不这样认为，我觉得只要做正确的事，自然就能吸引正确的人来帮助我。

这大概就是得道多助。但我更倾向于这样的解释：做正确的事情就是在追随自身的良知，当你追随自身的良知时，别人必定会追随你。

【度阴山曰】

如果做一件事时犹豫不决，那是得失心在搞鬼；如果做一件事时，既要这样又要那样，那是欲望在捣乱。此时，放下脑海中的一切计算和纠结，找个安静的地方坐下来。心平气和后，询问自己的良心，这事能不能做？做之后会不会后悔？如果得到事情能做且不会后悔的答案，便去做；如果得到事情不能做且做了就会后悔的答案，便不要做。

一件事成功与否不重要，重要的是事成或事败后，你是否后悔。

3

为善去恶是格物。——《传习录·钱德洪录》

"为善去恶是格物"是著名的王阳明"四句教"的最后一句。"为善"是保持、扩充善念，"去恶"是祛除、遏制恶念，两个方向是一回事儿。所以当我们提到王阳明的格物时，其实说的是在念头上"为善去恶"，并以行动的方式将其呈现出来。

朱熹讲的格物，是要你亲自到事情上去格，格事物；王阳明讲的格物，则是把事情拿到自己的心中来——格心。作为阳明心学方法论的格物，特别"省力"——心正了，事自然正。

【度阴山曰】

简言之，格物即"正事"。对一事进行格物，即问自己的心：这事是不是正事？

什么是正事？在阳明心学中，正事便是那些出于责任应做的事。孝顺父母是正事，忠于君主是正事；坑蒙拐骗不是正事，恃强凌弱不是正事。

4

> 物者,其事也。——《〈大学〉古本序》

物,是中国古代哲学中的重要概念。《说文解字》中解释"物":"万物也,牛为大物;天地之数,起于牵牛,故从牛。"即是说,"物"是对天地间有形象事物的通称,因为牛为大物,故以牛为喻。

物的含义分三种:第一,指东西、事物,比如牛就是一物;第二,指自己以外的人或跟自己相对的环境;第三,指内容、实质。在阳明心学中,物也指"物理",因为理在物中,所以物即理;做人要正直,正直就是个理,也是个物。阳明心学还认为物即是事,比如吃饭就是一物,孝顺父母也是一物。

【度阴山曰】

物,王阳明将其解释为事情。格物,就是在事情上为善去恶。王阳明在《传习录·陆澄录》中说,我心中产生了一个孝亲的念头,那孝亲便是一物。格物便是在孝亲这件事上正念:我应该不让父母为我操心,父母年老时要供养他们。这一切的运行,都是思维的运行,思维运行后又付诸实践,并非实践出自思维,而是真正明白格物的人有此思维,必有之后的实践。

5

> 我这里言格物,自童子以至圣人,皆是此等工夫。但圣人格物,便更熟得些子,不消费力。如此格物,虽卖柴人亦是做得,虽公卿大夫以至天子,皆是如此做。——《传习录·黄以方录》

《庄子·逍遥游》记载,有一家人以在水上漂洗棉絮为生,于是家中有人制作出能防止手冻裂的药。一个商人听说有这种药,出大价钱买他的药方,全家人经过商量,最终卖掉了药方,赚到了要全家人漂洗棉絮几十年才能得到的金钱。而商人将药方献给了吴王,得到了裂地封侯的奖赏。

有人评价卖药方的人见识太短。事实确实如此，人的认知决定了人生的走向。而认知到底是什么？不过是格物的上限。卖药方者的格物上限只有那么高，商人的格物上限比他高很多，这是二者不同的经历见识所决定的。如果没有机会提高格物上限，那在自己的格物上限内用心格物，也能成为王阳明所说的圣人，不必羡慕他人。

在力所能及的事上用心格物，争取做到完美，这是王阳明学说中格物的真谛。格物，不是向上爬，也不是横向走，而是求内心的宁静、安稳。所以，很多事要量力而行，不是自己能力范围内的事，不要去格。每个人的天赋不同，所处的后天环境不同，个人能力不同，其眼中的物也不会相同。格好眼前之物，才是王阳明所说的真格物、真致良知。

【度阴山曰】

普通人和圣人的区别，一部分在于机缘不同。如果持有同样的恭敬心，一个普通人和一位圣人同时给客人端茶倒水，圣人的表现不见得比普通人出色多少。

这个事例表明，人和人之间的差别，一在于是否用心，二在于是否有机缘。机缘之事，十分缥缈，但常人仍可通过格物在心上用功，从而"曲线救国""逆天改命"。

6

> 致知在实事上格。如意在于为善，便就这件事上去为；意在于去恶，便就这件事上去不为。——《传习录·黄以方录》

格是正，物是事情，格物即在事情上正念头，也可以理解为"正事"。比如在吃饭这件事上正念，就是细嚼慢咽；在睡觉这件事上正念，就是在该休息的时间专注睡眠，保持规律的作息。在人生中的每一件事上都保持正念，这便是格物，也是致知。格物和致知是一回事，甚至于诚意、正心、修身、齐家、治国、平天下只是一件事，这件事就是格物。

【度阴山曰】

可用制作"功过格"的方式去实事上格。功过、善恶，原是主观概念，很难度量，"功过格"则通过一定形式将其量化，能让人清晰地看到自己的功过，从而修心养性。"功过格"的形式有很多，你自己也可以制作，如给自己指定一条人生任务：日行一善，日止一恶；并将所行之善、所止之恶罗列于纸上。行善止恶的次数都达到目标后，人生境界就精进一层。

7

念如何可息？只是要正。——《传习录·陈九川录》

格物是在事情上正念头，念头中有正念也有邪念，我们在正它的时候，肯定特别烦！那为什么不把念头全部抹除？王阳明的回答是，念头不可能消失，活着的人都有念头。

对待念头，我们只有一个办法，就是格物，就是正念。而人的一切主观活动全来自念头，所以格物是人日常行为中的重中之重。

朱熹认为，人应该用充足的知识镇压念头。王阳明则认为，既然念头客观存在，我们就同意它客观存在，让它时刻保持正直就好。

【度阴山曰】

不要总想着心如止水，不起念头。对待念头的态度，不应是消灭，而应是和平共处。当念头出现时，应以三分钟为考量时限：三分钟内不觉得这个念头有问题，那它就不是恶念；三分钟内觉得念头有问题，那就马上将其抹除，或是转去考量下一个念头。

佛家讲"无我"，这里的"我"与念头类似。阳明心学中，"无我"不是没了念头，而是尽可能地没有坏念头。

8

> 若鄙人所谓致知格物者,致吾心之良知于事事物物也。吾心之良知,即所谓天理也。致吾心良知之天理于事事物物,则事事物物皆得其理矣。——《传习录·答顾东桥书》

王阳明在这里再次声明,致知、格物本是一事,即格致合一:用良知去对待事物,良知得以被呈现,事物也拥有了天理,这个过程就是格物。

于是可明白,格物就是行良知,行良知是正念头,正念头是致知。比如我在睡觉这件事上格物,就是在睡觉这件事上行良知:良知告诉我,困了就睡觉是正念,那我马上去睡觉,这是格物;倘若我困了却不去睡觉,非要去网吧熬个通宵,这就是邪念,等于格物没有格明白。

王阳明说,格物只在心上。再用睡觉做例子:困了就睡觉和熬通宵这两种行动,都是人的念头可以控制的,非外来力量的阻碍而使人无法完成。我们能百分百控制自己的念头,但除此之外,我们很难完全控制别的事物,这才是王阳明让人在心上格物的根本原因。

【度阴山曰】

在《寄薛尚谦》一文中,王阳明说:"但知得轻傲处,便是良知;致此良知,除却轻傲,便是格物。"这再次说明:格物就是致良知。

某人知道自己喜欢恶作剧,这是良知;但他不随便恶作剧,也不做得过分,这就是致良知,也是格物。按照"在事上正念头"来解释,就是此人在自己喜欢恶作剧这件事上正他的念头,不随便恶作剧就是正念,到处恶作剧则是邪念。格物是在知道正念后保持正念,知道邪念后祛除邪念,于是,念头最终被落到实处:此人不会随便地、过分地恶作剧。

9

> 思钦……入而问圣人之学，则语以格致之说焉；求格致之要，则语之以良知之说焉。——《书张思钦卷》

王阳明认为，圣人之学只是个格物学，格物学只是个致良知。格物即致良知。他还特别喜欢把几件事看成一件事：知和行是一，心和理是一，格物和致知是一，甚至于格物和平天下都是一。这种浓缩法一方面规避了追求无效知识的可能，可以让人没有理障；另一方面，把所有方法浓缩成一种方法，只攻一点，以点带面，日积月累，就能实现全面的突破。

【度阴山曰】

格物有三境，可用见到美食做比喻：第一境是"见物格物"，即是说，见到美食就研究、欣赏、流口水；第二境是"见物不格"，即是说，见到美食，因为担心会过度食用，所以闭眼离开；第三境则是"见物格心"，即是说，见到美食，就在心中格它，知道它虽然很美味，但不能过度食用，要告诫自己学会节制。

也可以用"蜜蜂采蜜"这个比喻来分析这三境。第一境"见物格物"，即见到蜜蜂采蜜，就研究蜜蜂为何要采蜜、怎么采蜜，如果研究方法得当，就会得出一个有意义的结论；第二境"见物不格"，即见到蜜蜂采蜜，觉得稀松平常，担心研究这事情会浪费脑细胞，于是走开；第三境"见物格心"，即见到蜜蜂采蜜，看到其劳碌奔波，采到的蜜却被熊或人类偷吃，于是心中生出种种感叹：蜜蜂为谁辛苦，为谁忙？我们的人生不也是这样吗？

第一境的思维论断是"真理在心外的事物上"，第二境的思维论断是"不愿追求真理"，第三境的思维论断则是"真理在我们心内"。

10

　　《大学》之所谓"格物致知",即《中庸》之所谓"明善"也。博学、审问、慎思、明辨、笃行,皆所谓明善而为诚身之功也,非明善之外别有所谓诚身之功也。——《答天宇书》

　　"明善"是知善、行善,在王阳明这里则是致良知。博学、审问、慎思、明辨、笃行,都是为致良知保驾护航的侍卫。王阳明说,"格物致知"即"明善",据此可知,这五者也是格物的五大护从。

【度阴山曰】

　　"博学、审问、慎思、明辨、笃行"出自《中庸》。博学,是在学习上要广泛涉猎;审问,是在学习的过程中有针对性地提问请教;慎思,是学会谨慎地思考;明辨,是要能够清楚地进行辨别;笃行,则是用学到的知识和思想指导实践。

　　王阳明在《紫阳书院集序》中提出,君子为学的唯一目的就是找回迷失的本心,并重新解释了这五个词:博学、审问、慎思、明辨、笃行,其"学""问""思""辨""行"的,便是"如何找回本心"。阳明心学格物的内容便也在这之中了。

11

　　《大学》谓之"致知格物",在《书》谓之"精一",在《中庸》谓之"慎独",在《孟子》谓之"集义",其工夫一也。——《与陆清伯书》

　　《尚书》中有十六字心传:"人心惟危,道心惟微,惟精惟一,允执厥中。"这里的"惟精惟一"简称"精一",意为精纯专一,一心一意。在王阳明这里,"精一"指心意合一,心理合一,知行合一。唯有这样的一心一意,才能真诚地坚持做到中庸（允执厥中）。"慎独"来自《中庸》，意为独处时才是真修行时。《孟子》中的"集义"指的是所行、所为符合道义。

据此可知，"精一""慎独""集义"有一个相同点，便是修心。而在事上正念头的格物，恰好也是修心，所以格物与"精一""慎独""集义"同义。王阳明用这种说法巧妙地为自己的学说正了名：你看，我的学说有《尚书》《中庸》《孟子》背书，而且格物本就源于《大学》，胡乱质疑的"杠精"还请闭嘴吧！

【度阴山曰】

学习阳明心学，要不要读一遍四书五经等儒家经典？答案是不需要。中国古代的儒家经典多在讲一件事。阳明心学的主要概念也都来自过去的儒家经典。

中国人讲"闻一知十"，讲的便是如此。研习阳明心学，即能知晓其他儒家经典的通义。所以，学习传统文化，不一定要皓首穷经，随意选择一门学问，尽心钻研即可。

12

何谓修身？为善而去恶之谓也。——《大学问》

修身是为善去恶，格物也是，格物即修身。在《答甘泉书》一文中，王阳明说："修齐治平，总是格物。"由此可见，他认为《大学》的八目（格物、致知、诚意、正心、修身、齐家、治国、平天下）只是一事，就是格物。致知需要通过格物才能做到，修身也需要通过格物才能做到。人生在世，只有一件事，这件事无可置疑是格物。

【度阴山曰】

记住，修身即格物。

如何修身？第一，在情绪上格，控制好自己的情绪；第二，在身体上格，管理好自己的身体；第三，在自我上格，保持自信，远离自卑；第四，在头脑上格，多思考，多学习。

如此，便是格物，也是修身。

13

先生曰："吾与诸公讲'致知''格物'，日日是此，讲一二十年，俱是如此。诸君听吾言，实去用功，见吾讲一番，自觉长进一番。否则，只作一场话说，虽听之亦何用！"——《传习录·黄以方录》

格物是一生的事，不死不休。格物久了、熟了，自然生巧。但此事也如逆水行舟，不进则退。

仔细想想，人做任何事可能真的没有什么明确的意义，做事的过程就是唯一的意义。也就是说，格物的最终目的不是让人成为圣人，而是当一个人格物时，此人已是圣人。人生如果一定要有意义，那格物即是最大的意义。

【度阴山曰】

在王阳明看来，人的一生即是格物的一生。遇一事，格一事；遇一物，格一物。

如何把格物当成终身大事？就是要时刻提醒自己，解决大多数问题的方法只有格物。若遇事，先要冷静，冷静下来再格物。那么如何判断格物成功与否？格物如果成功，内心就是坦荡的；如果失败，内心就是不安的。

14

舜不遇瞽瞍，则处瞽瞍之物无由格；不遇象，则处象之物无由格。周公不遇流言忧惧，则流言忧惧之物无由格。故凡动心忍性，增益其所不能者，正吾圣门致知格物之学，正不宜轻易放过，失此好光

阴也。——《传习录拾遗》

圣人和普通人的区别，是同一物由圣人和普通人来格，格出的结果不同；但更重要的区别，是圣人比普通人有更多格物的机会，这更多机会往往有气运的成分在。舜如果没有一个要谋害他的父亲，就不会了解和父亲那种人相处的正确方式；周公如果没有遇到流言，就不会明白如何处理流言。人生在世，所遇越多，格物的机会越多；格物的机会越多，离圣贤便越近。

所以，遇到坏事不要回避，不要抱怨，权当修行的机会来敲门。格物之功正在此时，修行当然也在此时。

【度阴山曰】

如何确定自己在成长，而非原地踏步或是退步？即是遇事之后，无论事情有没有被解决，内心都感觉增加了些"东西"，这"东西"便是"其所不能者"。得到了以前不具备的能力，心志更加坚定，性情更加坚忍，这便是有所成长。

15

猝临盘错，盖非独以别利器，正以精吾格致之功耳。——《与邹谦之书》

危难来临时，才是格物致知时，才是修心时。但危急时的格物必须建立在平时格物的基础上。英雄豪杰遇大风浪而面不改色，不过是平时已对生死进行过深刻的"格"罢了。有些人在情境突变时，会急中生智，这是平常格物的功劳；如果平时不格物，或者格物不彻底，那临危之际定会手忙脚乱，应接不暇。

陈胜如果不是平时耕地时就琢磨"鸿鹄之志"，那就难有后来的大泽乡起义；韩信如果不是平时能忍小辱学兵法，也不会有后来的登坛拜将。

【度阴山曰】

有意识地训练自己，这件事应当被放在平时。得到某物时，审视自己的内心是否欣喜；失去某物时，审视自己的内心是否痛苦。被他人夸奖时，审视自己的内心是否兴奋；被他人无端批评时，审视自己的内心是否不舒服。贯穿日常的修心练习，才是遇大事时镇定自若的底气。

16

> 君子之学以明其心。其心本无昧也，而欲为之蔽，习为之害。故去蔽与害而明复，匪自外得也。——《别黄宗贤归天台序》

君子要做的事，是让内心光明，这叫"明心"。

有两个魔鬼会遮蔽人心：人欲和习气。人欲是人过度的欲求，习气是人习以为常的恶习。格物，就是在事上拨开人欲和习气的障碍后，正自己的念头。

【度阴山曰】

时刻谨记，世界上很少有两全其美的事。祸不单行常有，但双喜临门少有。所以，当你做成了一件事，就要警惕后续之事可能失败；不要自作聪明，擅自认为成功会源源不断地到来。放弃贪欲和自以为是的心态，随时准备迎接失败——能建设成这样的心理，便真正做到了王阳明所说的格物。

17

> 先生尝示学者曰："吾始学书，对模古帖，止得字形。后举笔不轻落纸，凝思静虑，拟形于心，久之始通其法。既后读明道先生书曰：'吾作字甚敬，非是要字好，只此是学。'既非要字好，又何学也？乃知古人随时随事只在心上学，此心精明，字好亦在其中矣。"后与学者论格物，多举此为证。——《年谱·弘治元年》

这段习字的感想不但精彩，而且指出了格物的真谛。王阳明认为，学习书法时，一味追求写出规整优美的字，只会适得其反；而进行内心的训练，使自己的身心彻底放松，自然可以写出好字。这个道理提醒我们，格物不是真的去格那个事物，而是在事物上格心，格心中的念头。

格物是为了服务心灵。如何为心灵服务呢？第一，重心不重技；第二，意识到弦外之音比弦音更好。

古时有个音乐家，他每次弹琴，听众都如痴如醉。众人夸他技艺高超，但他很不高兴地说："你们赞赏我的技艺便是在骂我。我弹琴从来不注重技艺，只注重如何弹才能让心愉悦。"中国古代哲学所提倡的技能修炼，其服务对象多是内心。

【度阴山曰】

可以把下面六个字当成座右铭：差不多就行了。比如学车，能遵守法律法规、不撞到人就行了；比如学武术，能学会套路、不扭伤自己就行了。什么是"差不多"呢？"差不多"是一种"不思进取"的状态，重要的是避免过度追求功利性的结果：学车的目的不是成为天下第一车手，而是使用高效的代步工具，可以不受风吹雨淋，保持心情愉悦；学武术也不是要成为天下第一高手，而是为了强身健体，不让内心荒芜。

人在世上，做的所有事只要能服务于心，差不多就可以了。

第三章　心即理

心外无理

王阳明早期最喜欢的学生徐爱问:"您常说心外无理,理全在心中,要我们去心内求理。天底下那么多事物的道理,我们的心装不下吧?"

王阳明回答他:"心外什么都没有,哪里有心外的事物、心外的道理呢?"

徐爱举例说:"侍奉父亲,辅佐君主,与朋友交往,治理百姓,这些具体的事中有许多孝、忠、信、仁的道理,这些道理,总是要向心外的经典或高人请教吧!"

王阳明感慨道:"你侍奉父亲,难道从父亲身上去探求个孝的道理?辅佐君主,难道去君主身上探求个忠的道理?与朋友交往,治理百姓,同样也不能去朋友、百姓这些人身上求信与仁的道理。也不能向经典和高人请教,因为孝、忠、信、仁这些道理只在我们心中。如果你真的用心去对待父母、君主、朋友和百姓,那孝、忠、信、仁这些理自然会出现,不需要外面增添一分。心外没有理,所有的天理、真理、道理,都在我们心中。"

1

> 所谓汝心，亦不专是那一团血肉。若是那一团血肉，如今已死的人，那一团血肉还在，缘何不能视、听、言、动？所谓汝心，却是那能视、听、言、动的，这个便是性，便是天理。——《传习录·薛侃录》

这段话可以浓缩成一句话："所谓汝心……便是天理。"即"心即理"。详细言之，理是天理，心亦是天理，那么，天理就在我们心中，而不在心外的任何地方。阳明心学中的"心"并不专指物质世界中人的心脏，而是一种哲学概念，即一切天理之所在。"心即理"，抽象一点儿的解释是，你是你，你包含了你，你之外没有你，凡是能脱离你的你，绝对不是你。

所以，"心即理"可以这样理解：其一，心就是理，当谈论心时，也在谈论理，当研究理时，也在研究心；其二，心包含了全部理，心之外没有理；其三，理不能从心上剥离，凡是能剥离的理，都不是理，自然也不是心。

要讨论"心即理"，那么在这里必须对"心"进行一次全方位的阐明。

心，是古代中国哲学中极重要的存在，大致有如下意义：

第一，"心者，君主之官也，神明出焉……心藏神"（《皇帝内经·素问》）。"思""想""情""感""忆"的偏旁部首都与"心"有关。研究人的行为和心理活动发生、发展及其变化规律的科学叫"心理学"，而不叫"脑理学"。

第二,"圣人心有七窍"(《史记》)。这是对比干的描写。

第三,"人心惟危,道心惟微,惟精惟一,允执厥中"(《尚书》)。这是十六字心法,将心分为"道心"与"人心"。

王阳明认为"心"是什么呢?

第一,"心即理"。心能认识世界以及世界运转之理,而心之所以能判定天理,是因为它本身就是天理——"物理即吾心"。

第二,"心即天"。当我和你谈心时,其实是和你谈宇宙,心包容宇宙,因为心本身就是宇宙——"心者,天地万物之主也"。

第三,"心即圣"。心是实现人生最高价值的唯一工具,也即成圣贤的唯一天梯;成圣贤的方法是尽心——"夫圣人之学,心学也。学以求尽其心而已"。

第四,"心统性情"。喜怒哀乐,未发为性,已发为情,全由心来统摄——心统性情。性,心体也;情,心用也。

朱熹在《四书章句集注》中注:"喜怒哀乐,情也。其未发,则性也,无所偏倚,故谓之中。发皆中节,情之正也,无所乖戾,故谓之和。"大意是喜怒哀乐未发是性,发了则是情。性本身无所偏倚,情产生时若表现得恰当,没有乖戾之气就是和。这就是将性情分开讨论了。

朱熹认为人性和情感可以分开讨论,王阳明则认为性隐情显,本为一物,二者不能分开说。朱熹认为一个人的人性是好的,情感却可能表现得不妥当;王阳明则认为,如果一个人的情感表现得不妥当,说明此人的人性就不好——根烂,自然长不出健康绿叶。

那么,王阳明认为心之本体是什么?

第一,至善,至高无上的善——"至善是心之本体"。

第二,天理,也是良知——"夫心之本体,即天理也。天理之昭明灵觉,所谓良知也"。

第三,定——"定者心之本体,天理也"。定是天理,天理不动,不是真的不动,而是不被动。一旦行为不符合道义,就会做贼心虚,这就是"动",会被恐惧所约束,陷入被动——"心之本体原是不动的,只为所行有不合义,便动了"。

第四,性——"然心之本体则性也。性无不善,则心之本体本无不正也"。性是情所未发,情发而过或者不及则是非性、不符合性——"大抵七情所感，多只是过，少不及者。才过便非心之本体，必须调停适中始得"。

第五，乐。乐是心之本体、快乐、内心之宁静——"乐是心之本体，虽不同于'七情'之乐，而亦不外于'七情'之乐。虽则圣贤别有真乐，而亦常人之所同有，但常人有之而不自知，反自求许多忧苦，自加迷弃。虽在忧苦迷弃之中，而此乐又未尝不存，但一念开明，反身而诚，则即此而在矣"。

第六，心之本体，无善无恶——"无善无恶是心之体"。

第七，心的本体是诚，诚是良知——"诚是心之本体，求复其本体，便是思诚的工夫"。

【度阴山曰】

事情只要从心中发出，便符合天理；符合天理的事情，一定是从心中发出的。对于某人来说，他早上起床，想先吃早餐再刷牙，产生这种想法时，他根本没有思考卫生与否，甚至吃完早餐，他都没有去思考先吃早餐或先刷牙的问题。对于此人来说，"先吃早餐再刷牙"这件事就是从心中发出的，是符合天理的，是为"心即理"。

在日常生活中，你做的某件事似乎在不知不觉中完成，便可说这件事是从你的心中发出的，符合天理，是为"心即理"。

2

> 心者，天地万物之主也。心即天，言心则天地万物皆举之矣，而又亲切简易。故不若言"人之为学，求尽乎心而已"。——《答季明德书》

阳明心学认为"心即理"：整个世界的主宰是心，心是天地万物之主。既然如此，人一生的追求可以是探索宇宙，也可以是探索内心。由于二者本是一回事，所以探索内心就等于探索宇宙，宇宙的问题即人心的问题。由此看来，所有的问题只需一种办法即可解决：尽心。尽心即能尽力。尽心之后，便会发现，没有人能靠外力生活，人必须做自己的主宰。

【度阴山曰】

尽心，是全力彰显自己的恻隐、羞恶、恭敬、是非之心。在日常生活和工作中，做到以下几点，即可谓尽心：第一，端正态度，尽力处理身边每件小事；第二，具备责任感，懂得付出和回报的辩证关系；第三，不吝于行动。

3

心统性情。性，心体也；情，心用也。——《答汪石潭内翰书》

心统治着人性和情感。人性是心的根本，情感是心的运用。人性是通往正确道路的牌子，情感则是通过行动走到牌子所示之地。

心之本体是性。朱熹说"性即理"，意思是心只有不动时的"性"才符合天理；而王阳明说"心即理"，指无论是心不动时的"性"，还是心动时的"情"，都符合天理。如果人性丧失根本（良知），那情感就会失控。当人性具有绝对的善，情感才可能是善；人性一旦恶化，情感不可能不恶化，这是内外合一。

【度阴山曰】

爱一个人，不但要爱其优点，也要爱其缺点。做人也一样，不可一板一眼，像个机器，要做一个有血有肉的人。有血有肉的人，才是"真人"，而不是"伪人"。

4

我如今说个"心即理"是如何，只为世人分"心"与"理"为二，故便有许多病痛。如五伯攘夷狄，尊周室，都是一个私心，便不当理。人却说他做得当理，只心有未纯，往往悦慕其所为，要来外面做得好看，却与心全不相干。分"心"与"理"为二，其流至于伯道之伪而不自知。故我说个"心即理",要使知"心""理"是一个,便来心上做工夫,不去袭义于外,便是王道之真,此我立言宗旨。——《传习录·黄以方录》

这段话已经很清楚地说明了心和理的关系:心是内心的真实想法,理是心呈现在外的模样。王阳明提"心即理"即"心理合一",这告诉人们,如果理出了问题,别在理上用功,而要返回心上用功。比如春秋五霸"尊周室"的行为,总是感觉少点什么,这是因为他们心中的想法是称霸,做出来的行为却是尊王;心和理不一,做事便总显得虚伪。

【度阴山曰】

人在险恶的社会中生存,讲话、做事违背本心在所难免。王阳明没有要求任何时候都要说心里话,说真话;他的"心即理"大概是想告诉我们,可以选择不说真话,但不能说假话,即"真话不全说,假话全不说"。

5

心即理也。天下又有心外之事、心外之理乎?——《传习录·徐爱录》

成语"郢书燕说"有一典故。郢都(春秋战国时期楚国的国都,在今湖北江陵县)有个人在夜晚给燕国相国写信,灯火不够亮,于是对拿蜡烛的人说:"举烛(把蜡烛举高)。"由于太过专注,又误把"举烛"写到信上。燕相国收到书信便阅读,说:"举烛的意思是崇尚光明;崇尚光明的意思就是举荐贤能并任用他们。"燕相国将这一理解告知燕王,燕王立即举贤任能,国家得到很好的治理。

这个故事就说明了心外的事物上没有理,理只在心内。从书信中的"举烛"二字推导出写信人的建议是"举贤任能",这是因为燕相国心中有"举贤任能"的理,否则怎么可能得出这样的结论呢?

理固然要被呈现在外，但它始终在我们心中，不在心外的事物上。天下没有心外的理，也没有心外的事。比如孝顺父母这个理，不在父母身上，而在我们心里。只有具备孝顺的心，才有孝顺这个理出来。其他理同样如此。

【度阴山曰】

注意那些被别人或其本人评价为"刀子嘴豆腐心"的人，他们如果有"刀子嘴"，那一定没有"豆腐心"。手段毒辣的人心一定狠，心狠的人手段也一定毒辣。判断一个人是好是坏，不需要挖开他的心，只看他的行为即可。俗话说，"知人知面不知心"，其实如果仔细观察，我们很容易便能了解别人的心，因为人的所有行为都由人心指使，那么行为的好坏和人心的善恶就是一致的；纵然有人拥有层层伪装，不经意间也会暴露本性，因为这伪装与其本心是相悖的。

6

心外无物。如吾心发一念孝亲，即孝亲便是物。——《传习录·陆澄录》

此句中，王阳明很清晰地解释了"心外无物"的道理。物就是事情，孝顺父母就是一物，是一件事。我们必须用心，才有孝顺父母这件事情的发生；不用心，这件事便不可能发生。只有将心和客观事物联系起来，才能说是一物（一件事）；主观（心）和客观（物）之间不仅仅需要建立联系，还需要建立更深层次的相互感应。

【度阴山曰】

我们每天都在接触不同的人，但能有三两知己已是难能可贵，这缘于人和人之间多只是建立联系，少有建立感应。如两个人初次见面，互相做了自我介绍，这只是建立联系，只有双方进行深入交流才叫建立感应。有了感应，才能做到"心外无物"；只有联系，没有用心，根本谈不到"物"。

7

> 凡言意所不能达，多假于譬喻。以意逆志，是为得之。——《与顾惟贤书》

有个人和朋友游览寺庙，看到四个字：心中业物。他在心中感慨："我心中的'业'太多，心中之物也太多，所以活得很不幸福。从今天起，我要改变。"此人言行一致，便从那天开始洗心革面，存各种天理，去各种人欲。

过了一段时间，他再次遇到那个和他逛寺庙的朋友，朋友对他的改变大为惊奇，询问原因。他就把上次在寺庙看到"心中业物"的事情说给朋友听，他认为这四个字是天理，启发了他。

朋友却对他说："你看反了，那是物业中心。"

大家可能都认为这仅仅是个笑话，但它恰好说明了阳明心学"心即理"这个概念。什么是心即理？简言之，就是所有的天理不在心外的事物上，而在我们心内。同一件客观存在的事物，由不同的人来看就会得到不同的道理。一旦客观事物有了不同的道理，就说明心外的客观事物上没有理，理在人心中。因为如果客观事物有客观的理，所有人得到的理应该是一样的；得到不一样的道理，证明了心外无理。

"凡言意所不能达，多假于譬喻"是说，当我们不能解释清楚事物时，最好的办法是用譬喻；所谓"以意逆志"，就是按照自己的想法去揣度别人的意思。这种说法乍一看有点儿问题，但人的能力之一，就是可以用意识对客观存在进行重新塑造。人类从客观存在处得到的永远不仅是客观存在本身，还有经过人心改造后的客观存在。

所以，心外无理，心外无物，说的就是人所接触的一切客观存在，都是经过个人意识重塑的存在。

【度阴山曰】

玻璃杯中有半杯水，这是客观存在。有人看到玻璃杯中只剩了半杯水，有人看到玻璃杯中被注入了半杯水。谁是正确的？而正确与否其实并不重要，重要的是怎么描述这半杯水，是别人剩下的，还是重新注入的？这一描述并非在论述那半杯水的价值，而是在呈现人自己的价值。

对于同一客观存在，不同的人能看出不同的道理来，这就是理在心中，心外无物。"水能载舟，亦能覆舟"，是水的问题，还是舟的问题？明白这个，就明白了心外无物。

8

> 道一而已，仁者见之谓之仁，知者见之谓之知。——《寄邹谦之书》

表述"心即理"最高级的一句话是"仁者见仁，智者见智"。人有什么样的心，就能见什么样的理，是为"心即理"。

心中有什么，人就能见到什么；盗贼最了解的是贼，因为心中有贼。人能从客观事物上发掘出什么样的理，并不取决于客观事物本身，而取决于人心；人心中有鬼才能看到鬼，人心中有光才能看到光。阳明心学认为，这个世界上所有的客观事物，并不是因为其客观存在而能被人看见，而是心中有它们的人才能看见。换言之，如果心中没有这些客观事物，人就不可能看到它们。

【度阴山曰】

你眼中的你不是你，别人眼中的你也不是你，你眼中的别人才是你。

9

> 所谓"天下本无事，在人自扰之"耳。——《与黄宗贤书》

从前有个白胡子老头儿，胡子如雪，飘逸似仙。每天都吃得好，睡得好，不知世上有何烦心事。但有一天，有个好事者问他："您晚上睡觉时，胡子是放在被子外面还是被子里面？"老头儿无法回答，因为他之前从没有注意过这个问题。当晚，他失眠了。他发现，胡子放在被子外面不舒服，放在被子里面也不舒服。这就是"着相"。

我们生活在这个世界上，很多事都如同空气，虽如影随形，但永不会被刻意关注，所以我们省却了很多烦恼。生活中太多的琐事、身体的各种反应，倘若被人聚精会神地关注，那人的麻烦就来了。

天下本无事，人关注了，事情就出现了。

事，本身就必须有人的参与；人通过感官和外物接触，从而形成了"事"本身。即是说，当我们提到"事"时，肯定就有"人"在。天下的事皆由人做出，有的事必须发生，而另一些事都是人乱搞出来的。

【度阴山曰】

心外无事，一方面是让人静心，另一方面则是让人少生事。王阳明说"生事事生"——生事时你还有主动权，事生了，你就受事情控制了。所以，少生事，没事最好。

10

> 先生游南镇。一友指岩中花树问曰："天下无心外之物，如此花树在深山中自开自落，于我心亦何相关？"先生曰："你未看此花时，此花与汝心同归于寂；你来看此花时，则此花颜色一时明白起来，便知此花不在你的心外。"——《传习录·钱德洪录》

物者，事也。天下没有心外的事，凡事都需要动心。不用心指使眼来看花，就没有看花这件事；一旦看了这花，就有了看花这件事。所以说，心外无物，即心不动则无事。

当心不指使眼睛看花，花与心均客观存在，只不过相对于彼此而言各自为"寂"；当心指使眼睛看花时，心动，花入眼、入心，二者建立起了联系。当人看完这朵花后，转身离去，很久之后却仍然记得那朵花的模样；即使那朵花已凋零，人心依然记得它。这说明，当人看过花后，这朵花是否客观存在的意义已经不大；人记得的花，根本不是当初客观存在的花，而是经过心的加工后被放入心中的花。这朵花永远在人心内。

"此花颜色一时明白起来",这是人心动后对花的点评。在客观世界中,花的颜色一直是明白的,人要知道这颜色,必须动心;心动即心内,心寂即心外。

【度阴山曰】

事情结束后,你还能记得与此事相关的事物,都已经在你心里。

人之所以内耗,无非是因为心中事物太多。心内少物,则心头没有闲事。如何做到心内少物?这需要做个"没心没肺"的人,且此"没心没肺"并非指脑中缺根弦或是缺乏感情色彩,而是不执迷。

11

门人在座,有动止甚矜持者。

先生曰:"人若矜持太过,终是有弊。"

曰:"矜持太过,如何有弊?"

曰:"人只有许多精神,若专在容貌上用功,则于中心照管不及者多矣。"

有太直率者。

先生曰:"如今讲此学,却外面全不检束,又分心与事为二矣。"——《传习录·黄直录》

人一旦意识到自己被观察,多会有所改变,脱离本质;只有那些拒绝改变自己本质的人,才是真正心理合一的人。在他人面前过于矜持,是在刻意改变自己,这时就不能多多照顾内心,于是内心和呈现出的理不一致;可全然不知检束,也不是心理合一。人的本质是自然的,不过于矜持,也不过于散漫。

【度阴山曰】

保持心理合一的方法,是把全部心思都放在自己的心态上,保持心态平稳、端正,使自己感到舒服。任何情况下,倘若感到内心别扭、不舒服,那说明人的本质正在悄悄发生改变，此时心和理无法合一，精神与言行分裂，所有的不舒服都会扑面而来。

12

> 夫物理不外于吾心，外吾心而求物理，无物理矣；遗物理而求吾心，吾心又何物邪？——《传习录·答顾东桥书》

你评价的你不是你，我评价的我也不是我，我们共同去评价一件事物时的评价结果才是我们自己。

曾有一武将，总是打败仗，给朝廷的奏折上便写着"臣屡战屡败"。他的谋士说："要是这样写我们就完蛋了！"遂将此段文字改成"臣屡败屡战"。同一个事实，不同的描述，给人的感觉居然大大不同——"屡战屡败"令人感到将领无能，"屡败屡战"则令人感到将领有顽强的意志力。

同一件客观事物，由不同的人赋予其意义就会有不同的呈现，这就是人和人之间差距的根本所在。心即理，心外的事物上没有理，事物上的理全是人赋予的。赋予的理如何，决定了人成就的高低。人赋予事物的意义高低，是由人心决定的，人心越纯粹、光明，赋予事物的意义就越高大，人离真理就越近，反之亦然。

但注意，在上面这个事例中，武将总打败仗是一个绝对的客观事实。武将与其谋士写下的奏折措辞不同，但如何也绕不开对这一客观事实的讨论。客观事物需要人心赋予价值，而人心如果离开客观事物，也就是个空。所以，心和理是合一的，谁都离不开谁。

【度阴山曰】

多看，多做，少评价。每一次你对某一事物做出评价，有心人便更加了解你的本性。孟子说，"人之患在好为人师"，是说人多好虚荣，都想通过对事物进行评价来证明自己。其实，过分爱对事物进行评价就等于在大街上脱光了衣服，让众人来观察你的虚荣。

人生在世，虽不需要过多地隐藏自己，倒也不必追求"裸奔"。

13

> 我的灵明，便是天地鬼神的主宰。天没有我的灵明，谁去仰他高？地没有我的灵明，谁去俯他深？鬼神没有我的灵明，谁去辨他吉凶灾祥？天地鬼神万物离却我的灵明，便没有天地鬼神万物了。我的灵明离却天地鬼神万物，亦没有我的灵明。——《传习录·黄以方录》

乍一看，这段话好像是唯心主义的，但王阳明的意思没那么简单。第一，他承认客观存在是物质性的，"天地鬼神"就是存在。第二，客观存在的"天地鬼神"并不是我的"天地鬼神"，而是客观存在的"天地鬼神"，我的"天地鬼神"是我把客观存在的"天地鬼神"赋予一番意义后的"天地鬼神"；我的灵明死了，属于我的"天地鬼神"也随之消散了。

如果没有客观存在的"天地鬼神"，人心中的"天地鬼神"也不可能产生，心也就没有任何意义——因为它没有可赋予意义的东西。所以，"天地鬼神"客观存在，但人心中有被赋予意义的客观存在。于是，心外无物！

【度阴山曰】

人在群体中生活，应当低调。因为人人都有良知，那么人人就都有自己的世界，也都是自己世界的主宰，没有谁强过谁！

14

> 故有孝亲之心，即有孝之理；无孝亲之心，即无孝之理矣。有忠君之心，即有忠之理；无忠君之心，即无忠之理矣。理岂外于吾心邪？——《传习录·答顾东桥书》

如果用心，天理自现，因为心即理。真有孝顺父母的心，一定有孝顺父母的理；真有忠君的心，一定有忠君的理。倘若没有这样的心，自然不会产生这样的理。凡事向心求，说的正是这种道理。大家耳熟能详的"工匠精神"，也无非

"用心即有理出"罢了。

据说，宋朝大奸臣蔡京，府中有个包子团队深谙工匠精神。仅一棵葱，就需要手洗三十遍，切成的葱丝长短粗细必须相同。包子的分量、大小必须一模一样，连做包子的厨子都看不出哪里不同，这就叫工匠精神。后来蔡京失势，包子团队流落民间，有南方官员聘得了蔡府包子团队中的一位女厨师，就要她包出蔡氏包子来。那女厨师冷笑说："我们是一个团队，分工合作。"

官员问她："那你做哪份工作？"

女厨师回答："只切葱丝。"

女厨师用心切出来的葱丝，是蔡氏包子的重要组成部分。这恰好证明了：事不分大小，只要做事又专又精，下的就是用心的大功夫！

【度阴山曰】

工匠精神有很多特质。比如对一件工作的专注、热爱；再比如无牵无挂，不会因事物干扰而分心。其实综合来看，工匠精神，只是"用心"。

你若用心，天理自现！

15

或曰："人皆有是心，心即理，何以有为善，有为不善？"

先生曰："恶人之心，失其本体。"——《传习录·陆澄录》

每个人心中都有天理，天理自然令人向善，那为何会有恶人？王阳明的解释是恶人已然失去心的本来状态。所以恶人心中没有天理，没有理等于没有心。如此，恶人实在应当被谨慎防范。

【度阴山曰】

害人之心不可有，防人之心不可无。不要试探人性的善恶，结果你承受不起。

16

吾心自有光明月，千古团圆永无缺。——《中秋》

月亮挂在天上，今日圆，明日缺，客观存在，自有其规律（理），据此可以得出这样的结论：月亮的存在及其阴晴圆缺，并不为我们的意志所左右。然而当我们和天上的月亮接触时，就已经在心中把它重新塑造了；进入我们心中的月亮不是那个客观存在的月亮，而是被我们塑造后的月亮。心中月亮的存在及其圆缺，自然由心决定。

我心自有光明月，它永远不会缺，永远团圆。心中的月亮和客观存在的月亮已大不相同，可心中的月亮并非自创的产物，仍来源于客观存在的月亮——客观存在的月亮和心中的月亮互相倚靠。

人心世界中的月亮，就是经过人心塑造的月亮，是我们心里的月亮。

【度阴山曰】

人"记忆中的白月光"是无人能及的，哪怕是"白月光"本人都不行。人心里感到幸福或痛苦，并不仅仅发生于感到幸福或痛苦的当下，更存在于事后的回忆和联想中。幸福与痛苦在回忆和联想中被不断重塑，与它原本的模样已相差甚远，这就是"联想是丰满的，现实是骨感的"。

17

夫学贵得之心，求之于心而非也，虽其言之出于孔子，不敢以为是也，而况其未及孔子者乎？求之于心而是也，虽其言之出于庸常，不敢以为非也，而况其出于孔子者乎？——《传习录·答罗整庵少宰书》

因为理在心中，所以道理只能在心中求；在心中求理，则你对理的认定就是心甘情愿的，而不是为外力所迫的。如果经典不能让你认同，那无论它有多经典，都可以不认同；如果有大家都认为平常的道理，你却从中受益，这平常的道理就是你的天理。

【度阴山曰】

人有两种活法：一种是在权威身后亦步亦趋，另一种是在内心面前俯首称臣。这两种活法没有高低智愚之分，一切都是看个人的心态和偏好。有人就喜欢遵从他人，有人就喜欢遵循内心。一切问题，都是心如何选择的问题。

18

> 君子不求天下之信己也，自信而已。吾方求以自信之不暇，而暇求人之信己乎？——《答友人书》

阳明心学的教化方法非常简单。由于理在人心中，只要是凭本心做的事，就可以呈现出真理。坚信这点，凭本心做事时会有高度自信。这种高度自信起初只是"盲信"，"盲信"的次数多了，时间久了，便可发现原来凭本心真就能得到天理，于是自信转变得更理性，最终可以达到感性和理性全部自信的境界。

我们若要接纳一套理论，最开始就是要"盲信"。此事需要"取其精华，弃其糟粕"，但在开始时，我们没有能力判断哪些是精华，哪些是糟粕。所以，先全盘接纳，在之后的学习过程中再批判性地思考和判断，渐渐形成自己的体系。

【度阴山曰】

相信一种理想、目标，即使它某些方面有错误，也要无条件地相信，而不是上来就玩"取其精华，弃其糟粕"的把戏，这就是"盲信"。

只有经历过"盲信"的阶段，你才可以在钻研中逐渐明了所信的哪些是精华，哪些是糟粕，才能做到去掉糟粕的"精准自信"。

第四章　向内求

宝藏在你身上

有个官员向王阳明请教治理之道，王阳明向他详细地讲了许多技巧。

该官员回到治所后，用王阳明教的方法一板一眼地治理地方，后来熟能生巧，把王阳明没有讲到的一些治理技巧也发挥了出来。

他再次拜见王阳明时说："很是惭愧，我没有按照您教我的方法一板一眼地做。"

王阳明笑着说："我何尝让你按我的方法一板一眼地去做呢？你的许多修改，正是用心向内求的结果。每个人都可以从心外的人和经典处得到知识，但真正为己所用的知识，还是要从自己心内求得。我曾说过'抛却自家无尽藏，沿门持钵效贫儿'，意思是，你家里已经有取之不尽、用之不完的宝藏，却像乞丐那样挨门挨户地乞讨，这真是大笑话。"

官员问："那么我的宝藏是什么呢？"

王阳明回答："真心。向内一求，即可获得。"

1

> 忽中夜大悟格物致知之旨……始知圣人之道，吾性自足，向之求理于事物者误也。——《年谱·正德三年》

故事说，一个老和尚与一个小和尚相依为命。冬天到来时，天寒地冻，小和尚冻得瑟瑟发抖，老和尚就给小和尚盖紧了被子。过了一会儿，小和尚感到温暖，随口说道："这棉被可真暖和啊！"

老和尚点头，随即问小和尚："你觉得是棉被给你带来温暖吗？"

小和尚说："是啊。"

老和尚摇头说："不对。棉被只是把你身上的热量锁住了，你之所以暖和起来，是因为你没有丢失自己身上的热量罢了。"

王阳明说："吾性自足，不假外求。"他的"格物"就不必是朱熹所说的向外格物，只需在心内完成，也就是阳明心学的要点：向内求。

王阳明于龙场所悟之"道"，其实是对当时学术界的方法论"格物"进行了重新解释，而这种解释的理论基础源于"吾性自足，不假外求"。即是说，看似从事物中格出的理，其实理之根本不在事物那里，而在每个人的性中、心上。

【度阴山曰】

晚清名臣曾国藩的"向内求"，只是把两件事坚持到底：

第一，每天做"日课"，即记日记，反思自己一天的过错，也就是反躬自省。

第二，请"师友夹持"，即让师友督促自己成长。他勇敢地把日记送给师友阅读评点，请求大家指点自己言行的不当之处。

2

> 求诸其心何为哉？谨守其心而已矣。——《谨斋说》

"求诸其心"，即凡事须在心中求。如何在心中求？只是要谨守内心的良知。谨守内心的良知，即致良知。致良知的人，常常能在无声处似乎听见了什么，常常能在无形中仿佛看见了什么。所以其会倾听内心的声音，唯恐出现谬心；也会严肃地观照内心，唯恐有什么东西不被察觉地逃掉了。这样的话，心中再隐蔽的想法也会显而易见；一旦善恶之念萌发，不管是多么微小的念头都无处隐遁。

谨守内心，就会心存良知；心存良知，就会内心光明；内心光明，就能清楚地观察心中万物，从而使良知更加纯正地留存于心。

【度阴山曰】

"向内求"，便是遇到任何事只要咨询内心，询问内心良知的声音。这个声音是在没有任何压力和欲望的情况下发出的；倘若有压力，有欲望，那此时内心发出的便不是良知的声音。

若想听到良知的声音，便要博学、审问、慎思、明辨、笃行。博学是学阳明心学，审问和明辨是讨论阳明心学并判断讨论的结果，慎思和笃行是以阳明心学指导自己的思想与行为。

3

> 夫能见不贤而内自省，则躬自厚而薄责于人矣，此远怨之道也。——《书王嘉秀请益卷》

看到别人做得不好的地方，先不要去指责别人，应该先自我反省，检讨自己是否也有这样的问题。只有严于律己，宽厚待人，才不会招致怨恨。

有一段常见的问答如下。

问："如果世间有人无端地诽谤我、欺负我、侮辱我、耻笑我、轻贱我、鄙视我、厌恶我、欺骗我，我要怎么做才好呢？"

回："你不妨忍着他、谦让他、任由他、避开他、耐受他、尊敬他、不要理会他，再过几年，你且看他。"

许多人都对这段问答大大赞赏，认为这才是受到攻击时的修身榜样。

可站在阳明心学的角度来看，这样做不对。因为这种做法虽然没有反击，只是在被动防御，却似乎带着点儿"小九九"，准备看人家笑话。

按照阳明心学的理论，就应该在忍耐、谦让对方的时候回想自己的缺点，努力改正；待上几年，你再去看对方，不是看他的热闹，而是看他是否有了修身上的进步，如果没有，那就帮助他。

【度阴山曰】

王阳明的这种修身思想是一种"内循环"模式。简言之，别人的所有攻击都可以被我迎入内部，在内部消化，完成自给自足的循环后成为新的力量，最终为我所用，使我成长。

比如，面对指责，先不反击，而是把它迎入心中进行消化——人家说的对不对？如果对，就要改正自己的毛病；如果不对，就将指责"放走"。如此就完成了一次循环，人可以得到进步。

"内循环"模式在柔弱之下隐藏着刚强。柔弱是行为上没有发生反击，刚强则是自我循环后变得更强大。

它也是一种强大的阳谋：我不但打不还手，骂不还口，还能自我反省、自我激励、自我成长，对手知道我在成长，但他无法阻断我的成长。

于是，我越来越强大，对手越来越脆弱，这就是得胜于无形之中。

4

蹇以反身，困以遂志。——《赠刘侍御二首》

人生不如意事十之八九，挫折、困境随时都站在你的门口，举起沙包大小的拳头准备敲门。当我们遇到挫折，处于困境中时，请记住王阳明的这八字口诀："蹇以反身，困以遂志。"意思是，遇到挫折时躬身自省，处于困境时更加坚定从前的志向，初心不改。

如何坚定志向？方法只有一个：向心内求取坚持下去的力量。

【度阴山曰】

按照心外无物的理论，遇到挫折其实是"咎由自取"，说明你可能在之前的某个时段做错了事；反躬自省的目的是找出问题，即使找不出问题，也能让头脑冷静下来，更加理性地处理问题。处于困境时要更加坚定从前的志向，因为面临困境是对志向的不坚定造成的；此时如果能恢复志向，以从前的目标指引前进的方向，就更容易返回正轨。

5

乾坤由我在，安用他求为？千圣皆过影，良知乃吾师。——《长生》

陆九渊说人应"自作主宰"；陈白沙说"宇宙在我"；王阳明则说"乾坤由我在"。从前的圣贤都不是他绝对认同的老师，这样的老师，他只有一个，那就是他自己的良知。据此可知，心学家们都是"唯我"论者——我的命运我做主，这是一种高度自信。

这首诗把阳明心学的灵魂通俗地说了出来，那就是"我认同的权威只有一个，就是我心中的良知"，自身良知之外的一切权威、真理、道理，在它面前必须俯首称臣。当遇到心外的"权威、真理"时，我们不应轻易向其拜服，而是去问心中的良知，这便是内求；在心内求到的答案，对于我们来说才是真正的权威、真理。

【度阴山曰】

顺境时，告诉自己，这是良知的功劳。正因为你做的很多事符合良知，所以才能顺风顺水，千万别把你的成就归功于自己的能力。要归功于善，不归功于智。

逆境时，告诉自己，只要良知还在，一定可以翻身。你要做的，不仅仅是靠智慧寻找答案，更要求取内心的良知，做事凭良心，总有一天，你会东山再起，再创辉煌。

6

圣贤处末世，待人应物，有时而委屈，其道未尝不直也。——《寄希渊书》

人在江湖，往往身不由己。但内心最深处的良知要明白，可以委曲求全，不可助纣为虐。我们可以糊涂处世，但不能糊涂为人；术可以不直，道必须直。

圣贤也会有低谷期，有时待人接物也要委曲求全，只要内心的良知没有动摇，这种行为也是正确的，是正道。

那么，在低谷期遇到他人的侮辱，是奋起反抗还是委曲求全？到底什么时候该奋起反抗，什么时候该委曲求全呢？这需要你问自己的心，也就是向内求。

【度阴山曰】

我在这里只解释一点：为什么有时候要委曲求全？

第一，人生不如意事十之八九。常人的一生，高峰少而低谷多，若想由低谷爬上高峰，必须忍辱，活着才是真理。

第二，小不忍则乱大谋。忍受小的屈辱，是为了以后的大计。也就是说，人必须有"大谋"。所谓"大谋"，用王阳明的理论来解释，就是必须知道何谓人生中第一等事，即知道人生终极目的是什么。凡是和人生终极目的不相干的，都不应投入过多精力。别让小辱干扰你，一遇凌辱就拔刀而起的是匹夫。

第三，在正视人生"高峰少而低谷多"和人要有"大谋"的情况下，应该有这样的意识：所谓尊严，在低谷时一文不值。人的尊严、价值并不仅仅由其自身主宰，很多时候是由别人决定的。所以，暂时放弃尊严，是为了以后更好地保有尊严。

第四，一遇到小侮辱就"撸胳膊，挽袖子"，对锤炼心性和提高解决问题的能力毫无帮助。有所忍才能有所不忍。

7

求理于吾心，此圣门知行合一之教，吾子又何疑乎？——《答顾东桥书》

这句话非常重要。理在心中，也就证明了行在知中。

理本呈现在外部，是行为、行动，它怎么可能在心中？因为行为、行动都在遵循内心的命令，好比放飞的风筝，无论风筝飞了多远，只要无意外发生，它都被人用线所牵引。

行在知中，因为知本身就必须有行的存在。没有行存在的知不是知，正如没有线的风筝不叫风筝一样。

如果想让风筝听你指挥，要做的不是去摆弄风筝本身，而是拽风筝线。风筝线可比作心，风筝本身则是我们所注意的心外之物。重视操作风筝线，就是"心外无物"的一种体现：凡事需要向内求。

【度阴山曰】

如果你感觉自己的孩子很差劲，要做的不是把孩子收拾一顿，而是看看孩子身上的问题，是不是自己身上也有。好比我们打印一份材料，打印出来后，我们发现上面有错字，若要追根溯源，不应该在打印出来的材料上修改，而是回到电脑文件上，把材料修改完毕，再打印出来。我们要做到治根、治本。

8

大抵忘己逐物，虚内事外，是近来学者时行症候。——《寄杨仕德书》

内心平和、宁静才是第一义。总想靠外在的财富、名誉取得他人的赞同，这是向外求。弱化自己的内心，却强化外部的力量加持，如同无源之水，终究干涸无依。以内心的安静为为人处世的首务，才是向内求的正确路径。

【度阴山曰】

问自己如下问题：

第一，生时没有带来的东西，死时能不能带走？

第二，植物、动物、矿物，哪个能永恒？

第三，你和财富、美色一同掉进水里，你希望他人拯救哪个？

三个问题的答案即为何要向内求的答案。

9

人言不如自悔之真。——《年谱·嘉靖三年》

真正的知，一定是人自身行动的产物，因为其不仅是知识，还是技能。知识可以通过他人传授而取得，掌握技能非要亲自动手不可。知行合一，是知识和技能的合一。无法运用于实践的知识（技能），难以称为真正的知识。

人们获取知识和思想有四种方式：感知、记忆、理解、反省。所谓感知，是我们用眼耳鼻舌身意感受到知识，比如用嘴巴品尝了辣椒，发现它是辣的，了解了辣椒的辣是什么样的辣，于是通过感知得到了这些知识。所谓记忆，是将一些已发生过的事情记下来，成为自身的知识。所谓理解，是我们通过头脑进行推理、归纳、概括等抽象思维活动而得到知识。所谓反省，是我们对做过的事情进行复盘，找到自己的不足，将经验内化为思想。

【度阴山曰】

感知、记忆、理解多是获取知识的，只有反省是直指获取思想的。因为思想就是天理，心外无理，必须在心中反省才能得到天理。

另外，反省能让人进步。如果人总是把问题推到心外的事物上，那就是一遇问题就找替罪羊，即使问题解决了，下次还是会受挫，因为没有找到问题的根源。如果总是把问题推到心外的事物上，等于拒绝了思考，堵塞了进步的道路。

10

> 乃知天下之物本无可格者，其格物之功，只在身心上做。——《传习录·黄以方录》

格物是在事上正念头，但事情是在人心外，还是在人心内呢？

凡是被认定的事，都出自人手。事有大有小，做事的人有好有坏，有的事是一个人做，有的事则是多人做；无论多大的事，其实都由人做，都出自人心，人心之外没有事。于是，在事上正念头就是在心上正念头，格物也就成了在心上格。在这一理论中，王阳明把心的力量提高到至高无上的地位，一切问题都可以在心上解决，无须外求。

【度阴山曰】

某人平时可算得上"一杯倒"。但在参加一场家庭聚会时，一个挖苦过此人的亲戚，对给此人带来伤害感到懊悔，向他道歉，于是此人之前累积的种种压力都得到了宣泄，一高兴就多喝了两杯。这多喝的两杯，本质上并非聚会上高涨的气氛和一段紧张关系的和解促使他喝掉的，而是由着他自己的心喝掉的。

所以，有时看似你成事如有神助，其实你自己的心才是"神"。遇到问题时，向心内的"神"求助，一定事半功倍。

11

> 吾心之处事物，纯乎理而无人伪之杂，谓之善，非在事物有定所之可求也。处物为义，是吾心之得其宜也，义非在外可袭而取也。格者，格此也；致者，致此也。——《与王纯甫书》

面对事物时，内心纯然合乎天理而没有掺杂人欲，就叫作"善"，而不是说在事物中某一个固定位置可以找到善；就处事而言，这叫作"义"，是指我们的心处在合宜的状态，义并不是从外部获取的。所谓"格"，就是要格此心；所谓"致"，也是致此心。

格物即求善，这善不需去心外之事物上求，只需在心上求，也必须在心上求。求的这个善是什么？是内心舒适，也就是心安。

【度阴山曰】

一切的格物，都是格心安；所有在事上的求取，归根结底，是使人心安。一切修行方法，最终要达到的境界只有"心安"。

这是实操，也是唯一的实操。

12

> 夫言之启人于善也，若指迷途，其至之则存乎其人，非指迷途者之所能钦矣。——《与路迎书》

指路人指给你的路，如果不亲自去走，你不会知道它的对错。所以说，人生中所有的指路人、启发者，是否能成为你感谢的对象，不在指路人、启发者本身，而在你自己；只有用行动检验他们指给你的路和启发你的话，才能知道他们的指引、启发是否有效，这就叫"凡事只需心中求"。

我们常说"薪火相传"，多数人都需要被别人点亮。当有人点亮你时，你要保证自己是柴薪而不是石头，因为石头不会被点燃；你感谢对方给你传火的前提，不是它传火的行为，而是你自己柴薪的本质。

火是否能被传下去，重中之重不在于他人这把火的强弱，而在于你是不是可以承载火焰的薪。

【度阴山曰】

人之反省有三种方式：第一，以史为鉴；第二，以人为鉴；第三，以镜为鉴（找面镜子照照自己）。前两种是向外求，后一种是向内求。

13

理虽万殊而皆具于吾心，心固一也，吾惟求诸吾心而已。——《约斋说》

从前有三人是好友。他们一起去京城参加科考，路上遇到一名算命先生，就询问他："你看我们三人，有几人能中举？"

算命先生伸出一根手指，并不说话。

三人询问玄机。算命先生卖关子说："天机不可泄露太多，等你们考完就知道了。"

后来三人中只有一人金榜题名，此人兴奋异常，找到算命先生说："您算的可真准啊！确实只有我一个人考中了！"

算命先生的妻子私下问他："你难道真的会算命？"

算命先生嗤之以鼻，于是妻子又问："那你怎么算出来他们三人中只有一人能中举呢？"

算命先生回答："我只伸出一根手指。如果他们都没有中举，这意思就是一人都不中；如果他们都中举了，这意思就是一人都不落榜；如果他们中有两人中举，这意思就是有一人落榜了。总之，一根手指能解释一切。"

而解释权不但在算命先生这里，也在三个举子那里。算命先生伸出一根手指是客观事物，不同的解释（不同的理）却很多。所以伸手指这件事上没有理，理在每个人心中——因为相信，所以看见。

【度阴山曰】

人人心中都有理，不同人看同一事物能看出不同的理来，这就是理"万殊"。但无论是什么理，肯定是从心发出，若要求客观事物之理，在心中求则万无一失。但需要注意的是，自己的理和别人心中的理未必相同。

14

岂有邪鬼能迷正人乎？只此一怕，即是心邪，故有迷之者，非鬼迷也，心自迷耳。如人好色，即是色鬼迷；好货，即是货鬼迷；怒所不当怒，是怒鬼迷；惧所不当惧，是惧鬼迷也。——《传习录·陆澄录》

有个人经常坐火车上班。火车每次驶过一栋破败无人的大厦时，他都看到一扇窗户后有个人影，而这个人影非常像因被他抛弃而自杀的前任女友，于是他每次看到这个人影都惊慌失措。终于有一天，此人决定去楼上看个究竟。可当他走到那扇窗户前，发现竟有很多人聚在那里，而"人影"只是个塑料模特。他和那些聚在窗前的人聊天，才知道大家都是看到那个塑料模特才来一探究竟的。有人以为那是自己被赶出家门的孩子，有人以为那是因自己失误致残的人……总之，大家看到的其实都是自己的"愧疚"。

这就是"心里有什么，才会看到什么"。一个客观存在，会被不同的人塑造成不同的模样。

【度阴山曰】

不是因为看见才相信，而是相信才能看见；不是看到什么就是什么，而是心中有什么才能看到什么。看到美色，是因为心中想见美色；看到横财，是因为心中想有横财。你看到一切你看到的，只是因为这些是你想看到的。

我们评价任何物，并非在评价物，而是在自我评价。一切都在心中有，一切都在心中求。

15

> 故"六经"者，吾心之记籍也，而"六经"之实则具于吾心。——《稽山书院尊经阁记》

鲁迅的作品《过客》中，过客向一个老人和一个小女孩问前方是何处。老人告诉他，前面是坟墓；小女孩告诉他，前面有许多野百合、野蔷薇。

于是有人感慨于心态之重要：小女孩的心态好，看到的是坟墓上的鲜花；老人心态不同，看到的是坟墓。人若学习小女孩的心态，人生就会明亮起来。

老人与小女孩所见之景不同，这固然和心态有关，但更和另一事有关，那就是人生阅历。老人之所以看到坟墓，是因为其人生已过大半，不日就要入土，心中多是生死、坟墓这样的事情；小女孩对世界充满新鲜感，看到的就是土丘上开满鲜花这一特征。

无论是老人还是小女孩，心中都有理，而坟墓或土丘可与"六经"类比，同是客观存在；老人与小女孩对坟墓有不同认知，就如同他人与王阳明对"六经"有不同认知。"六经"是天下道理所在之书，是万理的家。王阳明认为，"六经"中的道理既在"六经"中，也在他的心中。他看"六经"时发现里面的道理和他心中的道理一样，于是明白万理皆在其心。至于"六经"中的理，只是那些和他一样拥有理的人将自己心中的理写了出来。这种人，我们称为圣人。

圣人著"六经"是为我们呈现出心中已有的理的阶梯。好比点燃烽火台要人持火种走上台阶，"六经"只是台阶，并非我们抱上去的火种。还是一个道理：心外无理，吾心自足。

【度阴山曰】

人在世上探寻真理，好比盲人摸象。大家都认为自己探寻到的道理就是真理，却不知无论多聪明，只要还是人类，对真理的了解就只可能是冰山一角。

那么，我们是不是一定要了解真理的全部？没必要！只要能用真心探索出真理的一角，无论多片面，都好过不曾触摸真理。

16

> 道即是天,若识得时,何莫而非道?人但各以其一隅之见认定,以为道止如此,所以不同。若解向里寻求,见得自己心体,即无时无处不是此道。亘古亘今,无终无始,更有甚同异?——《传习录·陆澄录》

这段话的大意是,道就是天,如果理解了这一点,什么不是道呢?当人们依据自己的偏见,认为道只是自己以为的这样,所见就会有所不同。如若不断向内探求,明白了自己的心体,道便会周流于任何时间与地点,从古至今,自始至终,哪有什么不同呢?

阳明心学认为,"自己的心体"就是良知,致良知就能理解真正的道,因为道就是良知。

其实任何人对客观事物的理解,都是"偏见"。所谓"偏见",是建立在自己认知能力和情感基础上的一种片面见解。多数人常觉得自己能明察秋毫,争执时自己有理而对方无理;客观世界像是一头大象,而我们是"盲人",都在尽力"摸象",虽都能摸到,但对"象"的认知必有不同。这其实足够了,因为人所认识的世界,总是充满"偏见"。我们应做到尽可能以良知指导"偏见",使其不要偏激。

除"偏见"外,还有更恐怖的"希望"。

春秋时期,宋、楚"泓水之战"。当时,宋军已先在泓水北岸布好阵势,处于有利的形势,宋国大将目夷对宋襄公说:"楚军人多,我军少,不如趁着他们渡河之时发动攻击,一举消灭他们。"但宋襄公认为"半渡而击不仁义",没有听从目夷的建议。等到楚军渡过河水之后,目夷再次劝宋襄公进攻,宋襄公说:"等他们列好军阵。"等楚军布好军阵后,一涌而上,最后大败宋军,宋襄公也被楚军射伤了大腿。

泓水阻隔了宋、楚两军,大战一触即发这是客观存在的。但宋、楚两军针对如何作战却有截然相反的表现。宋襄公在有利的情况下仍然遵循旧时周礼下的作战礼仪,楚军却没有这么多的繁文缛节,选择了直接出击。值此生死存亡之战,战机稍纵即逝。宋襄公以为楚成王会像自己一样遵循周礼,殊不知此时早已礼崩乐坏、诸侯征伐、仁义不存。由此可见,泓水之战的输赢与否,全不在泓水这一自然事物的身上，而在隔河相对的宋、楚两军的国君宋襄公和楚成王的身上，即两国的国君究竟心里想怎样打赢这一战。

所以说，心外确实无理，理在各自的人心里，对客观存在眼前的局势怎样观察，就会得到怎样的理。

能观察出什么样的理，就证明了观察者是个什么样的人。

【度阴山曰】

为什么很多人会观察错误呢？

因为有人格物是靠良知，而有人靠的是希望。在上面的事例中，如果宋襄公不秉持已经不合时宜的作战礼仪，理性观察，那他会客观、冷静地听取目夷的建议，凭借占据泓水天险这一先机取得胜利。

人生中太多事情，都是心想事不成。

17

又一日，董萝石出游而归……对曰："见满街人都是圣人。"

先生曰："此亦常事耳，何足为异！"——《传习录·钱德洪录》

"满街人都是圣人"，这缘于"人皆可以为尧、舜"的理论。即是说，每个人心中都有个理。古代，虽然皇帝与平民在地位上有天壤之别，但一些皇帝心中的理和平民心中的理大体相同：皇帝心中有孝顺的理，平民也有；皇帝心中有亲善的理，平民也有。这种思想上的一致，在心中即可求取到。

一些国家有陪审团制度，陪审团成员多数并非法律专业人才，但法官最终对案件的裁判是以他们的意见为主的。这其实体现了阳明心学"心即理"的道理，承认每个人都能判定是非对错，每个人心中都有个理，所以即使不是专业人才，也能判定是非曲直。

【度阴山曰】

不要对任何人傲慢，更不要在任何人面前自卑。人人皆有圣人的潜质，人人都有成为圣人的可能,只要肯静下来向内看,便会发现,世界上所有人都是平等的。这是自尊,你需要它,也只有它,才能给你带来活下去的希望,并且有望活得更好。

18

> 孔子告颜渊"克己复礼为仁",孟轲氏谓"万物皆备于我""反身而诚"。夫已克而诚,固无待乎其外也。——《别黄宗贤归天台序》

孔子对颜渊说"克己复礼就是仁",孟子说"世间万物的本性全都存在于我心中""回到真我做个真诚的人"。只要克制人欲,成为真诚的人,就不需要在心外找寻什么。古圣先贤早就告诉了我们,一切都只需在心中求,向内求。

【度阴山曰】

《中庸》认为,人心内的诚,便是心外无所不能的天;只要心诚,便可感动天地,改天换地。所以,从心出发,做一个真诚的人,对自己、对他人都大有裨益。

19

> 射也者,射己之鹄也;鹄也者,心也,各射己之心也,各得其心而已。——《观德亭记》

处理任何事情,我们都需要在自己身上求,向自己心中求,而不要向外求、向外比拼。射中目标与否,和对手无关,靠的是自己的努力,不努力便难以射中,而能射中的是圣人。

【度阴山曰】

很多时候,我们误会对手在心外,其实我们唯一的对手就是自己。攻克自己,即向心内求;向心内求,天下无敌。

第五章 诚意

何谓诚意

有个在王阳明弟子门下修行的人来见王阳明,请教修习心学的方法。

王阳明问他:"你是从哪里来的?"

此人回答:"从千里之外来。"

王阳明问:"有人逼着你来吗?"

此人回答:"没有,我是心甘情愿来的。"

王阳明又问:"来的路上可辛苦?"

此人回答:"辛苦之极,酷暑难耐,粮食不够吃。经历这些辛苦,我总算来到这里,见到您了,请您教导我修习心学的方法。"

王阳明回答:"你已经得到这方法了。"

此人迷惑不解。

王阳明告诉他:"你自主自发,不远千里而来,历尽千辛万苦,这就是你的正心诚意,就是修习心学的方法啊。只要你能把这种精神用在做学问上,何愁学问不长进呢?"

来人恍然大悟:所谓正心诚意,就是端正自己做事的态度,然后埋头去做罢了。

心本是正的,人要正心,只需在心所发出的意(念头)上用功即可,这种方式称为"诚意"。诚意是真诚无欺地对待自己的念头,比如要去某地,确立此志向后,要不畏惧艰难险阻,决意向前,直至到达该地为止。由此可知，意诚，心自然就正。所以"正心诚意"，诀窍在"诚意"。诚意只是把后天有所歪斜的心重新正过来，并没有"开创"正心之路，只是"维护"本心而已。

1

> 盖鄙人之见，则谓意欲温清，意欲奉养者，所谓意也，而未可谓之诚意。必实行其温清奉养之意，务求自慊而无自欺，然后谓之诚意。——《传习录·答顾东桥书》

何谓诚意？真诚地对待自己的念头。所谓"对待"，既包括知，也包括行。比如想使父母冬暖夏凉，将他们奉养得当，便是意念，还不能说是诚意。必然要切实去践行使得父母冬暖夏凉，将他们奉养得当的意念，务求自己内心无所亏欠、欺瞒，才能称之为诚意。

诚意包含了行动以及行动后的问心无愧，包含了为完成一种行为的思前想后、面面俱到以及完成后的身心舒适。

【度阴山曰】

如何在做事时做到诚意？

第一，做事时没有意图，只是做事；第二，做事时没有私欲，不掺杂任何事情本身之外的想法；第三，做事不虚伪，不掩饰；第四，事后不纠结、不内耗。

2

> 诚之无所与也，诚之不容已也，诚之不可掩也。——《南冈说》

诚是无所求的，诚是不容私的，诚是不掩饰的，君子之学也是一样的道理。所以说，对待父母，要真实无妄地孝敬；对待兄长，要真实无妄地尊重；对待君主，要真实无妄地忠诚；对待朋友，要真实无妄地诚信。如此真实无妄地做人，才会成就好德行，才能成就一番事业。

【度阴山曰】

怎么才算是"诚"？是坚决不做给别人看。比如你要尽忠，那就玩儿命地尽忠，而不只是想着拿一个忠臣的贤名；你要尽孝，就玩儿命地尽孝，而不只是想着拿一个孝子的名声；你要爱一个人，那就玩儿命地去爱，而不只是想着立一个痴情种的人设。尽忠、尽孝、爱一个人都是自己可以控制的行为，但忠臣、孝子、痴情种则是别人的评价。当你有了以他人评价为重的念头，你的尽忠、尽孝、爱一个人便不纯粹，是在做给别人看，便不是诚了。

3

> 至诚而不动者，未之有也，不诚未有能动者也。——《书栾惠卷》

至诚却不能打动人的情况，是没有的，而不真诚是打动不了人的。

至诚，其实没那么复杂，只是要求你对事物投入真情感。有时候，越不理性、越情感充盈就越好。人和人之间能建立起的、较为牢固的联系，更多的是情感联系，而非理性、功利的联系。至诚是用自己的真感情去触动别人的真感情，由于人类的感情大体相同，所以我们能毫无障碍地在自己与他人之间建立桥梁，进而感动他人。其实，他人不是被我们感动，而是被自己的情感感动，只不过他人的情感是被我们激发出来的。

【度阴山曰】

你对待别人的样子，便是命运对待你的样子。

对待别人真诚这一要求，是希望你能做到以下四点：第一，帮助别人，不要有多余的意图；第二，成全别人，不求回报；第三，善待别人，不造假；第四，不要临时抱佛脚。

4

只是一个功夫，无事时固是独知，有事时亦是独知。人若不知于此独知之地用力，只在人所共知处用功，便是作伪，便是"见君子而后厌然"。——《传习录·薛侃录》

人意识到自己在被观察时，会改变模样，这模样大多是虚伪的；只有在独处时，人才可能展露真实模样。人在社会中很难保持真实模样，因为我们常因考虑生计问题掩藏自己的真实模样。多数人不可能像野生动物那样，靠自然解决生计问题，而必须从社会中获取资源。因此，人有时"装模作样"，表现得虚伪；若虚伪久了，诚，自然便不见了。

【度阴山曰】

达到高度的自律需要施行合理的方法：

第一，对自己的要求必须严格，不要轻易原谅自己的过错。

第二，把自己的贪婪控制在合理范围内。贪婪乃人之常情，但有程度高低之分，尽量把自己的贪婪维持在较低的程度，意识到贪婪的程度正在升高时，尝试给自己泼冷水，警醒自己。

第三，别当愣头青。该说的、不该说的不轻易出口。人的言谈举止，必须考虑周详。谨慎、三思而后行，是自律的重要法则。

第四，真正的自律是人前人后一副样子。这便需要时刻提醒自己，独处时也不可放纵，想象在冥冥之中总有双眼睛盯着你。

5

> 人但得好善如好好色，恶恶如恶恶臭，便是圣人。——《传习录·黄直录》

对圣人的评判标准，朱熹最高，王阳明最低。朱熹说，圣人要内有无懈可击之道德，外能格尽天下万物；王阳明则说，圣人讲究的是诚实。在生活中，如果能真诚地喜好善意、实行善事，真诚得如同本能地见到美色便立即喜欢上美色那般，便是当之无愧的圣人。

圣人无他，只是个诚意；圣也无他，只是个诚。

【度阴山曰】

在家中把一张美人的照片挂在床头，在照片周围写上各种美德。平日无事，看一眼美人，再看一眼美德，渐渐地，你便能如喜欢美人一样喜欢上美德。

在家中放一瓶秽物，瓶子上写满败坏的道德。平日无事，闻一下秽物，再看一眼这些败坏的道德，不久后，你便能如厌恶秽物一样讨厌那些败坏的道德。

如此，你离真诚的圣人就不远了。

6

> 惟天下之至诚，然后能立天下之大本。——《传习录·陆澄录》

人生在世，真正的信仰是什么？王阳明说是"诚"！

天下之本在人，人之本在心，心之本在良知，良知之本在善。善从何来？善从心来，但需要我们有至诚之善。真诚地发善便是立志，所以，天下之大本即立志为善。

【度阴山曰】

我们把诚当成一个精神上的道标，这个道标无所不在，它能监控我们的一切，也能在关键时刻助我们一臂之力。每当遇到困境而无法摆脱时，我们只需要静下来，诚实而热情地遵循道标的指引，或早或晚，便会摆脱困境，走向新生。

这个操作有个前提：我们必须无条件地相信，心中有这样一个道标。

7

> 吾辈今日用功，只是要为善之心真切。此心真切，见善即迁，有过即改，方是真切工夫。——《传习录·薛侃录》

古人修行用功，追求两个字：为善。放在现代，即如果是商人，不要坑蒙拐骗；如果是领导，不要以权谋私；如果是匠人，不要以次充好。

只要在人生之路上贯彻为善之心，就是圣贤。所有人立的志向，也不过是做这样的圣贤。一旦这个志向偏离，马上校正，这才是真正的立志做圣贤，这才是真正的诚意。诚意满满的人，老天不会辜负他。

【度阴山曰】

如何才能做到在工作和生活中诚意满满？

第一，搞清楚你的工作性质：这份工作到底是在做什么？它能给别人带来什么益处？

第二，紧盯着那个"益处"，并且专心致志地放大它。

第三，把工作和生活紧密结合，真心实意地对待你的工作和生活。

8

大抵吾人为学紧要大头脑，只是立志。所谓"困忘"之病，亦只是志欠真切。今好色之人未尝病于困忘，只是一真切耳。——《传习录·答周道通书》

经常把做圣贤的志向忘记，原因只有一个——诚意不够。

如果人真心诚意地做一件事，肯定能做成。比如好美色的人，对于美色自然是一见就喜爱，喜爱起来就不会忘。"只是一真切"，所谓"真切"，是说如果人把实现志向的意志变成好美色那样的本能，就能实现志向。

有人会觉得，好美色是本能，真诚地立志做圣贤是本能吗？立志做圣贤是立志为善，而善就是人之本能。

【度阴山曰】

喜欢做圣贤（追求美好的道德）和心情有关。人为何要喜欢做圣贤，即喜欢追求美好的道德呢？因为具备美好的道德使人心情向好，这就是我们常说的：帮助别人可得百倍快乐，与别人分享比个人独占更令人开心。

美色不一定会是人一辈子的追求，但美德可以是。

9

凡作文，惟务道其心中之实，达意而止，不必过求雕刻，所谓修辞立诚者也。——《与汪节夫书》

在写文章这件事上格物：作文需从心出发，将意思表达清楚，不必在文辞上刻意求美。只有真心实意写出的文章才能使他人产生共鸣。做人也如此，应当依凭本心，有话直说，总是刻意修饰，精雕细琢，这不符合格物之精神，或许是别有用心，另有所求。

【度阴山曰】

格物最简易、最直接的阐释，只是两个字：正事。但凡正事，都不麻烦；凡是麻烦的，一定不是正事。

10

吴伯诗问阳明先生："寻常见美色，未有不生爱恋者，今欲去此念未得，如何？"

先生曰："此不难……且如见美色妇人，心生爱恋时，便与思曰：'此人今日少年时虽如此美，将来不免老了。既老，则齿脱、发白、面皱，人见齿脱、发白、面皱老妪，可生爱恋否？'……如此思之，久久见得，则自然有解脱处，不患其生爱恋矣。"——湛若水《金台答问录》

告子曰："食色，性也。"能搞定"好色"，人生就成功了一半。王阳明是如何在好色这件事上格物的呢？他采用的是联想法（或称"时光穿越法"），让自己想象美女数十年后老弱病残之模样，以抵抗见色起意的冲动。

前文已有叙述，阳明心学所说的"诚"，有三个特点——无所求、不容私、不可掩饰。好比真诚地孝顺父母，就是没有目的，没有求取的私念，不需要任何掩饰，全身心投入孝顺父母这件事上。对于美色，只有真诚的喜爱，没有求取的私念，若是私念横生，那么只需用"联想法"，便可打断因私念的喜爱引起的冲动。

【度阴山曰】

人见到美色有私念冲动，想要抑制这冲动，只需用想象力反转乾坤。人喜欢美色是天理，见色起意则是人事，天理和人事能和平共处便好，如果不能，产生矛盾，会闹得鸡犬不宁。

矛盾产生的时候，马上格物，思考当下对你而言，哪件事才是真正的天理！

11

> 如一念发在好善上，便实实落落去好善；一念发在恶恶上，便实实落落去恶恶。——《传习录·黄以方录》

王阳明的格物没有讨价还价。真的喜欢某物和真的厌恶某物，不掺半点儿虚假，也没有半点儿商量的余地。

这种绝对便是"诚"：行善念就要真诚地去行，除恶念就要真诚地去除；稍一放松，稍一懈怠，本来在事上的正念也会变成邪念，在事上的邪念则会变本加厉。人生在世，格物和立志一样，都是个拼意志力的活儿。

【度阴山曰】

你觉得某事难做，是因为你没有去做。只要能迈出第一步，那事情就一定不难。孙中山说"知难行易"，好比我们知道扔出任何东西最终都会落在地上，扔东西（行）容易，可想要知道东西为什么都落在地上（知）就很难了。

12

> 格物致知者，立诚之功也。——《书王天宇卷》

所谓"诚"，即自主行动，意为不必外力助推，靠本身力量即可行动。那么，为什么会有自主行动呢？因为喜欢。而且这种喜欢并非建立在功利上，得是单纯、无条件的喜欢。好比天地孕育万物，对万物没有任何奢求。

【度阴山曰】

为什么说格物致知是立诚的功夫？若要达到做一件事时自主行动的状态，即心甘情愿地做这件事，不求回报，不辞辛苦，就必须格物，把这件事当成正事，真心实意地付出努力。正人做正事，事情才能成。

13

> 盖良知只是一个天理自然明觉发见处，只是一个真诚恻怛，便是他本体。故致此良知之真诚恻怛以事亲，便是孝；致此良知之真诚恻怛以从兄，便是弟；致此良知之真诚恻怛以事君，便是忠；只是一个良知，一个真诚恻怛。——《传习录·答聂文蔚二》

良知即天理，良知即本心，所以心、理、良知是相通的。

良知自然而然地散发"光芒"，这"光芒"千变万化，但都不背离"善"的特质；散发到父母身上便表现成"孝"，散发到领导身上则表现成"忠"。良知的根本是一颗真诚的心，所以它是一种自我运动；凡是自我运动的事物，都是真诚而不可阻挡的。

【度阴山曰】

诚即良知，诚意即致良知。面对事物时，良知说是，你便按照是的方式去行；良知说非，你便按照非的方式去行。这便是致良知，也是诚意。

遇事不决问良知。良知是个拥有赤子之心的小孩儿——是什么便说什么，这便是真诚之心。

14

> 悔者，善之端也，诚之复也。——《悔斋说》

人做错事后会有两种反应：一种是错了就错了，另一种是懊悔。如果有懊悔之心，就说明你有良知。这种懊悔之心是善的重新开始，是"诚"的东山再起。

关键在于，人有懊悔之心，必须切实地忏悔，必须用行动改正错误，不止用嘴说说，这才算真正的悔。

【度阴山曰】

第一步，承认自己做错了，承认自己有所不足。这一点很重要，因为无论承认与否，做错事确实是因为自己有所不足。

第二步，千方百计从失败中找到经验教训，哪怕是一丁点儿都可以，这样便能弥补人的自责。

第三步，做错事一定有代价，现在告诉自己，必须把代价赚回来。王阳明之所以认为悔过是善的开始、诚的恢复，不过是因为人在吃亏后，总想要把付出的代价赚回来，让失败转化为成功。这才是真正的"失败是成功之母"。

15

> 甚哉！诚之易以感民也。甚哉！民之易以诚感也。——《重修六合县儒学记》

念头是可以交换的。只要是人，就会将心比心。你对他人真诚，他人自然会被感动，对你也真诚；他人对你真诚，你也会被感动，对他人真诚。

世界上再也没有比真诚更厉害的交心武器了，每个人都应该把这一武器当成"必杀技"，无论遇到什么人，都能"一招搞定"。

【度阴山曰】

和他人交换真心，当然要真诚。那么要如何做到真诚呢？

第一，至少在外表上，你的表现和穿着看上去不是坏人。

第二，与他人分享的东西，尽量不以内容为主，而是以情感为主。只有付出情感才能让他人迅速产生共鸣。

第三，与人交换念头，必须有好的外部环境，最好是在身边没有无关者时。

第四，保持敏感，能迅速察觉到他人需要什么；谨记知行合一，快速为他人提供帮助。

第五，为了节省你的精力，尽量找"同频"的人。

16

> 夫天地之道，诚焉而已耳；圣人之学，诚焉而已耳。——《南冈说》

天地之道是个诚。诚是不计得失利害，做好应该做的那些事，各尽其职。人如果能效仿天道而做到诚，那就是圣人。

从表面上看，天是天，人是人，其实天、人是一回事。人心中有天理，是天的"复制品"，只要严格遵从心中的天理，人也能成为天。

【度阴山曰】

天下雨时你打伞，天打雷时你躲闪，这便是天人合一。

我们常说不能逆天而行。"天"在春天，给出春耕的信号，那我们便应该耕耘田地；"天"在夏天，给出夏播的信号，那我们便要播种种子，灌溉庄稼。在合适的时间做合适的事，这便是诚，是天人合一。

17

> 凡学问之功，一则诚，二则伪，凡此皆是致良知之意欠诚一真切之故。——《传习录·答欧阳崇一》

立志与做学问一样，就要踏踏实实、真心实意地钻进去，不要欺骗他人，更不要欺骗自己。

为人处世何尝不是如此？真心实意地对待他人，重要的是不要欺骗自己的心，这就是"诚"。欺骗别人，视情况而定，或还情有可原；欺骗自己则罪不容赦，因为这是真正的内外不一，内外有"二"，就是伪。

【度阴山曰】

"一"是一门心思都放在事物上；"二"虽然也聚焦于事物，但把事物之外的成败、得失看得过重。人能成功，要素很多；人若失败，要素也多，有个必不可少的要素就是"二"。

"二"是想得多。人一旦想得多，必然做得少。任何事物之成功，非要实事做得多不可。

18

> 圣，诚而已矣。——《书王天宇卷》

几乎所有人都喜欢一种人，就是真诚的人。因为真诚能展现人内心的底色，可惜的是，各种原因导致我们隐藏了这种底色，但展现它依然是我们最大的渴望。

人只要真诚，就是圣人。反言之，圣人不过是把每个人与生俱来的真诚展现出来的人而已。

【度阴山曰】

圣，至高无上而又和蔼可亲；诚，也是如此。圣人的本质是诚，诚又是普通人与生俱来的，那每个人都有圣人的"基因"。

如何成为圣人？真诚便是捷径。

第六章　良知

阳明"糊涂"审案

某日，有父子二人来找王阳明评理。二人情绪激动，面红耳赤，几乎就要动手。

王阳明说了一句话："舜是世间大不孝的子，瞽瞍是世间大慈的父。"父子二人恍然大悟，抱头痛哭，千恩万谢而去。

这句话当然是反话，因为实际上，舜特别孝顺，而他的父亲瞽瞍特别不慈。

有人莫名其妙，询问王阳明这样说的原因。王阳明就解释道："舜始终认为父亲对自己不好，是因为自己不孝顺，所以就越发孝顺。瞽瞍始终认为自己不慈是因为儿子舜不孝顺，可当他意识到舜越来越孝顺后，良心发现，觉得自己真是不慈，开始慈祥地对待舜。父子二人分别从自己身上找原因，最终成全了对方。"

王阳明敢这样逆向劝导，是因为他相信人皆能够自我反省，这就是"良知"的一种。

1

绵绵圣学已千年,两字良知是口传。——《别诸生》

按照王阳明的理论,他只崇尚一门学说,即"圣学"——做圣贤的学说。而"圣学"的终极心法只是"良知"二字,即是说,成圣只能通过"良知"完成。

一切方法都在心中,一切修炼只为良知。成圣即做人,做人要有良知,这就是对"圣学"的精准概括。

【度阴山曰】

良知即圣,良知学即圣学,圣学既是做圣贤的学问,又是做人的学问。

怎么做圣贤、做人呢?只要你有同情心、同理心,有肯为他人着想的善良,你就是圣贤,就是好人。其他各种做圣贤、做人的技法,不过是旁门左道而已。如何做有良心的人,才是人间最大的学问。

2

良知之外更无知……外良知以求知者,邪妄之知矣。——《与马子莘书》

所有的知识、思想，都必须有良知的主导，否则，知识难以构成体系，思想也难以构成体系。王阳明认为，所有知识、思想的价值不在于真，不在于美，只在于善；非善的一切都是良知之外的事物，都不是有价值的事物。

【度阴山曰】

良知之外，没有知识，没有思想。所以，世界上的一切，首先应该是善的，其次再说是不是真的，是不是美的。

如果没有善，伦理必将崩溃；伦理崩溃，人所仰仗的一切都将烟消云散。

3

近有乡大夫请某讲学者云："除却良知，还有甚么说得？"某答云："除却良知，还有甚么说得！"——《寄邹谦之书》

人活一世，到底为了什么？是为了功名利禄、权势尊位，还是传宗接代、子孙满堂？王阳明说，是为了心安。而心安的唯一来源便是人与生俱来的良知。除却良知，一切都是梦幻泡影。

【度阴山曰】

在阳明心学中，如果抛开良知不谈，人就不是人，世界也不是世界，一切都不存在；只有人的良知在，人才是人，世界才是世界，一切才是一切。在这一体系中，无论是吃喝拉撒还是人情世故，都默默地受到良知的指导，毫无例外。

4

良知是造化的精灵。这些精灵，生天生地，成鬼成帝，皆从此出，真是与物无对。——《传习录·钱德洪录》

良知是阳明心学的最高概念，是世界的本原，因为王阳明认为良知产生万物。良知即是先哲口中的天、道、气、理；由于良知在人心中，所以良知产生万物，即心产生万物。这个世界是客观存在的，但人的世界则是由其自身的良知在客观世界的基础之上塑造的。

良知是造化的精灵，你的良知可以让你成为悲观主义者，也可以让你成为乐观主义者。无论倾向于哪种主义，它都能塑造你的世界。

【度阴山曰】

一个杯子，里面有半杯水。有人描述这杯中还有半杯水，而有人会说这里只有半杯水了。前者是乐观主义者，后者是悲观主义者。

有句话叫"悲观者往往正确，乐观者往往成功"。大意是说，悲观者意识到一件事的成功率不高时，就会拒绝行动，从概率角度来看，这是正确的。但乐观者往往会关注事物积极的一方面，即使意识到一件事的成功率不高，只要回报足够，也倾向于迎难而上；不管多难的事，只要有所实践，离成功便更近一步，再加上点儿运气及坚持到底的乐观心态，往往就成功了。

5

> 良知在人，随你如何不能泯灭，虽盗贼亦自知不当为盗，唤他作贼，他还忸怩。——《传习录·陈九川录》

相传，王阳明做地方官时，当地有一个杀人无数的强盗被捉。弟子问他："像这样的人也有良知吗？"

王阳明回答："有的。"

于是他把那个强盗领到一间酷热的房中。过了一会儿，强盗浑身冒汗，王阳明说："如果你感觉热，就把上衣脱了吧。"

强盗想都不想，就脱下了上衣。

又过了一会儿，王阳明说："如果你还感觉热，就把裤子脱了吧。"

强盗想了想，说："我连死都不怕，怎会害怕在你面前脱裤子？"于是脱掉了裤子。

又过了一会儿，强盗大汗淋漓。王阳明说："你可以脱掉内裤啊。"

强盗这回不敢脱了。王阳明就把弟子们领进房间，说："你们看，他虽然作恶多端，但仍有羞耻心，这羞耻心就是良知啊。"

王阳明曾说，哪怕是盗贼，也是有良知的；你喊他是贼，他还不高兴。

我们可以推而广之：一个视人命如草芥的人，也许对待儿女、伴侣或父母时也存有人性的一面，这一面，就是此人的良知。

【度阴山曰】

人皆有良知，但有些时候，别人的良知未必向你展现。

良知是与生俱来的，它是人的尺度。因此也可以说，在阳明心学的世界观中，世上只有拥有良知的人和没有良知的"非人"，没有绝对的善人和恶人。

6

良知底用安排得，此物由来自浑成。——《次谦之韵》

从前有个少年去占卜自己的命运，占卜师告诉他："你这辈子注定与污物打交道。"

少年不服气地说："这是什么命运？我非通过后天努力逆天改命不可！"于是他努力读书，终于考上了顶级的医学院，最后进入了一家著名的医院，成为一名肛肠科医生。

命运是注定的吗？我们要从良知谈起。

良知不是后天得来，而是先天即有，浑然天成，同时良知又是每个人自身世界的本原，如此看来，是良知主宰了人的命运；从另一角度来说，人是自己命运的主宰，自己的世界由自己做主。

如果意识到这一点，个人的自尊将会大大提升，本心具有的勇气更会涌出，助人反抗所遇到的不公。如此，每个人都可以通过自身良知的主宰成为顶天立地的圣人。

读到这里，有人会觉得阳明心学主张宿命论。其实，命运是不是注定的，这是个无法解答的问题。曾国藩年轻时不信命，临终时却告诉他人"不信书，信运气"。《了凡四训》的作者袁黄通过后半生坚持不懈的努力，终于改变了算命先生为其算出来的命运，临死才知道，那个算命先生是个半吊子。也许直到人生的终点，每个人才能给出自己的答案。

【度阴山曰】

命运不是迷信，不是玄学，也许只不过是人类还没有掌握的一种科学。这就好比万有引力定律，远古人类不知道这个定律，但现在我们知道，可你不能说远古时代没有这个定律，只不过时人的思考能力不足以认识到它罢了。

当我们无法分析、理解命运时，最好的办法便是不相信它，按照自己的活法去活。

7

> 然良知之在人心，则万古如一日。——《寄邹谦之书》

良知好比太阳，今日是圆的，明日也是圆的；今日是热的，明日也是热的。太阳不会因为人类经不住严寒而提高自己的温度，也不会因为人类经不住高温而降低自己的温度，更不会因为人类想看六边形的太阳就改变自己的形状。

太阳是"我行我素"的，良知也是如此，它只按照自己的"理"来定义人所见事物的是非善恶，不会轻易按人的意愿改变对事物的看法。

【度阴山曰】

良知只按照自己的"理"来定义人所遇到事物的是非善恶，无论怎么向它溜须拍马，它也不会轻易改变。所以，人可以放心地遵循良知。

良知在人心，如太阳在天空。良知是不以人之意志转移的，却是可以转移物质的意志。

8

心之明觉处谓之知，知之存主处谓之心，原非有二物。——《传习录拾遗》

有个富豪要娶妻，他希望将来拥有一个特别聪明的孩子，因为他认为孩子的智商会遗传自母亲，所以在寻找结婚对象时，对女方的各方面条件特别挑剔，首要就是得聪明。

富豪的部属为他找来了三个女子，他给三个女子每人一百元，让她们用这一百元把房间填满。

第一个女子买了一百元的棉花，勉强充满了房间；第二个女子买了一百元的气球，房间还是有空余；第三个女子买了一根蜡烛，烛火的光芒充满了房间，却没有照亮蜡烛的底部。请问，富豪会选择哪个？

答案是，最合他眼缘的那个。

让心灵动起来的是良知，良知居住的地方是心。但良知居于心，不似人住在房屋中，而是如蜗牛"住在"它的壳中。蜗牛的软体部分和它的壳是一体的，当我们说蜗牛时，其实同时在说蜗牛的软体部分和蜗牛壳；当我们说心的时候，就是在同时说作为良知之家和作为器官的心。蜗牛的软体部分和蜗牛壳不可分割，正如心和良知不可分割一样。

【度阴山曰】

心的"明觉"是一种直觉，这种直觉与生俱来，反应神速，和我们经常提到的第六感非常相似。

其实很多时候，你以为你在理性地用头脑分析、计算，但真正在做判断的是直觉。

9

> 知是心之本体，心自然会知：见父自然知孝，见兄自然知弟，见孺子入井自然知恻隐，此便是良知，不假外求。——《传习录·徐爱录》

良知是心的根本。因为有了良知，所以心会自然地知道如何处理五伦，这是一种本能、一种直觉。遇到问题，良知会马上给出答案，好比捕鼠夹，只要老鼠碰到夹子上的诱饵，夹子马上关闭。处理与父母的关系时，人自然会遵循孝；处理与兄长的关系时，人自然会遵循悌；见到孩子将要落井，人自然会担忧。良知与生俱来，不需要向外求取。

所以说，良知是一种与生俱来的、本能的、直觉的义务。

【度阴山曰】

你在受到外界刺激时的所有反应，如遇到静电的闪躲，遇到疯狗的逃跑，遇到巨响的慌张，皆是良知的作用。不要鄙视自己，因为这是人的直觉反应，而这直觉反应便是良知——它是在告诉我们，有危险，要千万小心。

10

> 良知感应神速，无有等待……——黄宗羲《文成王阳明先生守仁》

黄宗羲说，良知反应神速，无法等待。见到父亲就立刻想到孝，看到孩子将要落井就立即感到担忧，这就是良知反应神速。至此，我们知道了良知的两个特征：一是与生俱来，二是反应神速。

【度阴山曰】

如何知道自己面对突发情况时，是良知在起作用，还是脑子在起作用？就看你脱口而出的是什么,如果是"喔",这便是良知在起作用;如果是"哎哟,吓我一跳",这便是脑子在起作用。

11

善即良知。——《答季明德书》

什么是善?可欲之谓善。(大多数人追求的就是善)钱永远流向不缺钱的人,苦始终扑向能吃苦的人,良知永远去向有良知的人。良知是善,是正确的道理,是正义,是善念善行。

【度阴山曰】

有这样一个游戏:甲、乙二人面前有一亿元,他们都有"独吞"和"共享"两个选择,如果两人都选择独吞,那他们什么都得不到;如果两人都选共享,那每人会得到一半金钱;如果一人选择独吞,另一人选择共享,则选择独吞的人会得到全部金钱。

如果你是甲、乙二人之一,你会怎么办?如果相信对方有良知,你就会和对方商量一起选"共享"。万一对方没有良知,那么你选了"共享",他就会选"独吞",你不会得到一分钱。或者你相信对方会选择"独吞",自己也就选"独吞",大家谁都别占到便宜。

要想达成和平共享金钱的结果,就需要甲、乙二人都有良知,且坚信对方也有良知,即二人都是善人。这实在需要二人对良知、对善的坚信。

善即良知,这里的善不仅指道德意义上的善,更是坚守自己人性中的善,同时认识到"害人之心不可有,防人之心不可无",二者缺一不可。

12

> 良知即是《易》"其为道也屡迁，变动不居，周流六虚，上下无常，刚柔相易，不可为典要，惟变所适"。——《传习录·黄以方录》

易，意为简易、不易、变易。

良知首先是简易的，王阳明说，越简易越明快，越明快越简易。在论述致良知的方法时，他又说，"尔那一点良知，是尔自家的准则"，是便是，非便非，不必欺瞒它，依其判定去行动，这就是简易。

不易。永远不易、不改变的就是良知的命令。

而变易是什么？就是在不同情境下，良知给出的答案不一样。

【度阴山曰】

有人送东西给你，此时你就要致良知了。面对东西，只是要与不要而已，这就是简易。当要的要，不当要的不要，这就是良知的不易。有的可以要，有的不可以要，这就是良知的变易。

其中的"简易"特别迅急，稍一愣神，它立即消失，而后的答案，便是脑子计算出的结果。所以说，简易明快，便是当下断定：是就是，不是就不是，没有任何讨价还价的余地。

13

> 心所安处，才是良知。——《传习录拾遗》

什么是良知？王阳明告诉你，心安即良知。你做一件事、起了一个念头时心是安定的，这便是一件有良知的事、一个善念。不论是在做一件事还是在思虑一个念头时都内心不安，便说明你没有按良知做事。

王阳明的千言万语中，这一句是真知灼见。苏轼说的"此心安处是吾乡"，正是此意。

【度阴山曰】

只要心安,做的事已经不重要;只要心安,能做什么就做什么。

14

所谓心者,非今一团血肉之具也,乃指其至灵至明、能作能知者也。此所谓良知也。——朱得之《稽山承语》

王阳明所说的心,不仅是物质上的心,还是精神上的心。

我们的心是可以感知天地万物的,这种感知的能力与生俱来,它能感知到爱、恨、恐惧、善恶等。王阳明称这种感知的能力为良知,这个良知即心,心就是良知。但心里的私欲若是泛滥,心就不能完全等于良知了。所以,若要随心所欲,必须光大良知而压制私欲;如果良知没有压制私欲,还想随心所欲,那便成了为所欲为。

【度阴山曰】

你要有意识地运用你的良知:

第一,意识到你的言谈举止、所思所想中,皆有良知在。

第二,良知运行时,你是不劳累的,纵然付出体力劳动而身累,心也不累。倘若心也累了,说明良知没有运行,或者是运行中有了利害缠绕。

第三,心能作为、能知晓,心便是良知。你知道一件事是正确的,却不去做这件事,便违背了良知;你做了一件正确的事,却不知道这件事的正确,这也不符合良知。知道早上刷牙是正确的事,这是能知;在早上把牙刷了,这是能行;二者合一,知行合一,才是良知。

15

> 今良知之说……只是各去胜心，务在共明此学，随人分限，以此循循善诱之，自当各有所至。——《寄邹谦之书》

人皆有良知，良知虽有大小之分，却无成色优劣之分，所以人人平等。好胜心便是不承认这种平等，非要争出个强弱高低。人一旦有此念头，便是潜意识中已认定自己不如别人；当把自己摆在低于别人的位置而要反超别人时，良知已经小了。我们经常听到有人发出不愿服输、不愿示弱的豪言壮语，其实话一出口，他们就把自己看低了。

【度阴山曰】
王阳明认为，人一旦有了好胜心，自卑便形成了，其良知也往往让其纠结，于是痛不欲生。他说，良知之学只是去胜心，这不是只让人谦虚低调，也非不允许人斗志昂扬；他是希望人能保持高度自信，而不是自卑地把自己置于洼地，然后咬牙切齿地向上攀爬——这不是什么励志故事，而是生而不平等的人生降调。

16

> 某于良知之说，从百死千难中得来，非是容易见得到此。——《传习录拾遗》

如果良知人人皆有，为什么王阳明会说，良知学说是他从"百死千难"中得来的？原因如下。第一，人皆有良知，但多数人没有意识到。第二，良知并不等于良心，它是我们人类独有的、解决人生问题的一种道德感和判断力的结合体；道德感才是良心，判断力则是生存指南。第三，在王阳明看来，人必须经历绝境才会被激发出精准、强大的判断力，没有经历绝境的人只有道德感和基本的判断力。所以，若要让良知如臂使指地指导人生，是需要经历苦难磨炼的。

【度阴山曰】

当一个人从高楼下走过，看到婴儿掉下来时，多半会不假思索地把婴儿接住。按王阳明的说法，此人的行为就是知行合一：婴儿掉下来是瞬间发生的事，由于脑子还来不及思索，所以让他做出接婴儿这一举动的是内心良知的判定：良知判定，婴儿是生命，而拯救生命是良知的基本要求。

良知具备道德感和判断力两个要素。道德感提醒我们哪些事是应该做的，也就是说，我们应该做的事应符合道德标准；判断力则提醒我们哪些事是有能力做到的。即是说，我们做出的正确行动，不仅符合道德标准，还在我们的能力范围内。前文的事例中，如果高楼上掉下来的是个身材壮硕的成年人，此时虽然道德感告诉我们拯救生命是应该做的事情，可判断力说我们没有能力做到直接接住这个人，我们就不会如接婴儿那样去接住他，而是另寻他法。

那么，问题来了。人做出某种正确行为时，到底是道德感在先，还是判断力在先？换成直白的问法就是，我们做出的某个正确行为，是因为应该做而去做的，还是因为有能力做到而去做的？拯救从高楼掉下的婴儿，是因为这件事就是我们应该做的，所以才做了拯救婴儿这件事，还是因为有能力拯救婴儿才做了这件事？仔细想想你所做的一切符合道义的事，是因为觉得应该做符合道义的事才去做的，还是因为这些事是举手之劳才去做的？

这是个非常复杂的人性问题。道德感和判断力，到底谁先谁后？

对这一问题，王阳明没有做过直观、详尽的解释。不过按他一贯的"合一"思路，他大概会说："当我们做一件符合良知的事时，道德感和判断力同时发挥作用。"只有二者合一，人才能做出知行合一的行为来。

所以，做该做的事不假，但你必须有能力做到，否则不必去做；而有些事即使对你来说易如反掌，如果它不是你应该做的，也不要去做。

17

人之气质清浊粹驳，有中人以上，中人以下。其于道，有生知安行，学知利行，其下者必须人一己百、人十己千，及其成功则一。——《传习录·薛侃录》

这句话阐述了阳明心学中重要的良知理论，是王阳明在论述每个人事功不一样的原因：

第一，良知光大的程度不一。有人光大了五分之四，有人光大了三分之一，前者一定比后者得到更多的机会和运气。

第二，良知大小不一样。有人的良知大，有人的良知小，良知小者拼命取得的成果，良知大者轻而易举便可达成。

良知有大小，致时要谨慎。

【度阴山曰】

若你做一件事时感觉特别吃力，特别纠结、内耗，特别心累、不爽，请拿出一天时间，对以下方面进行思考：

第一，此事是否符合环境之大趋势？

第二，自己做事时用心没有？

第三，有没有小人总是阻碍自己？

第四，自己喜欢做这件事吗？

第五，自己的做事方法有无问题？

以上问题的答案，如果有肯定也有否定，那你可以再坚持一段时间；如果都是肯定的，那说明虽然此事符合环境之大趋势，你也喜欢做此事，用心去做此事，但受到了小人的阻碍或使用了有问题的做事方法，此时你就要小心，重新思考自己的良知是否足以支撑你做成这件事了。

18

君子与人，惟义所在，厚薄轻重，已无所私焉，此所以为简易之道。世人之心，杂于计较，毁誉得丧交于中，而眩其当然之则，是以处之愈周，计之愈悉，而行之愈难。——《答储柴墟书》

阳明心学有两句"咒语"：第一句，良知戒转念；第二句，天理不容思想。

这两句"咒语"都告诉我们，算计不是良知之道。良知是刹那间的正确判断，犹豫不决、思前想后，便容易出错。天理也是我们每个人的本能，一旦用脑思考，就容易生出事端。所以，心越简单，世界越简单；心越复杂，世界越复杂。

【度阴山曰】

如果一件事没有影响你的生死存亡，请从心、从良知；如果一件事影响了你的生死存亡，也请从心、从良知。人有千算，天只一算，人算不过天。

第七章　知行合一

知行合一讨叛贼

1519年，宁王朱宸濠造反，号称率领军队十万，看上去势不可当。多数人认为大局已定，朱宸濠必能造反成功，所以当时知道他造反的人，根本不敢和他对抗。

只有王阳明，本是奉旨去福建平定兵变的，半路听闻朱宸濠造反，毫不犹豫地掉头回到吉安筹备军事，讨伐朱宸濠。一群愚人认为王阳明愚蠢透顶、螳臂当车，还有内心阴暗的人认为王阳明在虚张声势，最终还是要向朱宸濠投降。

当时，王阳明的弟子邹谦之在其身边，听闻军中这些流言蜚语，就去劝王阳明改弦易辙或谨慎行事。

王阳明格外严肃、冷静地说："我的良知不允许我退缩！纵然天下所有人都归降朱宸濠，我也决意如此。人人都有良知，朱宸濠造反必是错的，我不相信天下人的良知都被遮蔽，无一人响应我！此时，我心中只有良知的命令，成败利钝，根本无暇考虑！"

这就是知行合一：听命于良知，不计利害得失地行动。相信人皆有良知，当你做一件有良知的事情时，他人的良知也会感应到从而响应你，这便是"得道多助，失道寡助"的良知论。

1

> 故《大学》指个真知行与人看，说"如好好色，如恶恶臭"。见好色属知，好好色属行，只见那好色时已自好了，不是见了后又立个心去好；闻恶臭属知，恶恶臭属行，只闻那恶臭时已自恶了，不是闻了后别立个心去恶。——《传习录·徐爱录》

何谓"知行合一"？是知道去行动，还是理论和实践的结合？这些解释是正确的，但只是部分正确。在《传习录》开篇不久，王阳明即说"知行合一"如同喜爱美色而厌恶恶臭。他认为见到美色属于知，喜爱美色属于行；闻到恶臭属于知，厌恶恶臭属于行。一见到美色，就会无条件地喜欢，两项行为之间没有间隔，几乎同时出现，即是说知和行中间没有间隔。所谓没有间隔，是没有私意掺杂，没有时间思考就已经完成，这就是知行合一。

知与行同时发生，这是知行合一的特质之一。知和行不分先后，也分不出先后。

【度阴山曰】

如果你是个驾龄十几年的老司机，那么你开车时的状态大概率展现了知行合一：你并没有把注意力放在方向盘和油门上，只是很轻松地、随意地，甚至无意识地在开车。人要做成美好的事情，大多需要进入这种状态。如果车上坐了个晕车的、需要你照顾的乘客，你的车技一定大打折扣，因为你不能放松，有了把车开得更好的意识。

坚信一点：无意识的行为，才是人生中最符合你心意的，将来最值得你回味的行为。

2

> 知犹水也，人心之无不知，犹水之无不就下也；决而行之，无有不就下者。决而行之者，致知之谓也。此吾所谓知行合一者也。——《书朱守谐卷》

水在自然状态下向下流，即知行合一。水无意识地向下流是知，永远向下流是行，知和行永远同时发生。水无意识的知是本能，向下流的行为也是本能，所以，水是凭本能在即知即行——知就是行，行就是知，知行同体，不分先后，没有隔断。

【度阴山曰】

有人在森林里遇到一头饿了好几个月的熊，它看到此人可作为食物，就扑了过去。如果此人不傻且腿脚灵活，肯定掉头就跑。

那么，问题来了。此人是因为害怕才跑的，还是因为跑才害怕的呢？如果让王阳明来解释，他大概会这样说："害怕和跑是同时出现的，没有先后，同时发生。"

这个例子体现了知行合一的本意：见到熊而感到害怕是知，跑是行，知和行没有间隔，同时出现；若反过来认为见到熊要跑是知，感到害怕是行，也是同理。

这就是王阳明的知行合一。知不是知道，而是良知，良知快如闪电，我们来不及思考时，它就已经做出判定。

3

如面前火之本体是中，火之照物处便是和。举着火，其光便自照物。火与照如何离得？故中和一也。——《传习录拾遗》

火、光的关系也可用于解释知行合一。点燃火是知，发出火光是行；发出火光是知，点燃火是行。火一出现，立即有光，光又印证着火的存在；火、光构成一个完整的知行合一。火和光不可能分离，一荣俱荣，一损俱损；知与行的关系，也是如此。

【度阴山曰】

当你和他人玩一个合作性的游戏时，其实不需要问对方玩得爽不爽，因为你自己玩得爽时，对方也一定玩得爽。这就好比点燃一支火把后，不必去问其他人是否能得到光明，因为当火把点燃的刹那，你便能看到对方，看到对方，便证明对方也得到了光明。

知行合一其实是在告诉我们，对于能做到的事，只需要用心做好它，不必再去询问天地是否感受到我们的行动——如果我们能做好，天地肯定感受得到。我们的行，天地都能知，是为知行合一。

4

问"知行合一"。

先生曰："此须识我立言宗旨。今人学问，只因'知''行'分作两件，故有一念发动，虽是不善，然却未曾行，便不去禁止。我今说个'知行合一'，正要人晓得一念发动处，便即是行了。发动处有不善，就将这不善的念克倒了。须要彻根彻底，不使那一念不善潜伏在胸中。此是我立言宗旨。"——《传习录·黄直录》

问知行合一的立言宗旨，即为什么提知行合一？因为知和行本为一体，念头和行动本为一体。提知行合一是为了去心中贼:"一念发动处,便即是行了。"那么念头不对,结果肯定不对。所以,人只需在念头上下功夫,为善去恶,存天理,去人欲,即是知行合一。

于是我们可以得出这样的结论:凡事只需在心中求,心外什么都没有。念头即一切,一切从念头——知即一切,一切从知。

知行合一的知,不是知道,而是良知;念头则是态度,态度决定一切。所以王阳明才说:"一念发动处,便即是行。"态度决定一切。

【度阴山曰】

处理事物时,有三种万劫不复的态度:

第一种,精神包袱——早知如此,何必当初。

第二种,消极主义——唉,我办不成了!现在可怎么办?

第三种,未来焦虑——不怕一万,只怕万一啊。

这三种态度会导致人走向彻底的失败,其根源主要是压力、恐惧、没有勇气应对变革,以及出事后喜欢找替罪羊。

要改变这类恶劣的态度,首先要对念头下手。我们的念头很多,不好的念头有沮丧、忧伤、憎恨、嫉妒、仇恨、恐惧、焦虑等。

如果祛除不掉这些念头,那至少要做到以下几点:第一,遇事多从乐观积极的一面看待事物;第二,认识到痛苦中必有机会;第三,坚持感恩与宽恕,它们是不良态度的解药;第四,坚持知行合一,以行动呈现良知。

5

> 知之真切笃实处,即是行,行之明觉精察处,即是知。——《传习录·答顾东桥书》

对于谈虎色变的人,谈到老虎属于知,改变脸色属于行。虽然只是谈到老虎,并没有真的见到老虎,但脸色已经改变,这就是真切笃实的"知"自然而然地引发了"行"——知之真切笃实必成行。而人之所以谈虎色变,一定是因为了解过老虎的凶恶。见识过老虎凶恶的人很多，却只有少数人将老虎的凶恶印在脑海，明明白白，后来便谈虎色变——行之明觉精察必有知。

【度阴山曰】

在客观世界中，一个人每天保持好心情（行），即使不懂哲学，也不知道幸福的概念，但他已经"知了"。这就是"行之明觉精察处，即是知"。

6

> 某尝说知是行的主意，行是知的功夫。知是行之始，行是知之成。若会得时，只说一个知，已自有行在，只说一个行，已自有知在。古人所以既说一个知，又说一个行者，只为世间有一种人，懵懵懂懂的，任意去做，全不解思惟省察，也只是个冥行妄作，所以必说个知，方才行得是；又有一种人，茫茫荡荡，悬空去思索，全不肯着实躬行，也只是个揣摸影响，所以必说一个行，方才知得真。——《传习录·徐爱录》

知行合一的"知"是良知，"行"是行"知"，是行良知。所以，知、行不是两件事，而是一件事，不是两种作为，而是一种努力。

这段话已经把知行本体降到"术"的层面：知是行的念头，行是知的手段；行的开始是知，知的完成是行。二者不可分割，只知不行和只行不知，都是错误的，这种错误是天地间注定的错误，而非人为规定的错误；确切地说，知行不一是灭天理、存人欲的错误，非同小可。

有人只行却不知，有人只知却不行。如同西红柿炒鸡蛋这道菜，西红柿应兼具鸡蛋的味道，鸡蛋应兼具西红柿的味道，因为它们的味道合在一起才是这道菜的味道；如果西红柿只是西红柿，鸡蛋只是鸡蛋，就不是一道好菜，因为二者分离了。

【度阴山曰】

知而后行，当然可以提高效率。那么，知行合一所导向的行和单纯的执行有什么区别？用一个故事就可以解释清楚：

二战时，德国一位军官命令士兵向三十米外的一个平民开枪。这样的距离，士兵几乎不必瞄准，只要举枪、开枪，平民就会被杀死。

"执行"就是士兵举枪、开枪；"知行合一"则是士兵把枪口抬高几寸，瞄准空地之后再扣动扳机。

7

知行工夫本不可离，只为后世学者分作两截用功，失却知行本体，故有合一并进之说。——《传习录·答顾东桥书》

其实，知行合一是个病句，知行本一，不必曰"合"。然而由于大多数人不明白知行的本来面貌，所以还在谈二者合一、知行并进。好比茶由茶叶和水组成，懂得这一点的人只需要说"喝茶"即可，不懂的人才说"喝水和茶叶"。

王阳明提倡的知行合一居然是个"错误命题"，这实在让人大开眼界。实际上他想表达的还是"知行本一，不必曰合"，只是以时人易于理解的方式呈现出来罢了。

【度阴山曰】

不要轻易或者开玩笑似的说"我知道"这三个字。这三个字里面其实包含了两部分内容：行过和从行中得到过深刻的经验。

大多数人一生中说得最多的三个字，可能就是"我知道"。然而，如果说"我知道"的人真的都能做到知行合一，那这个世界上便没有蠢材了。

8

所谓"生知安行","知行"二字亦是就用功上说;若是知行本体,即是良知良能,虽在困勉之人,亦皆可谓之"生知安行"矣。——《传习录·答陆原静书》

知行的本体到底是什么?是良知、良能。孟子说"良知""良能",良知是不虑而知,良能是不学而能;不虑而知、不学而能的是我们的本知、本能,也就是王阳明所说的"良知"。所以,知行的本体即良知。

《礼记》有言"生知安行"(生而知之,安而行之),其谈到的知行并非知行本体,而是作为一种功夫呈现的知行,是"用";真正的知行则是"体"。

【度阴山曰】

使用一把手枪,枪体本身(知)和子弹(行)缺一不可。这二者结合便是体,枪(知)射出子弹(行),则是用。

明白此道理,我们就明白了,知和行结合为体,还要呈现"用"的功夫,这不正好是我们所说的"致良知"吗?知行合一就是致良知。

9

未有知而不行者,知而不行,只是未知。——《传习录·徐爱录》

知行本是一体,所以谈"知"时也在谈"行"。真知一定能够被视为行,如果不能,那就不是真知。这就是王阳明所说的"真知即所以为行,不行不足谓之知"。

知道而不去做,说明这种知不是发自良知。如果人知道孝顺父母,却没有孝顺的行为,那说明对于此人来说,"孝顺父母"只是一种大家都知道的知识,而不是发自其内心的良知;如果此人有孝顺父母的良知,那必定有孝顺父母的行动。所以,知包含了行,知与行构成了良知。

人一生常说的三个字是"知道了"。但是真正的"知道",一定是发自良知的"知道"。

【度阴山曰】

为什么有些人知道很多道理,却依然无法过好一生?就是因为这些人只是知道很多道理,并没有行动——"知而不行,只是未知"。

世界上的很多道理,我们平时都能坚守,可一旦到了大是大非、大利大害前,很多人就不能坚守这些道理。根本原因在于:第一,在大是大非面前坚守道理本身就很难;第二,这些道理根本就不是为大是大非、大利大害准备的。

做人要诚实,要勤俭节约,要热情……这些为人处世的道理,不是专用于应对大是大非的。世界上少有大道理会直接讲如何应对大是大非、大利大害,所以很多人一遇大是大非、大利大害就会发蒙。那么,在日常生活和工作中要不要遵从应对大是大非、大利大害的那些大道理呢?我觉得是不需要的,因为单纯地遵从大道理没有意义,有意义的是坚守这些道理。

能在大是大非、大利大害来临时坚守大道理的,才有可能成为英雄人物。而这也是英雄人物特别少的一个原因。

10

> 如人走路一般,走得一段,方认得一段;走到歧路处,有疑便问,问了又走,方渐能到得欲到之处。——《传习录·陆澄录》

知和行,好比人的两条腿,时而一前一后,时而一后一前。知本来在前,行跟上来,知又到了后面;行本来在后,知退后一步,行就到了前面。

有时候你也分不清什么是知,什么是行。比如走路,走一段是行,向别人问路能得到知,但别人指的路是不是真知,还需要用行验证。这用行验证的过程就是知的过程,行就是知,知就是行。

【度阴山曰】

孙中山说"知难行易"。走路是容易的,两条腿前后交错行进便是走路,这是行——行是容易的。但走去哪里,选哪条路走,这类"知"是难的。

如果觉得"知"很难,那可先对知行合一降低要求:行了就等于知了,不必再去求知了。对于人生中的绝大多数事情,都没必要知道得那么清楚。郑板桥写"难得糊涂",这也是知行合一。

11

> 哑子吃苦瓜,与你说不得。你要知此苦,还须你自吃。——《传习录·薛侃录》

一切真知都要自己去行动才可得到,要自己去体会感悟才能得到真理。如果你不吃苦瓜,纵然看到世界上最能描述苦瓜苦的文字也无法了解苦瓜的苦。中国古人讲究实践、体悟,原因也正在于此。

比起自己听到的,人们更相信自己的经历,因为人自己的经历是有实践依据的,甚至可以说,是从自己内心的良知中散发出来的。

【度阴山曰】

我们来试着探讨这样两个问题:

其一,一个人没有吃过苦瓜,那他胡说苦瓜的味道,你相信吗?

其二,一个人吃过苦瓜,能正确描述苦瓜的味道,也能告诉你这种味道,你相信吗?如果你相信,是不是证明你因此知道了苦瓜的味道?

对于第一个问题,答案肯定是否定的;第二个问题中,你从他人处听来的苦瓜的味道,是道听途说的知识,而不是真知。中国古人所说的知识,必须从实践中来并能指导实践;所谓"知",既是头脑中的思辨,又必须是身体的技能。仅仅将降龙十八掌的心法套路背诵得滚瓜烂熟,并不算"知";在理解掌法的同时可以使用它,这才是"知"。所以"知"="知识+技能"。

于是我们最终得出的结论是什么?是知行必然合一。如果真想知道苦瓜的苦

（知），必须去吃苦瓜（行），二者合一才能得到真知。

12

> 夫人必有欲食之心，然后知食。欲食之心即是意，即是行之始矣。食味之美恶必待入口而后知，岂有不待入口而已先知食味之美恶者邪？必有欲行之心，然后知路。欲行之心即是意，即是行之始矣。路岐之险夷，必待身亲履历而后知，岂有不待身亲履历而已先知路岐之险夷者邪？——《传习录·答顾东桥书》

正常情况下，人肯定是先有了想吃的心，然后才去吃东西。这个想吃的心就是念头，也就是行的开始。如果不去吃，就不知道食物是什么味道；必须去吃，才能知。所以过程是这样的：（欲）知—行—真（知），它是个圈儿，转圈的目的是把"知"前面的"欲"去掉；去掉"欲"，就是知行合一的闭环，知和行在一个圈儿上，是合一的。

归根结底，知行合一是把行动的念头变成行动，从而得到知。行动本身是为了不再行动——行是为了"知"，是为了"不行"，一切有为都是为了不为。知行合一的目的，无非如此。

【度阴山曰】

如果你想学会一首歌，要如何做？肯定是先听别人唱，听的次数多了，就开始跟着唱，跟着唱的次数多了，即使不用跟随别人唱，自己也会唱了。其实学唱歌的过程，就是知行合一的过程。

对于一首歌，只是知道歌名、歌词、旋律并不算"知"，真正"知"一首歌，必须会唱它。要想学会唱它，那就必须行动——有了知的欲望，只能以行动来满足。我们要先听这首歌，然后跟着学，最后舍筏登岸。为了学唱而听歌，就是先行欲后知；跟随着唱，就是知行合一；最后舍弃了跟唱，自己可以独自歌唱，此时就获取了真知。

13

　　《易》曰:"知至至之。""知至"者,知也;"至之"者,致知也。此知行之所以合一也。若后世致知之说,止说得一知字,不曾说得致字,此知行所以二也。——《与顾惟贤书》

　　《周易》说:"知至至之。""知至(预知事情发展到了哪一步)",属于"知"的层面;"至之(预知事情发展到了哪一步)",属于"致知"的层面。常人肯定能发现我对"知至"和"至之"的解释是一样的,这不是笔误,事实即如此:知道事情发展到哪一步,既是知也是行。人一旦知道事情将发展到哪一步,就会走那一步;倘若不走,便是知行不一。

　　在王阳明看来,后世关于"致知"的学说,仅仅说了一个"知",而未曾说"致",所以知、行才会一分为二。其实"知"本身便包含了"致","知至"即知行合一,"知至"必然"至之"。

【度阴山曰】

如何致知?

第一步,博学,全方位地观察和实践。

第二步,审问,找到问题和挑战。

第三步,明辨,学习和借鉴他人的经验。

第四步,慎思,反思和总结经验。

第五步,笃行,致良知。

14

　　士皆巧文博词以饰诈,相规以伪,相轧以利,外冠裳而内禽兽,而犹或自以为从事于圣贤之学。如是而欲挽而复之三代,呜呼其难哉!吾为此惧,揭知行合一之说……——《书林司训卷》

知行合一不只是道，还是术。王阳明为何要提知行合一之术？是因为许多人表里不一，他们当面一套，背后一套，十分虚伪。他提出"心即理"，也是因为这一点。

欲望不是我们的敌人，虚伪才是。知行合一的立言宗旨是什么呢？是对抗虚伪。

【度阴山曰】

小人和伪君子，如果非要选一个来做，王阳明可能会劝你做小人。因为小人只是奸邪，伪君子则是虚伪，虚伪比奸邪要可怕一百倍。

15

本心之明即知，不欺本心之明即行也，不得不言"知行合一"。——黄宗羲《文成王阳明先生守仁》

简单而言，知行合一即按照良知的判定去行动，不要违背它——"不欺本心之明即行也"。知行合一如此简单，为何那么多人做不到呢？

在很多人的印象中，知行合一就是知道了就立即去做，积少成多，最终完成大的知行合一，其实不是这样的。

【度阴山曰】

我们可用一个通俗的例子来说明。

某人在书店得到一本武功秘籍，翻开第一页，上面是八个字，"欲练神功，挥刀自宫"；此人又翻开第二页，上面还是八个字，"如不自宫，也可成功"。

若知行合一是知道了就立即去做，那么看到第一页的八个字就要立即行动吗？当然不是。所以知行合一是什么？就是看到第一页的八个字，便要格物、正念头。你先问问自己的良知：挥刀自宫是对的还是错的？如果良知认为是错的，得到答案的你自然不会自宫。如果良知认为是对的，你至少也应该将这本秘籍大致翻过一遍，确定这"神功"到底有多"神"才对，而不应该慌里慌张地先伤了身体。

16

夫良知即是道，良知之在人心，不但圣贤，虽常人亦无不如此。若无有物欲牵蔽，但循着良知发用流行将去，即无不是道。但在常人多为物欲牵蔽，不能循得良知。——《传习录·答陆原静书》

社会分工后，个体无法自给自足，所以拼命追求各式各样的物。其实，我们根本用不了那么多物，或者说有些物在需要时临时求取也来得及。但是，许多人被物欲支配了，对于他们来说，物没有最多，只有越多越好；很多时候，为了满足自己的物欲，他们不按良知做事，即使知道不该放纵自己，还是无法知行合一。

【度阴山曰】

有人吃不了太多，但存储了很多食物；有人穿不了太多，但衣柜里全是衣服；有人活不了太久，但如饥似渴地搜刮财富。这些人的行为难道是正确的吗？

知行合一，是让我们致良知，减轻欲望，轻装上阵。凡后天得来的一切，都不必执着。

17

然圣人之才力，亦有大小不同，犹金之分两有轻重。尧、舜犹万镒，文王、孔子犹九千镒，禹、汤、武王犹七八千镒，伯夷、伊尹犹四五千镒。才力不同，而纯乎天理则同，皆可谓之圣人；犹分两虽不同，而足色则同，皆可谓之精金。——《传习录·薛侃录》

每个人良知的"亮度"（内容）都一样，但致良知的能力大小、机会多少不同。以镜子为例，有人的良知之镜只有巴掌大小，有人的良知之镜则有墙面大小，因此，二者反射到墙上的光斑面积不同，这面积不是别的，正是能力、机会。有人天赋异禀，能力高超；有人机会无数，运气极佳。

【度阴山曰】

当我们做一件事却无法知行合一时，可以用心思考：是不是良知太小了？但切记不要钻牛角尖。请记住一句话：命里有时终须有，命里无时莫强求。

18

从目所视，妍丑自别，不作一念，谓之明。从耳所听，清浊自别，不作一念，谓之聪。从心所思，是非自别，不作一念，谓之睿。——《传习录拾遗》

美与丑，只需用眼一看即可识别，不需过多思考，这就是"明"；清音和浊音，只需用耳一听即可分辨，不需过多思考，这就是"聪"；遇到任何事，心一动，良知迅速判别是非，不需过多思考，这就是"睿"。倘若别有用心，故意把错的、丑的看作对的、美的，就是在违背良知，就是知行不一。

【度阴山曰】

所谓知行合一，好比看到美好的事物，便立即想到将其带回家中，放在家中随时欣赏。

看到美好的事物是知，思考将其带回家中放置是行，这一知行合一的过程进行得非常迅速。若看到美好的事物，先看价格，再看质量，又去计较这个那个，这就不是纯粹的知行合一。

19

> 惟夫"知新"必由于"温故",而"温故"乃所以"知新",则亦可以验"知""行"之非两节矣。——《传习录·答顾东桥书》

若要获得新知识,必须从旧知识行过来——知新必然经由温故,温故了才能知新,这也证明了知、行功夫并非毫不相关,而是一体。知新是知,温故是行。温故后知新,是为知行合一。

【度阴山曰】

温故即是复盘。复盘有大小:小复盘是复盘经历过的事,从中汲取经验教训;大复盘是复盘伦理、善恶,思考做事的初心有没有改变,对是非善恶的判断是否如初。

温故知新,不是因为"故"中有无穷智慧,"故"就是"故",是"死"的、不会变的。温故知新,全在于我们的心:以昨天的心看昨天的事,会产生一种情感;以今天的心看昨天的事,会产生另外的情感。"故"只是个工具,真正温故的是我们的心,也唯有我们的心才可能知新。

第八章　明德亲民

明德亲民

有弟子问王阳明："我要去做官啦，请问如何'亲民'？"

王阳明回答："明德而已。"

弟子再问："如何明德？"

王阳明回答："亲民而已。"

弟子说："二者不是一回事吧？"

王阳明告诉他，作为官员，要彰显美好的道德，只能在对待百姓的方式上彰显，也就是为百姓服务。只有为百姓服务，才能彰显自身的道德，这二者是一回事。如果强行把它们分开，那么，哪方面都不会做好。

1

> 明德、亲民，一也。古之人明明德以亲其民，亲民所以明其明德也。是故明明德，体也；亲民，用也。而止至善，其要矣。——《书朱子礼卷》

明德[1]是良知，亲民就是良能。明明德和亲民，两者是统一的。古人明明德从而能够做到亲民，同理，亲民能够让人明明德。所以说，明明德是体，亲民是用。而"止至善"是指不做到恰到好处不罢休，是要点。

【度阴山曰】

明德、亲民的要点是"止于至善"，而至善是恰到好处。

做事时，有个口诀是"差不多就行了"。这个口诀可能无法解决人生中的所有问题，但能让人在更多的时候感到幸福，拥有一种乐观的好心态。

1　出于《礼记·大学》："大学之道，在明明德。"指完美的德行。朱熹将其解释为人们天赋本然的善性。

2

> 先生曰："'作新民'之'新'是'自新之民'，与'在新民'之'新'不同……'民之所好好之，民之所恶恶之，此之谓民之父母'之类，皆是'亲'字意。"——《传习录·徐爱录》

朱熹认为大学三纲"明德""亲民""止于至善"的第二纲是"新民"，意思是统一老百姓的思想；王阳明则认为第二纲是"亲民"，意思是一切都从百姓的需求出发，为百姓服务。简言之，亲民就是为官者将百姓能拥有美好生活作为自己的奋斗目标。

中国古人在对待神鬼的态度上也是如此：无论什么样的神鬼，必须为百姓服务；如果没有实际的功绩，百姓就会将其抛弃。这种神鬼观恰好体现了真正的、充满情感的人类善恶观。

【度阴山曰】

在中国古人看来，人活着有一种高尚的目的——利他。此种利他，是真心实意的"我是为你好"，是"亲民"；而"新民"则是利己，是"好为人师"。搞懂这两种概念，即搞懂了"亲民"和"新民"、王阳明和朱熹的区别了。

3

> 夫禅之学与圣人之学，皆求尽其心也，亦相去毫厘耳。圣人之求尽其心也，以天地万物为一体也。——《重修山阴县学记》

禅学与圣学，修的和求的都是尽心。所谓尽心，是做事全力以赴、问心无愧。但二者真意不尽相同。圣人所求的尽心，是天地万物的毫无间隔。

"万物一体"——万物之间无间隔，即如圣人不割裂明德与亲民一样。

【度阴山曰】

有众多自称神仙者，他们的神通广大只为自己，属于明德，这是较容易做到的。领袖，无论是精神领袖还是物质领袖，实在少之又少，因为他们不但对自己负责，更要对他人负责，属于既要明德，又要亲民，这是较难做到的。

4

> 墨氏"兼爱"无差等，将自家父子、兄弟与途人一般看，便自没了发端处。——《传习录·陆澄录》

孔子讲究的是有差别的爱，墨子讲究的是完全普遍的爱。乍一看，墨子的理论似乎更接近"万物一体"的胸怀，其实不然，因为"万物一体"也是讲秩序的。不讲秩序的爱，只是无源之水。试想，按墨子的理论，就要把自己的父亲当成过路人对待，这怎么可能合适呢？

爱，必须有发端处。何谓发端处？就是亲疏远近。如果将亲疏远近抹平，那就等于没有了亲人。你如同对待邻居一样对待父亲，你父亲会如何想？

【度阴山曰】

如果一个人大公无私到不近人情的程度，对亲人就算狠心了，这如何算得上为善？如何算是好人？

5

> 只说"明明德"而不说"亲民"，便似老、佛。——《传习录·陆澄录》

明明德，是一种致良知；亲民，是一种行动。只说致良知而没有行动，不是真正的致良知；只说自己是好人，却没有做过任何好事，这是伪君子。人要去事上磨炼，不过是把自己的良知呈现到事物上去。这种磨炼，是"验"——验证良知的正确。

【度阴山曰】

明德亲民就是知行合一：按照自身光明的道德去行动。

检验是否做到明德亲民，可以根据一句谚语：是骡子是马，拉出来遛遛。不要听别人说什么，要看别人做什么；看别人的嘴不如看别人的腿，因为"嘴容易，腿难"。

6

其实思即学也，学有所疑，便须思之。——《传习录·黄以方录》

思是知，学是行；思就是学，知就是行。思之前肯定有学，否则便没有思的可能；学之后一定会思，否则便不能称为学。学有所疑便思，思有所疑再去学，二者争先恐后，并驾齐驱，谁都分不清二者的前后。

【度阴山曰】

学和思、明德和亲民、知和行，皆如同一条河的两岸，两岸俱是知和行，你说不清哪一岸是知，哪一岸是行；河水必有两岸，好比成事必经知行。

成功的事是"一"，知行合一，所以也要求明德和亲民合一。

7

然中世以是取士，士虽有圣贤之学，尧、舜其君之志，不以是进，终不大行于天下。——《重刊文章轨范序》

读书人即使有圣贤的学问、助君王成为尧、舜的高远志向，倘若不通过科考举业来谋求进步，也不能让其道大行于天下。所以说，可靠的平台非常重要，它是助你登高的梯子，是载你升天的火箭。

【度阴山曰】

明德亲民本就是政治家的基本素养之一。若想为人民服务，想锻造自己的美德，必须有个可靠的平台，找准平台，才能更好地做到明德亲民，只有在这个平台之上，明德与亲民才有更大的意义。

8

彼顽空虚静之徒，正惟不能随事随物精察此心之天理，以致其本然之良知，而遗弃伦理，寂灭虚无以为常，是以要之不可以治家国天下。——《传习录·答顾东桥书》

那些冥顽不灵、孤守枯静之徒，正因为不能在事物上体察心中的天理，进而广大心中的良知，所以才抛弃伦常，将寂灭、虚无当作常态，因此，无法齐家、治国、平天下。

【度阴山曰】

在事物上体察心中天理，并非因为事物上有天理，而是要通过事物这个媒介找出存于心中的天理。

寂灭、虚无看上去是一种神秘的安静，可没有做应该做的事，这种安静则是死亡。人必须同样重视静中体悟和事上磨炼。

9

近岁来山中讲学者，往往多说"勿忘勿助"工夫甚难，问之，则云"才着意便是助，才不着意便是忘，所以甚难"。区区因问之云：

"忘是忘个甚么？助是助个甚么？"——《传习录·答聂文蔚二》

做一件事，不要急功近利，更不可"三天打鱼，两天晒网"；不要忘记有这样一件事，也不要着急结束这件事。这是个动静问题：人做事是动，不胡思乱想是静。很多人看似在动，其实很静；而很多人看似不动，其实内心波涛汹涌。

【度阴山曰】

一门心思在事上磨炼，内心只在所磨炼的事上停留，不做任何非分之想，是为动静合一。

修炼明德亲民时，也能做到动静合一，才是真的明德亲民。

10

修己治人，本无二道。政事虽剧，亦皆学问之地……——《答徐成之书》

阳明心学喜欢讲"合一"，将两种看似水火不容的概念或事物合二为一，比如知行合一、心理合一，还有修己和治人的合一。

明明德是修己，亲民则是治人；修己是静中体悟，治人则是事上磨炼。若要在静中体悟到真理，必须去事上磨炼内心。若要知道自己的修行达到了什么水准，那只能到事上分辨。

【度阴山曰】

所以，修己是在治人上修，治人是在修己上治。把事情放进心里，用心找出解决办法，便是明德亲民。

阳明心学的大多数概念，绕来绕去，本质上还是围绕着"知行"打转儿。

11

然则圣人之学,乃不有要乎!彼释氏之外人伦,遗物理,而堕于空寂者,固不得谓之明其心矣;若世儒之外务讲求考索,而不知本诸其心者,其亦可以谓穷理乎?——《与夏敦夫书》

王阳明说,圣人学问需要一个根本作为要领,这个要领无他,必须是事上磨炼。若排斥人之伦理,又泯灭了事物和事物的理,只会堕入空虚寂灭。儒家的圣人要人在事上磨炼——在五伦(君臣、父子、兄弟、夫妇、朋友)中坚持理(忠、孝、悌、敬、信等),此为事上磨炼。

研习圣人的学问,难道不需要以一个根本的东西作为要领吗?若排斥人伦,忽视事物的道理,只会堕入空虚、寂灭之中,不能说认清了本心。一些儒者向外求索、考证,而不知以自己的心作为根本,这难道可以叫作探索事物的道理吗?

上述道理,放在明德亲民上,便是王阳明认为儒家的圣人既要明明德,又要亲民——在五伦(君臣、父子、兄弟、夫妇、朋友)中坚持理(忠、孝、悌、敬、信等),便是在亲民上明明德。

【度阴山曰】

明代后期的东林党人顾宪成说"家事、国事、天下事,事事关心"。对于普罗大众来说,其实大可不必做到这个地步,只需要关心好自己的家事,处理好周边的人际关系,这便是普通人的明德亲民。

12

良知不由见闻而有,而见闻莫非良知之用,故良知不滞于见闻,而亦不离于见闻。——《传习录·答欧阳崇一》

鲑鱼不在咸水中出生,但必须从河流中游到海中长大;良知不从见闻中得来，但必须在见闻中成长。这便是"良知不滞于见闻，而亦不离于见闻"。

【度阴山曰】

明德（良知）本在内，亲民（见闻）为外物；良知可穿梭于内外，由内至外经由见闻得到成长，再回到内心做出独属于它的判定。于是，只要是由明德（良知）做出的判定，在亲民（见闻）上一定合理。

13

盖良知虽不滞于喜怒忧惧，而喜怒忧惧亦不外于良知也。——《传习录·答陆原静书》

良知在心内，大体不受喜怒哀乐等外在情绪的影响，这些情绪也并非由良知操控，而是良知的自然流露。

明德亲民，即是良知由内而发的流程。

【度阴山曰】

明德在内，不易被喜怒哀乐等情绪干扰而变形。一个人的明德，有就是有，没有就是没有。亲民时，人便有了喜怒哀乐，此时，喜怒哀乐成了明德的表现，但明德始终是主导，所以，当心中有明德时，可以尽情释放你的明德，使其成为各种情绪，成为外在的表现。

14

先生尝言："佛氏不着相，其实着了相。吾儒着相，其实不着相。"

请问。

曰："佛怕父子累，却逃了父子；怕君臣累，却逃了君臣；怕夫妇累，却逃了夫妇。都是为了个君臣、父子、夫妇着了相，便须逃避。如吾儒有个父子，还他以仁；有个君臣，还他以义；有个夫妇，还他以别。何曾着父子、君臣、夫妇的相？"——《传习录·黄直录》

知行合一要求人尽应尽的责任，是一种担当而非逃避。王阳明认为，佛家的修行为避免牵累，从种种世俗责任中脱离；儒家的知行合一，是依照天理处理种种世俗责任。儒者以自己为中心，尽可能地向外辐射影响，发挥自己社会角色的作用。

王阳明提出的知行合一，包含了"公"的成分，提倡为大多数人服务；如果没有"公"这个成分，所有的行为都谈不上知行合一。

【度阴山曰】

《大学》之道在明明德，在亲民，在知行合一。

站在明明德的角度，佛家更胜一等；站在亲民的角度，墨家天下第一；但站在明德亲民的角度，我首倡儒家。

人有自主塑造人生观的权利。选择专注于某一端（明德或亲民）还是中庸（明德亲民），没有对错，只看心情。

15

古圣贤之学，明伦而已。——《万松书院记》

王阳明认为，格物只在身心上格。但若要了解火山何时喷发，难道也在心上格？我要让火山喷发，难道也能在心上完成？当然不是。我们需要注意一点，无论是朱熹的格物，还是王阳明的格物，都属于探讨人生哲学的范畴，而当时中国社会主流的人生哲学，不过是"明伦"而已。

明是懂得、执行；伦，指的是同类、同族之间的条理和顺序，也就是特定的人际关系。"明伦"无非是处理特定的人际关系，最基本的有君臣、亲子、兄弟姐妹、夫妇、朋友五种。

【度阴山曰】

处理五伦的方式,不需要外求,在心中即能求到,在心中便可以格,这就是格物在心上即可完成的原因。

没有人会相信一个身心健全的人不懂得处理和朋友之间的关系,更不会有人相信,一个能亲民的人不会明明德,一个会明明德的人不懂得如何亲民。

16

> 见道固难,而体道尤难。——《传习录·答罗整庵少宰书》

看到有人游泳,这是见道;你自己去尝试游泳,这是体道。见道容易,常人知晓的人生之道多如牛毛,但真正去身体力行的又有多少?

直白而言,见道是明德,体道是亲民;见道是知,体道是行。王阳明认为,体道比见道更难,行动比知道更难,故亲民比明德更难。

【度阴山曰】

对于无伤大雅的事,别较真,不过分求知,亦是好事。

若想体道不难,唯一的办法是别总想着在见更多道。

回想你的前半生,尤其是小时候,可能有很多次险象环生的经历,这其实是体道。可如果让你再来一遍,你多半会吓得魂不附体,因为你已"见道"了。

我们总说,有些事还是不知道为妙。好奇害死猫,这是真理!

17

> 足恭也者,有所为而为之者也。无所为而为之者谓之谦。——《书陈世杰卷》

践行明德亲民时,过度恭敬,取媚于人,是有目的性的,是"有所为而为之"。看上去是亲民，其实是没有明德的亲民，不值得推荐。

没有目的却能待人谦恭，这就是"无所为而为之"，就叫作谦虚，才是真正的明德亲民。

【度阴山曰】

临时抱佛脚，抱得再虔诚，也不是明德亲民；烧冷灶，烧得再没有意义，也是明德亲民。

倘若有足够实力，那就应该烧冷灶；倘若没有能力，那只能临时抱佛脚。

第九章　静中体悟

静坐治肠胃

王阳明终生在静坐中体悟良知。有时候，静坐还可以治疗疾病。王阳明肠胃很差，做官后常常应酬，更是苦不堪言。后来坚持静坐，渐渐把肠胃治疗得很好。

有病友问他："静坐真的能治疗肠胃病？"

王阳明回答："当然，不信你可以试试。"

病友愿闻其详。王阳明告诉他：第一，静坐期间不能暴饮暴食；第二，静坐期间不能吃辣、不能饮酒；第三，静坐期间不能心情忧虑。能做到这三点，半月即见效。

病友按部就班地做，半月后果然症状减轻。

真是神奇的静坐，神奇的心学！

1

> 良知明白，随你去静处体悟也好，随你去事上磨炼也好，良知本体原是无动无静的。此便是学问头脑。——《传习录·钱德洪录》

阳明心学的修炼方法，在有良知的情况下"静中体悟"和"事上磨炼"。良知本体无动也无静，只要有良知，任何物质诱惑都无法动摇你。在这种情况下，你去事上磨炼，虽是动，也是静；你去静中体悟，虽是静，也是动。动静合一，天下无敌。

【度阴山曰】

那么，以静坐为主的静中体悟，具体的方式是什么呢？诀窍如下。

首先，要有个好环境，这个环境应该不受外界干扰，非常安静，如此才能比较容易静下来。其次，安放好身体，也就是调整出适合静坐的姿势；坐势有很多种，如盘坐、立坐等，佛家和道家喜欢用盘坐，阳明心学用的是立坐，即"正襟危坐"：双手平放膝上，背挺直，全身放松。最后，调整呼吸，不能张着嘴，应用鼻子呼吸，一面呼吸，一面数呼吸的次数，最后让呼吸平稳下来。

王阳明说："教人为学不可执一偏：初学时心猿意马，拴缚不定，其所思虑，多是人欲一边，故且教之静坐、息思虑。久之，俟其心意稍定，只悬空静守，如槁木死灰，亦无用，须教他省察克治……无事时，将好色、好货、好名等私，逐一追究，搜寻出来……才有一念萌动，即与克去，斩钉截铁，不可姑容……"

王阳明要人静坐有两个步骤。第一步是"息思虑",也就是让自己的心进入空寂境界。要达到这个境界,可以念口诀,"天人合一""贵和尚中""知行合一"。念口诀时须念念相随、连绵不断,以一念代替万念,时间一久,自然入静。

如果仅停留在此,那就是"槁木死灰",所以有第二步"省察克治"。先省察哪些是私欲,良知会干脆地给出答案,"好色、好货、好名"等都是私欲,然后是"克治",以前有这些私欲不要紧,现在就把它消灭,斩钉截铁,绝不姑息。当然,不能总盯着这些私欲不放,还要念念不忘天理。

践行这些要求,时间一久,心胸自是开阔,必有浩然之气贯注其中。个中妙不可言,只有实践者才能知道。

大部分讲心学静坐的人,都在此停步,他们认为静坐无非这两个步骤。王阳明则认为,进行这两个步骤时,必须用两件"武器"保驾护航,否则,静坐要么没有结果,要么不如不做。这两件"武器"就是"诚意"和"谨独"。

诚意,就是正念头,诚实地践行良知给出的答案。一个念头出现,良知自然知道其好坏;保留好的念头,去掉坏的念头,这就是诚意。王阳明说,诚意"如好好色,如恶恶臭",要做到喜欢善如喜欢美色,厌恶恶如厌恶恶臭!听上去简单,做起来实在难。比如虽知一念好坏,但这一"知"不知不觉就流走了。知道不义之财是坏的,有时候却去取了;一旦取了,就失去"好善恶恶"的心了。正是因为人总不能时刻正念头,王阳明才大力提倡"诚意"。

在静坐中,揪出一样私欲,马上就"克去"它,这就是诚意。如果揪出一样私欲,却姑息它,甚至不想"克去"它,那静坐也就失去了意义。

谨独就是慎独,原意是即使自己独处的时候也要克制自己的行为,严于自律。静坐时就是谨独时。在王阳明这里,谨独其实就是自我管理。

自我管理包含了诸多要素:

第一是分析,有什么私欲。

第二是目标,要通过什么手段"克去"这些私欲。

第三是信心,要坚信自己能"克去"这些私欲。

第四是毅力,必须具备强大的意志力,不可半途而废。

第五是心态,在"克去"私欲的过程中保持良好的心态,不能为克而克,更不能想"克去"私欲的目的，一旦有这种心态，就形成新的私欲了。

第六是学习，是通过各种手段光大自己的良知，以良知的巨大力量来完成自我管理。

第七是检验，当确定自己把私欲"克去"后，要去实践中检验。

第八是反思，思考为何会有私欲，私欲产生的基础是什么；只有反思到位，才不会犯同样的错误。

王阳明说，静坐时只要如上——照做，就是谨独了。

2

> 前在寺中所云静坐事，非欲坐禅入定。盖因吾辈平日为事物纷挐，未知为己，欲以此补小学收放心一段工夫耳。——《与辰中诸生书》

静坐是阳明心学"静中体悟"的标志性修行方式。王阳明所说的静坐与佛道的打坐类似，都是一种方法。阳明心学的静坐是使人收敛放纵之心的手段，即是说，静坐不是为了让心死去，恰好相反，是为了让真正的心活过来，使发散的心绪重新聚焦；进而能聚敛念头，使其不胡乱散发，发而精准有力。

【度阴山曰】

静坐是否有效，有效到何种程度？心学一派最讲究静坐，陆九渊更不例外，认为学者能常闭目静坐最佳。他有个弟子按此吩咐静坐，夜以继日，半月后下楼，忽觉此心已恢复澄莹中立，好像成仙般飘逸，于是去向陆九渊求教。

陆九渊只看他一眼便说："你的天理已现。"

弟子问："如何说？"

陆九渊说："你的眼睛出卖了你。"

3

禅家有杂、昏、惺、性四字……初学禅时,百念纷然杂兴,虽十年尘土之事,一时皆入心内,此之谓杂。思虑既多,莫或主宰,则一向昏了,此之谓昏。昏聩既久,稍稍渐知其非,与一一磨去,此之谓惺。尘念既去,则自然里面生出光明,始复元性,此之谓性。——湛若水《金台答问录》

王阳明说,"禅家"修行有四个必经阶段:杂,各种杂念纷纷涌出,无法静坐;昏,静坐后心不静,各种思绪涌来,昏昏沉沉;惺,昏聩久了,知道哪些思虑是不好的,开始有意识地舍弃;性,尘世之念祛除后,立即恢复了人的本性。其实,这四个阶段也属于阳明心学,更属于人心。这四个阶段中最基础的要求就是静坐,无静坐不能见人性,无静坐不能成圣人。

【度阴山曰】

对于上述四个阶段,口诀只两个字:硬熬。特别是第二阶段的"昏",倘若熬不住,一定前功尽弃。有没有轻松的方法可用于通过这一阶段?答案很让人心惊:没有,只能是熬。

但只要熬过第二阶段,剩下的两个阶段,便好比鱼入水,鸟飞天,欢畅淋漓,不可言说。

4

只收心静坐,闲邪存诚,此是端本澄源,为学第一义。——《龙江舟次与某人书》

《周易》载:"闲邪存其诚。"孔颖达疏:"言防闲邪恶,当自存其诚实也。""闲邪存诚"指的是,防止邪恶,保持诚敬。

众所周知,阳明心学的静坐是为了收心。静坐时的收心是"存诚意、去邪念"，这是修心的重要方法；静中的体悟，只是在感悟诚意和邪念的区别。内心之本是"诚"，良知之源则是"无邪"。正心必要诚意，诚意必能心正，这是通过静坐能体悟到，并能做到的。

【度阴山曰】

闲邪存诚的方法如下：

第一步，静坐，半个时辰后开始思考长久以来折磨你的那件事。

第二步，把自己真诚的想法（注意，不是善的想法，而是真诚的想法）写下来，这叫存诚。

第三步，认真琢磨你真诚的想法是正还是邪，无论是正还是邪，都要把它写下来，这叫闲邪。

写下来的目的是什么？为善去恶！

5

是有意于求宁静，是以愈不宁静耳。——《传习录·答陆原静书》

静坐，是慢慢来的修行方法。只要你急，它就和你"耍无赖"。静坐时，你越想迅速宁静下来，越会焦躁不安。对外物用力可能有成效，比如驱使驴拉磨时，越是用力抽打它，它拉磨越勤奋；但对于心中的念头，越用力让它宁静，越适得其反。这是因为想要宁静的念头就来自心，用心中的念头控制心，心如何不动？

越想睡觉时，人越难以入睡；只有当人不再勉强自己入睡，睡意才会突然袭来。

【度阴山曰】

静坐前的第一个准备工作，是暗示自己：开始静坐的刹那要忘记自己在干什么。如果能完成这一工作，这就说明你真的能进入宁静的状态，或者说，你真的能用静坐控制自己的内心了。

6

> 静后始知群动妄,闲来还觉道心惊。——《霁夜》

静坐使人听清楚内心的妄动,这些妄动就是对欲望的无限渴求。

中国人主张忙里有闲,有事时忙事,无事时忙心。当人和自己的心独处时,可以听到平时所听不到的声音;这些声音来自内心最深处,表现着人最自在时心的状态。这便是"静后始知群动妄",只有进入内心宁静的状态,才能明白,心本就该是寂静无声的,平日不过是被妄动遮蔽了。在欲望的轰鸣中,还能体会到寂静心音的人,才是真圣人。

【度阴山曰】

闲下来时,人追忆往昔的是非对错,能从中得到许多经验。有时你会惊讶地发现,很多当初认为做对的事,现在想来都是错的;很多当初认为做错的事,阴差阳错地得到了好的结果。这些人生经验对你而言就是人生之道,这便是"闲来还觉道心惊"。

7

> 无事时,将好色、好货、好名等私欲逐一追究搜寻出来,定要拔去病根,永不复起,方始为快。常如猫之捕鼠,一眼看着,一耳听着,才有一念萌动,即与克去。——《传习录·陆澄录》

人在静坐时,看似什么都没做,其实可做很多事,比如把平时那些私欲——对于色、利、名等的过度追求全部揪出,使用各种方式将它们去除。

【度阴山曰】

如何去除呢?要像猫捉老鼠一样,盯着一样私欲,告诉自己,它是恶的,必须将其从内心清除。做一次不行就做两次,做两次不行就做三次,直到如猫将老鼠吃干抹净般，将过度的私欲完全拔除为止。

猫有时会戏弄老鼠，这缘于猫的自信；倘若一只猫没有自信，它绝不会戏弄老鼠。处理过度的私欲时，如果能做到猫戏弄老鼠的程度，那才有望真正"干掉"它们。如果对待过度的私欲总是严肃认真，过于战战兢兢，就请你深呼吸，使内心再安静些，或是暂时保持沾染点私欲的状态，因为此时你的能力还不足以轻而易举地清除"人欲"。

8

闲观物态皆生意，静悟天机入窅冥。——《睡起写怀》

闲暇时四下观察，发现万物全部充满生机；静坐时参悟天道，从而进入了无我的深邃状态。这是王阳明入静之后的感悟：他悟出了万物皆有生机，天道就在这生机中。不过，如果不能静下来观察这个世界，你会发现世界很吵，而且充满急功近利的人和事。

动静之法不同，人的体悟也肯定不同。我以为，静坐中之体悟是本，运动中之磨炼是末。有本，才有末；本正，末才能正。

【度阴山曰】

在车水马龙的现代化城市，我们很难有身心安静的时候。城市中的我们难以看见星星，不是星星离我们远了，而是人类的灯光淡化了它们。请找个没有路灯、没有车来车往的地方，在大自然里安静下来，此时你所听到的一切，便是万物，便是心灵。

9

问："儒者到三更时分，扫荡胸中思虑，空空静静，与释氏之静只一般。两下皆不用，此时何所分别？"

先生曰："动静只是一个。那三更时分空空静静的，只是存天理，即是如今应事接物的心。如今应事接物的心，亦是循此天理，便是那三更时分空空静静的心。故动静只是一个，分别不得。知得动静合一，释氏毫厘差处亦自莫掩矣。"——《传习录·黄直录》

人如果内心安定、心存良知，在任何地方都是宁静的；如果内心不安、良知模糊，哪怕是进了深山里也是骚动的。应事接物的心和三更时分空空静静的心不能有区别，倘若有了区别，说明内心不静，需要静坐收心了。

三更时分人心最静。倘若能把这种心运用到白天的应事接物上去，就可称"动静合一，心理合一"了。

【度阴山曰】

俗话说："平生不做亏心事，半夜不怕鬼敲门。"在这一语境中，鬼只在半夜敲门，因为这个时候人已沉睡，其心已静，能和天地同频，能听到天地万物的声音。

三更半夜时的心，最专注，最干净，最冷静。

10

夫目可得见，耳可得闻，口可得言，心可得思者，皆下学也；目不可得见，耳不可得闻，口不可得言，心不可得思者，上达也。——《传习录·陆澄录》

人能看见天地，但又不能指出其确切所在。天地的形成非一朝一夕，这是人看不见的，但不能因为看不见就否认这一过程的存在。一切的看见，都是以看不见为基础的，即人能见到的一切，都建立在人见不到的事物的基础上。

【度阴山曰】

什么是见到的？看到苹果从树上掉下来；什么是没有见到的？想象这个苹

果为什么掉下来。此时，你见到的部分已经不重要，重要的是你没有见到的那部分。

人见不到的，便只能在静思中取得。所以，事上磨炼是针对看得见的、形而下的事物，静中体悟则是针对看不见的、形而上的事物。事上磨炼是术，静中体悟是道。

11

> 太虚之中，何物不有？而无一物能为太虚之障碍。——《答南元善书》

太虚是道，道中包含万事万物，万事万物中也包含了道。万事万物也没有成为道的障碍，这说明什么？说明道并非动的，而是静的。只有静的事物，才不会阻挡其他事物的运动，也能在万物繁杂交错的运动轨迹中安然存在。

【度阴山曰】

人唯一能做的事，就是顺应道，而不是悖逆道。顺道而行，是取静；逆道而行，是妄动。渴了喝水而不喝油，饿了吃饭而不吃轮胎，这便是道；渴了喝水，饿了吃饭，这便是顺应道。

12

> 故曰"唯精唯一"。精，精也；专，一也。精则明矣，明则诚矣。是故明，精之为也；诚，一之基也。一，天下之大本也；精，天下之大用也。——《送宗伯乔白岩序》

"唯精唯一"，"精"指的是精通，"一"指的是专一。唯有精通才能明达，明达才会真诚。所以明达是精通的体现，真诚是专一的基石。一，是天下最重要的本源；精，是天下最广泛有效的功用。一是静，精则是动。动静合一，则是"体用一源"。

【度阴山曰】

如何能在某一领域中深耕？可以按照以下步骤来做：

第一，无论做的是什么事情，先以精通为目标。

第二，精通后，你会对此事举重若轻，这叫明达。

第三，明达后，人才会对万事万物真诚。因为人若精通一事，此事便是其利益来源，有利益来源，便不会在其他事物上斤斤计较，便会真诚。

真诚则能心静，心静则智慧出、境界成。如此，才可形成良性循环。

13

> 吾与甘泉友，意之所在，不言而会；论之所及，不约而同；期于斯道，毙而后已者。——《别湛甘泉序》

王阳明提到和朋友湛甘泉的关系时说："我们之间有什么心意，不用言语去表达也能领会；我们的很多观点，常常不约而同。"

什么是知心朋友？"意之所在，不言而会；论之所及，不约而同"这十六个字就是答案。心意不必表露，如果是有心人，在静中即可体会到；平时在静中互相感悟，久而久之，言语之动也会不约而同。

【度阴山曰】

王阳明谈论和湛甘泉的关系时提到的"能知朋友心"，其实是一种"读心术"，是通过专业的方法读懂对方心思的心术，大体分为三步：第一步，要使自己的内心彻底平静下来；第二步，琢磨自己在对方的境遇下会采取什么措施；第三步，根据王阳明"人皆有良知"的观点可知，你的心理状态是什么样子，对方的也差不多。

14

夫精藏则太和流，神守则天光发，累释则怡愉而静，机忘则心纯而一。——《寿汤云谷序》

一个人如果精神宽阔开朗，便不会为物欲所累。和他人交往，不论他人贤愚贵贱，都没有分别之心，像母亲一样慈爱，像婴儿一样单纯，说明人已经没有机心。

精神保养得好，元气流动得自然顺畅；守住心神，自然产生智慧之光；没了贪欲，心情自然愉悦平静；没有了机巧功利之心，内心就非常纯粹。

人若可以做到"精藏、神守、累释、机忘"，则可说此人快要得道了。

【度阴山曰】

"精藏、神守、累释、机忘"是修行之法门："精藏"是把精神内藏涵养，"神守"是把心神守护住，"累释"是把牵累释放掉，"机忘"是把机巧都忘掉。

15

今人不会宴息，夜来不是昏睡，即是妄思魇寐。——《传习录·钱德洪录》

你会睡觉吗？这听上去是个愚蠢的问题。但在王阳明看来，很多人是不会睡觉的。晚上困得死去活来才睡，睡后又梦魇不断，这根本不是睡觉。不会睡觉的人，是白昼时心忙惯了，进入睡眠中，各种闲思杂虑仍在脑中不停转动，所以这种人根本不会睡觉。

不会睡觉，只是不会静；不会静者，动时表面上与他人无异，实际上却在妄动。

【度阴山曰】

快速入睡的方式有三种：物理法、化学法、心灵法。物理法是困上三四天，物极必反后肯定会快速入睡；化学法是在医生的指导下服用助眠药物，通过药物作用快速入睡；心灵法是通过睡前听轻音乐等方式，试图达到心灵的平静从而快速入睡。

当然，王阳明的方法是釜底抽薪的，也是最难的：去除人欲。人只有无欲无求，才能睡得安稳；但无欲无求非常难，你必须先求得所求，满足了欲望，才能有资格不欲不求。如此说来，这是个结。可既然是结，就一定能被打开，只要你能打开这个结，便会豁然开朗，一觉到天明。

16

君子之学，渊静而精专，用力于人所不知之地，以求夫自慊，故能笃实辉光，久而益宏，愈抑而愈不必可尽。——《半江先生文集叙》

君子行事，始终悄无声息；他们不张扬，也不敲锣打鼓，搞得尽人皆知。这并非他们的本意，如此行事，是因为他们觉得，只有在安静处才能感受到内心是否有亏欠。

修行的唯一目的只是让心安然，不会感到歉疚。长期静修，自然会心有所得，快活无边。

【度阴山曰】

"渊静"指的是如一潭深水般安静，"精专"指的是精纯专一。很多人都认为，王阳明只是在这里论述人心，其实，他既在讲人心，又在说客观环境。心要静，客观环境也必须静。

有一种静坐方式是在水中静坐，如果你有条件，可以试试。此方式能使人快速达到内外"渊静"而念头"精专"的境界。

17

不离日用常行内，直造先天未画前。——《别诸生》

圣学的真谛是让每个人都能内心宁静；圣学的修行不在深山老林，而在日常生活的琐事中。

王阳明认为，良知在先天八卦画就之前已经存在，是天然之物。先天八卦是圣学教科书，看似玄奥，其实只需做好身边的每件事，即可读懂它，因为先天八卦这个"知"和日常生活是合一的。

做事是动，先天八卦给我们的感悟是静，在日常生活中动静合一，即为静中体悟、事上磨炼。

【度阴山曰】

在你的书桌上放一张先天八卦图，每天盯着它看十分钟，把它看"转"起来。如此持续三个月后，你可耳聪目明，哪怕原先满脑子糨糊，都能被清扫干净。

注意，据说先天八卦图是伏羲所作，后天八卦图是周文王所作，摆放时不要搞混了。

第十章　事上磨炼

用兵有术否

有弟子问王阳明："用兵是不是有特定的技巧？"

王阳明回答："哪里有什么技巧，只是努力做学问，养得此心不动。如果非说有技巧，那此心不动便是唯一技巧。众人的智慧相差无几，胜负之决只在此心动与不动。"又举例说，之前和叛臣朱宸濠对战时，己方处于劣势，他向身边的人发布准备火攻的命令，那人却一动不动；他将命令重复了四次，那人才从茫然中回过神来。这种人就是平时做学问不到位，一面临紧急情况，就慌乱失措。那些急中生智者的智慧可不是从天外飞来的，而是平时做学问纯朴笃实的功劳。

一位弟子惊喜道："那我也能带兵打仗，因为我能不动心。"

王阳明笑道："不动心岂是轻易就能做到的？非要在平时有克制的能力，在自己的良知上全力用功，把自己锻炼成一个泰山压顶而色不变，麋鹿在眼前而目不转的人，才能不动心。"

若想关键时刻不动心，只在于平时的事上磨炼，炼一颗不计较得失、毁誉的心。

1

人须在事上磨炼，做功夫乃有益。若只好静，遇事便乱，终无长进。——《传习录·陈九川录》

阳明心学的两大修行方法，即"静中体悟"与"事上磨炼"。事上磨炼不是单纯地让你做各种各样的事，而是让你以良知去做各种各样的事。磨炼的过程其实是行良知的过程，越坚定地践行良知，所行之事就越符合天理；从而能做正确的事，并把事情做正确。所谓"好静"没有错，错的是以"好静"为主。"体悟"和"磨炼"是阳明心学修行的两个支点，缺一不可。

【度阴山曰】

事上磨炼，不是要磨那件事，正如石上磨刀并非要磨那块石头，而是要磨刀一样。"静"本是修心的方式，可只"静"而不克己容易走火入魔。所谓"克己"，是克制自己过度的私欲。人有太多的私欲，比如胜败心、荣辱心、得失心；而我们在事上磨炼，归根结底就是磨炼本心，使心不在得失等私欲上，而在事情上。如此反复磨炼，最终会达到王阳明所说的，心中全是光明而无任何得失的境界。

人无得失心时，万事百无一失。

2

澄在鸿胪寺仓居，忽家信至，言儿病危，澄心甚忧闷，不能堪。

先生曰："此时正宜用功。若此时放过，闲时讲学何用？人正要在此等时磨炼。父之爱子，自是至情，然天理亦自有个中和处，过即是私意。人于此处多认做天理当忧，则一向忧苦，不知已是'有所忧患，不得其正'。大抵'七情'所感，多只是过，少不及者，才过便非心之本体，必须调停适中始得。就如父母之丧，人子岂不欲一哭便死，方快于心？然却曰'毁不灭性'，非圣人强制之也，天理本体自有分限，不可过也。人但要识得心体，自然增减分毫不得。"——《传习录·陆澄录》

陆澄跟随王阳明在鸿胪寺居住，突然收到家书，说儿子病危，陆澄十分担心、郁闷，难以纾解。

王阳明说："此时正是用功的好时机，如果放过这个机会，平时讲学又有什么用呢？人就是要在这样的时刻多加磨炼。父亲爱儿子，自然是十分真切的感情，不过天理告诉我们应当适度，超过合适的度，这份感情就成了人欲。许多人在这种时候往往认为，按照天理，应当有所忧虑，于是就只知道忧愁痛苦，却不知道这样已经是'过度忧患，心绪不正'了。大致说来，人有七种感情，感情流露得太多即是过度，流露得太少则是不够，只要超过一点儿，就已不是心的本然状态了，所以必须通过调节，使心绪中正平和才可以。以子女哀悼父母的丧事为例，作为孝子，难道不想一下子哭死才能直抒悲痛之心？然而圣人说'哀伤不能害了性情'，这不是圣人要强人所难，只是天理的本来状态规定了一定的限度，不能超过。人只要能够认识心的本来状态，自然一丝一毫都不会有所增减。"

【度阴山曰】

这个故事包含如下内容：第一，越是艰难处，越是修心时，修心收效最高处，必在人情世故中；第二，人生在世，所有的事上磨炼，不过是在人情上磨炼，只要能把情感磨炼得恰到好处，也就是圣人了；第三，事上磨炼的最终目的是让与生俱来的情成为情感，而不是情绪。

3

> 昔人谓"三折肱为良医",区区非良医,盖尝"三折肱"者。——《与陆原静书》

"纸上得来终觉浅,绝知此事要躬行。"多次折断手臂的人可以成为好医生,"久病成医"是也。王阳明在对待实践和真理的关系上,主张"二合一","久病成医"理论用阳明心学的思想可以这样解读:实践不一定出真理,好比有人即使一生骨折三万次,仍然不会成为良医;若想实践出真理,必须有心。心即良知,也就是真知。只有拥有真知(良知)的人才会不局限于骨折的现象,而去琢磨骨折的原因、治疗方法等,才会良医。

【度阴山曰】

这个解释恰好符合王阳明让人去事上磨炼的思想:磨炼心而非磨炼事。有心人,经历一次骨折就能成为良医;无心人,经历一亿次骨折也成不了良医。

如何成为有心人呢?要找到自己的目标。找到目标后,你会对目标事物产生浓厚的兴趣;产生浓厚的兴趣后,你便能有意识地改变自己;当你有意识地去改变自己,你就成了有心人。

之所以无法改变自己,多半是因为还不够痛。如果你每次骨折都经历很大的痛苦,花费很多钱,那你自然会研究为什么骨折、如何避免骨折、如何治疗骨折等;能开始寻找这些问题的答案,便是有心人。

4

> 患难忧苦,莫非实学。——《寄希渊书》

传说周文王姬昌曾被商纣王囚禁而朝不保夕,所以精神极度紧张,写下卦辞和爻辞来提醒人们居安思危,并留下逢凶化吉的话术。王阳明也深得其三昧,提醒诸位时刻准备迎接患难忧苦的到来,而患难忧苦正是人修炼的大好时机,这就使我们想到那句话——"此时正宜用功"。

人在艰难困苦时更要磨炼本心，因为此时不磨炼本心就可能朝不保夕。患难忧苦不是真材实料的人生智慧，能靠强大的内心咬牙坚持到底，逢凶化吉，才是真材实料的人生智慧。

【度阴山曰】

以下三点，应当注意：

第一，尽可能不要让自己进入患难忧苦之境。

第二，如果进入了，先不要修心，而要快速找到脱离它的方法。

第三，如果找不到方法，那就磨炼内心——硬挺；挺过来才能获得实学。

5

> 簿书讼狱之间，无非实学。若离了事物为学，却是着空。——《传习录·陈九川录》

王阳明说，我的良知学说从百死千难中得来，不是你们轻易能领悟的。人能悟道要做到两点：第一，破掉得失心；第二，破掉生死观。王阳明在龙场做到了这两点，所以才能悟出良知的道理并运用自如。那么，我们若想精准地使用良知，是不是也需要经历一遍"百死千难"？

答案是——是，也不是。

说"是"，是因为在运用良知一事上，没有人比王阳明更出神入化、精妙绝伦，而他的这种能力当然是源于在患难中磨炼内心；我们若要无差错地使用良知，就要对于这种经历心摹手追。

说"不是"，是因为仔细想想，为什么要做王阳明那样的人，而不是做自己呢？自己的良知有自己光大的方法，自己的心也有自己磨炼的方式。

【度阴山曰】

对于常人来说，工作就是磨炼内心、光明良知的最重要、最容易获取的道场。人在工作中磨炼和在"百死千难"中磨炼，本质上没有区别。所谓不计得失，不过是把薪水放在工作态度后面而已；所谓生死观，不过是别把工作太当回事儿而已。

人人都说修行，可许多人都不知道工作即修行。常人一生中大部分时间都在工作，就是在事上磨炼，也是在修行。

6

> 若一向这里过来，忽然悔悟，亦自决烈；若不曾经过，不能谨守，一旦陷入里面，往往多不能出头。——《金陵答问》

不经历考验就难有突破，人生即是如此。王阳明曾说，有些人常称自己不饮酒、不好色，年老致仕后，偶然到娼妓处饮酒，无法自拔，将家中资产尽数给予，这就是年轻时没有经历过这种事，年老时便难以谨守品德。

人生多诱惑，避之不及；如果一味躲避，非但无利，反而有害。人面对无伤大雅的诱惑时，勇敢去经历才是修心之法；也只有在经历之后，我们才有资格悟其是非，才有能力为善去恶。这才是阳明心学要求事上磨炼的重点所在。

【度阴山曰】

世界上有两种人可能有高尚的品德：一种是穷人，另一种是经历丰富的人。贫穷而品行端正、作风优良的人到处都是，但这种人的端正品行可能很不稳定，稍有风吹草动就可能产生变化。而某人原本是品德不高尚的，但经历了众多沧桑风雨，便有可能做到真正的品行端正。

那么，我们该如何磨炼自己的品行？还是要看自身的条件。

7

> 居常无所见，惟当利害，经变故，遭屈辱，平时愤怒者到此能不愤怒，忧惶失措者到此能不忧惶失措，始是能有得力处，亦便是用力处。天下事虽万变，吾所以应之不出乎喜怒哀乐四者。——《与王纯甫书》

事上磨炼是磨炼心，所磨炼的心则是平常心。什么是平常心？所谓"春有百花秋有月，夏有凉风冬有雪。若无闲事挂心头，便是人间好时节"。如你所知，平常心说的就是，跟随当下情景即真理。虽说是平常心，但它不在平常时炼就，而在非常时获得。如王阳明所说，要做到遇见平常令人愤怒的事物而不愤怒，遇见平常令人焦虑的事物而不焦虑，这种训练方法才能造就平常心。

人必须和世界上强大的事物"迎头相撞"，才能知道自己有几斤几两。我们置身事外时，喜怒哀乐能够保持得恰到好处；可一遇事，喜怒哀乐就容易失了平衡。人们常说"事上见真章"，其实事上最能见的是人；只有与强大的事物、可怕的事物、高水准的事物相"碰撞"，才能知道"自己"是什么，而这个"自己"就是最真实的"我"。

强大的事物、可怕的事物、高水准的事物，可能是"南墙"，也可能是"黄河"。有人不撞南墙不回头，不到黄河心不死；也有人遇到南墙就绕路，听闻黄河就死心。最真实的你是什么模样，必须去撞"南墙"，必须到"黄河"边，才可知道。

【度阴山曰】

什么是强大的事物、可怕的事物、高水准的事物？其判断标准因人而异。有人认为被人盯着看就是最可怕的，而有人对于成为他人目光的焦点习以为常；有人觉得"富贵险中求"十分危险且不稳定，而有人认为风险中才有发财的机遇。要评价什么才是强大的事物，除了客观标准，还取决于面对它的人的情况。

当你和认知中最强大的事物"碰撞"时，无论这事物是金钱、权力、尊严还是其他，你的表现都会大大影响你的人生；而你的人生会有怎样的走向，就要看你是否能在这"碰撞"中克服困难，得到成长了。

8

贫汉作事大难，富人岂知之！——《与安之书》

王阳明说，富人根本不知道穷人做事的艰难。很多时候，人因为"未经他人苦"就站着说话不腰疼。比如消费一顿豪华大餐对于富豪来说很容易，对于收入普通的人来说却要再三思量。

【度阴山曰】

事上磨炼，炼的到底是什么？是对"没有调查，没有发言权"的理解，更是"未经他人苦，莫劝他人善"的同理心。

9

君子之学，务求在己而已。毁誉荣辱之来，非独不以动其心，且资之以为切磋砥砺之地。——《答友人书》

君子的学问，全来自自己的努力和检讨，外部的美好环境不是必需的。毁誉荣辱，人人面对时都会动心，因为它们对任何人而言都是毫无争议的毒物。正因为它们是毒物，所以我们才要置身于其中磨炼心志；当然，我们并非要把自己炼成最毒的毒物，而是要把自己炼得"百毒不侵"。

【度阴山曰】

刘备为什么能成功？因为脸皮厚。适当地使脸皮增厚，是一种无敌的"技能"。那么要如何做到呢？

第一，大多数人的脸皮都薄，因为在家庭和社会环境的影响下，我们大多时候需要看他人的脸色行事；那么，如果想让脸皮厚起来，就需要放弃之前的认知，少看他人脸色行事。

第二，很多人脸皮薄，有讨好型人格，是因为缺少对事情的掌控。尽可能地提升自己，加强对事物的掌控，扩大掌控事物的范围，在自己的地盘做主，才能做自己的主人。

第三，形成一种认知：别人的评价（无论正面还是反面），不会使你多一块儿肉，也不会使你少一块儿肉，所以，别太把评价当回事儿。

10

是知圣人遇此时，方有此事。只怕镜不明，不怕物来不能照。讲求事变，亦是照时事。——《传习录·陆澄录》

事上磨炼，不是主动去找事情，而是遇到一事，就真心实意地在这件事上磨炼自己。好比擦镜子要尽可能擦得光亮，事上磨炼也要尽可能磨去得失心、荣辱心；能做到这点，就能做到在面对千变万化的事情时直接明了其本质，轻易解决问题。

【度阴山曰】

炼心即擦镜，心明则镜明，而擦镜子的抹布正是那些人生中遇到的麻烦事。解决麻烦事好比对待抹布，你不用和抹布较劲儿，它就是垃圾，用完即扔。很多人都因喜欢和事较劲儿而焦虑，这和把抹布看得特别重要有什么分别？有多愚蠢！

11

莫道仙家全脱俗，三更日出亦闻鸡。——《游通天岩次邹谦之韵》

是人，就要在事上磨炼。只要在人间，不问世事就是谎言。我们的一切修行都离不开人间这个平台；事实上，真正的修行正藏在人间的琐事中。如果见不到这些琐事，那不是成仙了，而是死亡了。

【度阴山曰】

  大道在琐事中。无论对于怎样的人物，日常生活必是事上磨炼的最佳道场。在《答人问道》一诗中，王阳明说："饥来吃饭倦来眠，只此修行玄更玄。说与世人浑不信，却从身外觅神仙。"饿了吃饭、困了睡觉便是最有效的修行、最易实行的事上磨炼。

12

  又曰："如'素富贵行乎富贵，素患难行乎患难'，皆是'不器'。此惟养得心体正者能之。"——《传习录·陆澄录》

  身处荒蛮之地便做身处荒蛮之地该做的事，身处患难之时便做身处患难之时该做的事，无论在何种情况下都能恰当自处、适应环境，内心和环境能够做到完美融合，这就是"不器"。所谓"器"就是把自己困住，只能在一种环境中生存，换个环境就要死要活。我们不能做这样的人，即使做了，也做不长久。

【度阴山曰】

  如何做到"不器"？这需要我们在事上磨炼的过程中不去关注得失。比如告诉自己：我来时一无所有，去时肯定也一无所有；死后有人给我烧再多的纸钱，那也已经与我无关了。

  有这样的心态，就能很容易地说服自己：天地如逆旅，你我皆过客。既然是过客，哪里都可以。

13

  经一蹶者长一智，今日之失，未必不为后日之得，但已落第二义。须从第一义上着力，一真一切真。——《与薛尚谦书》

失败是成功之母，这话是正确的，但只是部分正确。你自己的失败是成功之母，别人的失败如果能被你总结吸收，同样可以成为你成功的养分。如果能从别人的失败中总结出成功的经验，那自己就没必要"亲自"失败。

事上磨炼当然是磨炼自己，但所磨炼的内容，却不一定要从自己这里出。人的一生很短暂，失败的次数过多，不一定会让人更强大，也有可能让人萎靡不振。

【度阴山曰】

"第一义"即良知，以良知指引自己去事上磨炼，同时从别人的失败中吸取教训，这才是正道；秉承此道，一切顺利。

14

天将降大任于是人，必先违其所乐而投之于其所不欲，所以衡心拂虑而增其所不能。——《别三子序》

若想成就自己喜欢的事业，大多时候要先做自己不喜欢的事。只有把不喜欢的事做成，才有可能在喜欢的事上做出更大的成绩。注意，对于不喜欢的事，用力即可，不必非要做好，只需要做成；而对于喜欢的事，必须用心，只有用心，力量才无穷无尽，所做的事非但能成，而且能顺利地成。

【度阴山曰】

我们要知道，苦比乐多即人生。倘若不能忍受苦，从苦中跳出，那就很难有之后的乐。得以在能让你乐的事上乐，是因为你已经在苦的事上苦。事上磨炼，是在苦中炼乐，而后能在乐中有乐。

15

> 君子穷达，一听于天，但既业举子，便须入场，亦人事宜尔。若期在必得，以自窘辱，则大惑矣。——《示徐曰仁应试》

人来到世界上，好比考生进入考场；没有人会无缘无故地来，这就如同李白所说的"天生我材必有用"。既然已经来到世间，那就好好做事，好好修行，尽心经营自己的人生。考生进入考场，一心想着金榜题名、取得荣华富贵，正如人到世上，发誓要名垂千古一样，常常因为有了执念而失去了初心和快乐，最后也难以成事。

【度阴山曰】

以此方式来磨你的得失心：当你买了一样东西或者是新得到了一样东西时，告诉自己：必须丢弃你原本拥有的一样东西！这种方式，就是磨掉得失心最好的方法。

得失心，需要人用一辈子去磨，什么时候磨尽，什么时候才能真正享受到人生的美好。

16

> 要在深信弗疑，力田而不顾，乃克有成耳。——《答以乘宪副书》

几乎没有一件事是我们普通人能轻易做成的。哪怕是呼吸这样的简单动作，也要身体的全部零件密切配合才能完成。所以成功路上，人必定会遇到无数曲折困难。

【度阴山曰】

我们能做到的是，良知若认准一件事，就要对这一判定坚持到底。面对非难和质疑，最要紧的是对自己的良知笃信不疑，把耳朵遮起来，不去听他人的非议，如此才能有所成。事上磨炼，就是让自己心中、眼中只有自己做的事，除此之外，什么都没有。

17

是故有随波而逝者也，而后有中流之砥柱；有随风而靡者也，而后有疾风之劲草；是故有触之必碎，犯之必焦者也，而后有烈火之真金。——《士穷见节义论》

成为哪一种人，更多的是事上磨炼的结果。

你不能指望所有人面对危境时，都能从心底里喷涌出浩然正气。这个世界上既有勇于担当、敢于逆行的英雄豪杰，又有随波逐流、趋利避害的庸人。做哪一种人，不单是个人选择的问题，更多的是事上磨炼的结果。

你是能够留在筛子里，成为英雄豪杰，还是被筛出筛子外，成为庸人，取决于平时对心的锻炼。心大者留下，心小者被筛出。

但要明白的是，人能磨炼出一颗强大的心，并非证明其本身多么厉害，因为其中必然有各种机缘巧合；如果磨炼不出强大的心，也不要懊恼、气馁，因为我们来到世界上，在事上磨炼的主要目的不是经历苦难。

【度阴山曰】

有两块木头，一块做了门槛，另一块做了木佛。门槛对木佛说："同样是木头，为啥我被万人踩踏，你却受千人膜拜？"

木佛说："我经受了无数次刀砍斧劈才受此殊荣，可谓受尽千刀，而你只受了两三刀，这就是你我区别的原因。"

砧板在一旁说："那我呢?!"

的确，砧板也受尽千刀，为什么没有如木佛那样受人膜拜？

这说明了一个很重要的道理：受磨难不一定成功。所以王阳明让人在事上磨炼，并非一定要在苦难中磨炼，是万不得已才去苦难上磨炼，因为只要用日常生活中的小事磨炼自己的得失心、荣辱心、意志力，这就足够了，也精准符合事上磨炼理论的精髓。

18

何处非道，何处非学，岂必山林中耶？——《与黄诚甫书》

修行分为两种：一种是"装"修，表面功夫做得精美绝伦，深山古寺，熏香品茶，低眉垂目谈心性；另一种是"真"修，居于闹市，此心不动。

"装"修和"真"修，一个看似静，一个看似闹，其实正如王阳明所说，越是宁静越不得宁静，在闹中宁静，才算真宁静。

【度阴山曰】

真正的道存在于日常的生活和工作中，真正的学也如此。那些非要钻进深山老林找静处修行的人，大多根本不知"道"为何物，也不知如何经营人生。山林中静养可以，山中修行却是南辕北辙。人必须入世，在世事上磨炼自己，才是真修行。这是由人的本质所决定的，人的社会是自然演进的产物，离开社会，跑进大自然，这是退步，不是现代人真正的修行之法。

第十一章　自尊无畏

争座为何

1519年，王阳明在活捉了叛乱的宁王朱宸濠立下大功后，非但没有得到重赏，反而因此被皇帝身边的佞臣江彬等人忌恨。

江彬等人到达江西后，在设宴时想让王阳明坐在次席。王阳明到宴席后，假装不明白他们的意思，直接坐在上首，让他人移坐其他位置。江彬等人立即出言不逊，王阳明只是平心静气地和他们打机锋，旁人也跟着劝和，宴席才得以继续下去。

事后，有弟子问王阳明："您平时很懂得礼让，也很能看清这些争权夺利之事，今天怎么如此反常地争斗呢？"

王阳明回答："这不是争，这是自尊无畏。他们故意贬低我，如果我不争，以后靠什么和他们斗呢？"

人要先能尊重自己，然后才能无所畏惧地与坏人斗！

1

> 是非之心，不虑而知，不学而能，所谓良知也。——《传习录·答聂文蔚》

良知不但能判定是非，而且其本身就是个是非之心。这种心，不需要思虑，也不需要后天学习，它与生俱来，人人皆有。

什么是"是"，什么是"非"，人们大多是清楚的。今天社会公德的要求，如不允许破坏公物，不得随地吐痰，不得在公众场合大声喧哗及吸烟等都属于"是"，因为这些要求符合大多数人内心深处良知对"善"的判定。而在中国古代，对公德的要求少，对私德的要求多。孝、忠、敬、信，这都是对私德的要求；有关它们的是非，必须靠良知来判定。

在王阳明看来，全部私德，不需要考虑，也用不着学习，是人天生就具备的，即人天生就有明辨是非的能力。见到父母自然行孝顺之举这一现象，背后的主导即良知。

【度阴山曰】

在进化历程中，人类已经把两种本能——"食""色"——进化得相当完善。"食"是生存的本能，"色"是繁衍的本能，即是说，我们来到世上，不需要任何学习，便能生存和繁衍。

有生存和繁衍的本能，绝大多数人都能生存下去，但我们的其他进化本能被迅速发展的生产力弱化了。远古时代,人类自然就知道去大自然中寻找各种食物果腹,却不能生下来就有做面包的能力。人类学会使用火、发明文字后,进化得过于迅速,很多技能还没有进化成本能,这一进化过程便被人类自己的智慧扼杀了。

于是,人类要接受除了食、色之外的各种后天教育。从阳明心学的角度来看,我们本来不需要接受后天教育,就有在生存和繁衍方面明辨是非的能力,但我们想要活得更多姿多彩,于是,各种教育层出不穷,我们被不停地教育,被各种观点"轰炸"大脑。

其实,人之所以能被称为"万物之灵",不过是因为有与生俱来的良知,这使得人类在生灵中拥有绝对的自尊。只要知道人心中有个伟大的良知,每个人在同类中也享有自尊。

2

> 良知只是个是非之心,是非只是个好恶,只好恶就尽了是非,只是非就尽了万事万变。——《传习录·钱德洪录》

什么是"是",什么又是"非"?大多数人喜欢的就是"是",大多数人厌恶的就是"非"。所以,是非是普罗大众的爱憎,只要搞明白这点,就能穷尽万事万变。比如大多数人喜欢生命,有活着的权利,所以大多时候,剥夺他人生命就是"非",拯救他人生命就是"是",这就是良知的一种。

唐朝时,武则天的侄子武三思曾说过这样一段话:"我不知代间何者谓之善人,何者谓之恶人;但于我善者则为善人,于我恶者则为恶人耳。"其大意是"我不知这个世界上什么是善人,什么是恶人;我只知道对我好的就是善人,对我不好的就是恶人"。

大多数人一听就知道,这种论调是错的。可错在哪里呢?

如果认为对自己好的就是善人,对自己不好的就是恶人,这就是把评判善恶的标准交给了别人,失去了判断是非的自主权。王阳明说,"循理便是善,动气便是恶"。也就是说,人遵循内心被称为天理的情感,就是善;若动气,则有了情绪，过于放纵情绪就难以为善。

情感是善，情绪易成恶。情感是人类最基本的正面感情，它往往同时站在我们自己和他人的角度考虑问题；情绪则容易使人只站在自身的角度考虑问题，变得狭隘。尽管武三思的论断和王阳明的善恶"只在汝心"理论极其相似，但武三思的判断不是出于情感，而是出于情绪。所以我们很容易就能看出他的结论是值得商榷的。

【度阴山曰】

人类世界中，判定万事万物最有效、最简单的标准只有两个字：是非。

如何判定一个事物的是非？其依据是我们的好恶。比如岳飞是"是"的，秦桧是"非"的，即是说，我们喜欢岳飞，不喜欢秦桧。为何喜欢岳飞而不喜欢秦桧？直觉性的回答是，岳飞做的事是对的，秦桧把做正确事情的人杀了，那他就是错的。

那问题又来了，凭什么说岳飞做的事就是对的呢？因为他的作为符合了当时宋人的期望。岳飞建功立业之时，也正是宋金矛盾激烈之时，宋人迫切需要一个站出来的人，无论帅不帅，无论是否有恶习，只要能抗金，那他就是"是"的。

人们心中的期望，可称为"立场"。什么是立场？立场即好恶。熊猫喜欢吃竹子，熊猫的立场便是"竹子好吃"；老虎喜欢吃肉，不喜欢吃竹子，老虎的立场便是"竹子不好吃"。

至此，我们推断出了"是非"的标准：行为符合某一群体的立场，能被此群体中的人喜欢，即是对于此群体的"是"；行为不符合某一群体的立场，被此群体中的人厌恶，即是对于此群体的"非"。

那么，人为什么必须具备尊严（尊严神圣不能受侵犯，一旦受侵犯就要反击）？理由是，我们每个人都有判定是非善恶的良知，它能让我们自尊无畏，也是它让我们有本事整理这个世界——天理在人心中。

3

良知即是独知时，此知之外更无知。——《答人问良知二首》

良知之外还有没有知？王阳明给出的答案是"没有"。

凡是不经良知检测的知，都不是知。良知是独知，只有自己知道；当人做了违背良知的事时，即使不会被他人惩罚，也会被其自身的良知惩罚。良知不是能分高下的知识，而是一种对事物的价值判断——它是善还是恶？良知不会告诉你如何制造武器，但它能告诉你，武器如何使用是善，如何使用是恶。

所以，抛却良知的"知"，就抛却了善恶，在王阳明的理论中，它不可能是真知。

【度阴山曰】

独知和慎独接近，又不完全等同。慎独有对所做的错事反思、改正之意；独知是放弃身体感官对外物的感受，回到内心，探索、聆听内心的意志。据此可知，"独知"不但包括空间上的独处，也包括心未与外物接触时内在的意志、意念。

你所拥有的意志、意念，便是你力量的全部源泉。人的意志使意念集中，集中的意念使意志坚强；坚持锻炼这一循环，便会形成超人的感知，从而能够从人群中脱颖而出。这也是人有良知，便能"自尊无畏"的原因之一。

4

能戒慎恐惧者，是良知也。——《传习录·答陆原静书》

"薛定谔的猫"告诉我们，如果把一只猫关进一个不透明的箱子中，在箱子中放置致死率为50%的机关：不打开箱子时，猫处于既死又活的叠加状态；只有打开箱子，猫的状态才能被固定在死亡或存活上。某种程度上，这是一个有关观察的实验。

戒慎恐惧，意为人在独处时也要心存敬畏，不可乱来。人独处时最易放松，因为任何事物在意识到自己不被观察时，呈现的正是自由的"真我"；一旦事物意识到自己正被观察，它便会发生改变。

【度阴山曰】

阳明心学认为，人或物意识到自己被观察，便会产生改变，所以人在独处时的行为和人处于群体中时的行为不可能完全相同。良知能够提醒我们保持无善无恶的状态，在意识到被观察时也尽可能地不背离"真我"。

你需要反复训练，让自己不要活在别人的评价中。若能达成这一目标，便能做到表里如一，这就成圣人了。

5

> 良知犹主人翁，私欲犹豪奴悍婢。主人翁沉疴在床，奴婢便敢擅作威福……若主人翁服药治病，渐渐痊可，略知检束，奴婢亦自渐听指挥。——《传习录拾遗》

良知是主人，私欲是奴婢。正常情况下，良知掌控私欲，可有时候，私欲会反奴为主。注意，王阳明认为私欲不必须尽数除去，只要在良知掌控下，私欲循规蹈矩，这是正常之事。不要一遇到私欲，就将其打上"禁止"的标志；若没了奴婢，主人便也不复存在了。良知与私欲是互相依凭的，它们的关系并非你死我活，而是互相成全。

王阳明和朱熹的不同处之一在于对私欲的态度：朱熹认为，良知应对私欲斩草除根；王阳明则认为，正因为存在私欲，良知才有机会在事上磨炼光明。

【度阴山曰】

以良知来控制人欲，是达成"自尊无畏"的方法之一。其方式很简单，比如在吃饭时，吃到七分饱是天理，吃到十分饱已是转向人欲的临界值，吃得越多，便是人欲。我们可以在大多时候让自己吃到七分饱，偶尔吃到十分饱，遇到特别好吃的食物，也可以再多吃一些，只要不是经常性的，不要撑破肚皮，这便是做到了以良知控制人欲。

6

问："知止者，知至善只在吾心，元不在外也，而后志定？"曰："然。"——《传习录·陆澄录》

所谓"至善"，包含了人应尽的责任：对于父母，人应尽的责任是孝顺；对于朋友，人应尽的责任是诚信；对于爱人，人应尽的责任是爱与尊重。孝顺、诚信、爱与尊重以及其他种种"至善"，它们本在人心之中。

若明白在心中自有处理人生中全部关系的武器，你便没有自卑的可能，你会挺直腰杆，自尊自信地做一切想做的事。

【度阴山曰】

如何拥有自信？

第一，尽到你该尽的全部责任。你是父母，就尽到养育儿女的责任；你是儿女，就尽到孝顺父母的责任。

第二，认真想想你与他人不同的地方，思考你有什么地方是独一无二的，并把答案写下来——比如有十一个指头、五岁才会讲话等，这都是独一无二的。

第三，不要和别人比较。如果非要比较，就找那些不如你的去比较，千万不要和比你强的人比较。

7

公之才如干将、莫邪，随其所试，皆迎刃而解；公之志如长川逝河，信其所趣，虽百折不回；公之节如坚松古柏，必岁寒而后见；公之学如深林邃谷，必穷探而始知。——《祭吴东湖文》

卓越之人都具备四个要素：凡所遇到问题，都可以使之迎刃而解的才能；如同连绵不断的河流，凡所喜好的都坚信不疑，即使遇到百般磨难也不放弃的志向；如同坚松古柏，必定在艰险情形下才能显露出的气节；如同深林中幽深的山谷，必要穷尽探究才能知晓的学问。

才能、志向、气节、学问四者兼备，是为自尊无畏、卓越之人！

【度阴山曰】

如何具备上述四点？

才能：如果不能独立解决问题，那请提高你的情商，因为"一个好汉三个帮，一个篱笆三个桩"，一个好汉能成就另一个好汉。

志向：立志以恰到好处的方式来做任何事。

气节：不能对人高高在上，更不能对人低三下四。仰人鼻息地活着，不如不活。

学问：各个时期的学问大有不同，要学习符合时代需要的学问——真学问。

8

惟命之从而不以道，是妾妇之顺，非所以为恭也。——《龙场生问答》

什么是善，什么是恶？只知道唯命是从，却不讲道义，不过是不动脑地顺从；表面看来是恭敬的善，其实是最大的恶。王阳明说"有善有恶"意思是做一件善事，做过了头，善事便成了恶事。

无论是面对权威还是面对真理，人都应该具备无所畏惧的怀疑精神。

【度阴山曰】

所谓"过了头"，不过是没有坚持遵循天理。比如应当敬爱老师，但必须更爱真理：如果从老师口中出来的是真理，那敬爱老师即爱真理；如果从老师口中出来的是人欲，那敬爱老师这件事便是恶了。

9

吾今日视义当为，事之成败，身之祸福，不计也。——《平宁藩事略》

一件事，如果符合心中的正义，那别无他路，只管义无反顾地去做。没有勇气去做，是懦弱；有勇气去做，却考虑成败祸福，则是利己。利己主义者拿着一个算盘，遇到任何事，必须把算盘拨得"噼啪"响，成败祸福、利害得失，全要计算一遍。

人执着于计算利害得失，则和良知水火不容；和良知水火不容，即不能致良知。知道这一点，就知道了致良知的心法。

【度阴山曰】

如何做到不计较？

第一，明白"命运馈赠的礼物，早已暗中标好了价格"。凡是计较得来的东西，一定会让你付出代价。

第二，当你斤斤计较时，去附近医院的急诊科，看一看人间疾苦，你就懂得了，无论如何计较，人都计较不过死亡，在生死面前，过于计较是没有意义的。

第三，闲时读一读中国历史，看几百年几千年转瞬而过，无数人生不带来死不带去，还计较什么呢？

一旦不再计较绝大多数无关生死的事，你在别人眼中就有了气场。这气场，便是你的自尊无畏。

10

君子与小人居，决无苟同之理，不幸势穷理极而为彼所中伤，则安之而已。——《与胡伯忠书》

在日常生活中，你总会遇到那些搬弄是非、时刻想给你找麻烦的人，这种人就可以称为小人。小人总是攻击你，你无须愤怒，因为小人和君子势不两立，小人攻击你，正好证明了你是君子。明白了这个道理，在遇到小人攻击时，就该心平气和，因为小人攻击君子是天理。认同"万物一体"不是要人做乡愿，而是要人分清是非。

【度阴山曰】

王阳明曾问过弟子们一个问题："为什么自我平定宸濠之乱后，攻击我的人层出不穷？"

有弟子说，这是因为先生立下奇功，很多人都嫉妒先生，因妒生恨。还有弟子说，这是因为自那之后，先生学说的影响力已如泛滥的黄河，一发不可收，而其他学派的门徒自然要站出来反抗让他们耳目一新的学说。更有弟子说，先生立下了大功勋，尊崇先生的人越来越多，那么自然而然地，那些排挤、阻扰先生的人也越来越卖力。

王阳明说："诸位的话有道理，但并没有说到根本。最根本的原因应该是这样的：未发现良知妙用之前，我对人、对事还有点儿乡愿的意思，也就是为了照顾某些人的情绪、面子，为了不得罪人、逃避冲突，经常言行不符，这是我心中的大贼；自我确信良知的真是真非后，就发现只要按照良知的指引去为人处世，其他一概不管，心情就非常愉快，由此养成了'狂者'的胸襟。即便全天下人都认为我言行不符也毫无关系。这就是自信，而真正的自信就是相信自己的良知！良知告诉你什么时候该做什么事，那就去做，不必顾虑，不必计较。"

11

> 君不见东家老翁防虎患，虎夜入室衔其头。西家儿童不识虎，执竿驱虎如驱牛。痴人惩噎遂废食，愚者畏溺先自投。人生达命自洒落，忧谗避毁徒啾啾。——《啾啾吟》

无知者才能无所畏惧，此处的知是知识，不是良知。

按阳明心学的理论，不知道善恶，才没有伪善、行恶的机会，正如不知道老虎吃人，才没有恐惧的机会。

王阳明说，东边的老翁日夜防备老虎，可是老虎半夜入室叼走了他的头。西边的儿童不认识老虎，用竹竿驱逐老虎好像赶牛。愚痴的人担心噎住而不肯吃饭，蠢笨的人害怕溺水就先投水自尽。人生知命，贵在洒脱自在。

什么是洒脱自在？其实就是无善无恶。知道该知道的，不知道不该知道的，即是洒脱。

【度阴山曰】

人能遇事无所畏惧，有两种原因：第一种是成竹在胸，事情发生前已对其有充分的了解，并做好了充分的准备；第二种是无知，全然不知即将面临怎样的困难，只知道先做起来。

遇事多能成竹在胸的人很少（不然我们就不会佩服那些冒险家了），无知无畏的人却很多。如何理解这句话？——对于未来遇到的困难，人是无知的，正因如此，人才会无所畏惧地向前冲。

对于大多数人来说，固然可以在做事前了解所做事情的难度，但这种了解能少则少，否则会把自己吓坏。我们要做的，不是知道事情有多难，而是立即行动起来，边走边看。

另外，如果失败了，尽量从客观条件上找问题，这样，才不会气馁，继续奋斗。记住这样一句话：大家都是人，别人能做到的，你也能做到。

12

毁谤自外来的，虽圣人如何免得？人只贵于自修，若自己实实落落是个圣贤，纵然人都毁他，也说他不着，却若浮云掩日，如何损得日的光明？若自己是个象恭色庄、不坚不介的，纵然没一个人说他，他的恶愿终须一日发露。所以孟子说"有求全之毁，有不虞之誉"。毁誉在外的，安能避得？只要自修何如尔！——《传习录·黄省曾录》

王阳明总说心外无物，一切物皆在心中，唯独对两件事物不做这样的判断：一个是生死观；另一个就是毁谤，他认为很难搞定。据此可知，毁谤之所以很难处理，只是因为它不受我们的心控制。孔子那样的圣贤尚且受到铺天盖地的毁谤，何况我们呢！越超脱平凡，受到毁谤的概率越高。

那么，我们是不是对毁谤无计可施？

【度阴山曰】

王阳明解决此问题的出发点仍然是"心外无物"。他说，若你被毁谤击溃，就证明你平时内心有在意毁谤的火苗儿生长；这个火苗儿，就是因为做了坏事，或是因为过于计较得失、名利等身外之物而形成的心理隐患。这些心理隐患平时无足轻重，一旦受到外界的扰动就会立即发作。

据此可知，我们对待毁谤没有立竿见影的办法。只有平时注重自修，去事上磨炼自己对毁谤的漠然态度，才有战胜毁谤的可能。

13

> 君子之事，敬德修业而已。虽位天地、育万物，皆己进德之事，故德业之外无他事功矣。——《祭朱守忠文》

重视、敬重自己的道德，不要亵渎它，建设自己心中向往的事业，这是人生中唯一要做的事，此外都是小事。

我以为，其实对于人来说，除了生死，都是小事。若想勘破生死，只有一条路可以走：敬德修业。

【度阴山曰】

必须敬畏心中的道德，认真对待你的社会责任。

王阳明让人在事上磨炼，不过是让人敬德修业，成为一个德才兼备的人。除此之外，并非没有其他事，只是相比于成为德才兼备的人，其他事不是圣贤的首要追求。要做圣贤，你在事上磨炼的内容必须向这一事靠拢。

14

> 每日闲坐时，众方嚣然，我独渊默，中心融融，自有真乐，盖出乎尘垢之外而与造物者游。——《示徐曰仁应试》

静是什么？静，就是众人贪婪时，我仍谨慎；静，就是尘世喧嚣时，我仍静默。静中有真乐，是一种内心圆融的喜乐。

静不能生发智慧，静本身即智慧。

【度阴山曰】

如果你不知道做什么，那么和大多数人反着行事，便是正路。

15

> 大抵人非至圣，其心不能无所系著。不于正，必于邪；不于道德功业，必于声色货利，故必先端所趣向，此吾向时立志之说也。——《寄诸弟书》

凡是伟大的思想家，其思想绝不会"和稀泥"，而必"走极端"。

曾国藩说，不为圣贤便为恶，优秀的人没有第二条路可选。因为人如果做不了圣贤，便可能滑落到恶中去；此两类之中，人只能择其一，"骑墙派"是不存在的。

【度阴山曰】

作恶不需要王阳明所说的立志，因为他认同立志只是做圣贤，其学说的泼辣之处正在于此：不给你选择，只有一条圣贤路，一条自尊无畏之路。如果你觉得自己有选择的余地，那你需要审视自己是否已走入王阳明所说的"邪门歪道"。

16

> 凡看书，培养自家心体。他说得不好处，我这里用得着，俱是益。只要此志真切。——《传习录拾遗》

为善的志向如果坚定不移，人接收到的全部信息都能在坚定志向的参与下变成对志向有利的信息。见到桌子上有半杯水，某人如果没有为善的志向，会觉得这是别人留下的半杯水；若有为善的志向，就会觉得那是有人刚为其倒好的半杯水。

很多人总是受制于客观事物的影响，无非是心中没有重新塑造客观事物的"武器"。为善的志向则是最厉害的武器。

【度阴山曰】

塑造客观事物的武器之一是乐观。

乐观的本质是允许一切发生，并且"自作多情"地认定：一切事，无论看上去多么有害，其实都是于我有益的。只要能如此认定，便能把所有客观事物都变成你主观世界中的"游乐园"。人在自己的游乐园中游玩，最为自尊无畏，最体现本质。

17

> 从来尼父欲无言，须信无言已跃然。悟到鸢鱼飞跃处，工夫原不在陈编。——《次栾子仁韵送别四首》其一

孔子向来不愿意说话，他所说的道理即使不以语言解释也生动活泼；体悟了鸢飞鱼跃（万物各得其所）的境界时，自然会发现，原来修行的功夫不全在"死读书"，也在于自己的体悟。

一个人看到鸢飞鱼跃，可能会欣喜地惊叹；独处静坐时，此人再想起鸢飞鱼跃的情景，便可能感慨于人生境界，莫过如此。

所以，行动使人有成绩，安静让人有境界。

【度阴山曰】

虽说人生境界不全从书中体悟得来，但要有所体悟，必须以书为阶梯。哪些书可以成为你体悟人生最高境界的阶梯呢？推荐以下五本，仅供参考：《传习录》《道德经》《庄子》《史记》《知行合一王阳明（1472—1529）》。

18

人生贵自得，外慕非所臧。——《梧桐江用韵》

"人生贵自得"，是鼓励加强身心自有的东西。比如天理，它跟随我们来到世间，藏于我们心中，我们只需要按照它说的来做事，因为它于我们无害。

求外物来满足自己，和多长一条腿、一颗头颅有什么区别？什么是向外求？就是羡慕别人，讨厌自己。

【度阴山曰】

为什么会羡慕别人？当无法对现状感到幸福时，便会羡慕别人。

那么，如何摆脱羡慕他人的心疾？

第一，意识到任何人都有个极限圈，这个圈外的事物都不是人能完全理解并控制的。有一个故事是这样的——河的此岸叹息道："我相信，一切欢乐都在对岸。"河的彼岸也叹息道："唉，也许，幸福尽在对岸。"又比如某人在饭店后厨工作，很羡慕在办公室工作的人，因为后者不用做大量的体力活儿，也不用闻呛人的油烟味；可此人怎么知道，在办公室工作的人没有羡慕他呢？所以可以这样想：你羡慕别人时，别人也在羡慕你。

第二，适当放过自己。要学会欣赏自己所拥有的、自己能做到的事，别总盯着他人所拥有的、他人能做到的事。

第三，学会"自得"。所谓自得，便是自尊无畏。

第十二章　无我之境

"我"在哪里

有弟子问王阳明："有'真吾者'吗？"

王阳明回答："又有又无。"

弟子问："这是什么意思呢？"

王阳明问："你的鼻子在哪里？"弟子便指向自己的鼻子。

王阳明又问："你的耳朵在哪里？"弟子便指向自己的耳朵。

王阳明又问了几个器官的位置，弟子都能精准地指出。

最后，王阳明问弟子："你在哪里？"

弟子十分茫然。他知道"自己"在这里，但指不出来。

王阳明告诉他："这就是'我'——又有又无。"

1

夫吾之所谓真吾者，良知之谓也。——《从吾道人记》

"我"与"真我"的关系是怎样的？"我"是人脑计算的产物，而人在计算时，一定有立场，所以"我"是有立场的"真我"，那么"真我"便是没有立场的"我"。"真我"没有烦冗的算计，是一种特别松弛的状态，不受外界任何事物的干扰，只凭自主意愿进行运动。遵循良知就是这种状态。

绝大多数时候，"真我"是理想中的存在，很少有人能够持续地展现"真我"，因为"真我"一旦被观察就会发生改变。所以每个人只能尽量营造贴近"真我"的环境。

【度阴山曰】

如何找到"真我"？

第一，思考你最想做的三件事是什么，请写下来。

第二，思考你最想成为的三个历史名人，请写下来。

第三，思考你最想帮助的三个人，请写下来。

第四，思考无聊时，你最想谁出现在身边，请写下来。

这四个被写下来的答案，就是你的"真我"。

2

又问:"今人有不知学问者,尽能履险不惧,是亦可与行师否?"先生曰:"人之性气刚者亦能履险不惧,但其心必待强持而后能,即强持便是本体之蔽,便不能宰割庶事。孟施舍之所谓守气者也。若人真肯在良知上用功,时时精明,不蔽于欲,自能临事不动。不动真体,自能应变无言。此曾子之所谓守约,自反而缩,虽千万人吾往者也。"——《征宸濠反间遗事》

有人问:"现在也有那种不懂学问,但是能不害怕险境的人,是不是也可以让他上战场?"王阳明回答:"性情、脾气比较刚猛的人,是能做到身临险境却不害怕的,但他需要刻意要求自己勇敢才能达到那种境界;刻意要求自己,就会遮蔽良知本体的作用,就不能在战场上很好地处理事情。这也是孟施舍那种'守气'之勇。如果人真的能在良知上下功夫,时时刻刻让内心精粹明亮,不被私欲蒙蔽,自然就可以在遇到事情时不受多余的干扰。不让心中的良知本体受干扰,就可以自然而然地顺应外界的各种变化。这就是曾子那种'守约'之勇,通过自我反省,确定没有违背内心良知的话,纵然面对千军万马也能够勇往直前。"

【度阴山曰】

面对险境有两种勇气:"守气"之勇是刻意激发自身的勇气;"守约"之勇则是通过光大良知,让自己的内心坦荡,从而产生可以应对多变情况的勇气。守气之勇和守约之勇好像都是良知,也好像都是心中贼,这就看你自己怎么定义。不过无论采用哪种勇气,见义勇为至少比"见义不为"光明万倍。

3

今日"养生以清心寡欲为要",只"养生"二字,便是自私自利、将迎意必之根。——《答陆原静书·又》

王阳明认为，"养生"这两个字本身就包含了自私自利、有意安排、刻意思索的病根。养生肯定是先养身、养躯壳，而阳明心学中，肉体存在的意义只是承载灵魂；应该关注的是灵魂，绝不是囚禁灵魂的笼子——肉体；凡是关注笼子的人，不但自私自利，还将陷入主观臆测的执着中，因为其看不到人最重要的到底是什么。

人人都知道，身心不可分，但阳明心学的一元论（身心合一）决定了人不能身心兼顾，必须坚决选择一个；王阳明选择重视"心"，对于重视身体的思想进行严厉的讨伐。其实，养身是正确的，可千万别过度。一旦过度重视身体，便会为了一点儿病痛去做违背心的事，这才是王阳明惧怕的，因为这过于"有我"！

【度阴山曰】

成吉思汗曾问道士丘处机："怎样做才能长生？"

丘处机答："清心寡欲为要。"

成吉思汗很是疑惑地问："清心寡欲就能长生？怎么个清心寡欲法儿？"

丘处机告诉成吉思汗："要想长生，别过度养生。"

蔡崇达在《皮囊》里说："肉体是拿来用的，不是拿来伺候的。"我们总是在谈养生，但很多时候，人们在过度养生。

什么是过度养生？首先是心态上有问题：把养生当成延续生命唯一的方法。可老子早就说过："出生入死，生之徒十有三，死之徒十有三，人之生、动之死地亦十有三，夫何故？以其生生之厚。"——世上有种种生活方式，其中三成可让人生，又有三成可让人死，再有三成是为了生存而上下求索，最终却置人于死地的方式。即是说，有时过于重视养生，反而对自己不利。

其次是方法上有问题：一旦有了过度养生的心态，许多人就非常关注养生，并把本应该属于副业的养生变成了自己的职业。从"养生新手"升级为"养生专家"，过度关注自己的身体变化，对待自己的身体极其谨小慎微，反而适得其反。

4

> 你口不能说，你耳不能听，省了多少闲是非，省了多少闲烦恼，你比别人到快活自在了许多。——《谕泰和杨茂》

人世间的全部是非，皆从我们的感官进入内心，而由意念塑造成形。口、耳如此，其他感官同样如此。倘若只停留在感官享受上，看一切美色，听一切美声，尝一切美食，之后则关闭眼睛、耳朵和嘴巴，拒绝多余的信息进入内心，那我们的心注定毫无波澜。能做到这点，也就做到了"无我"：不给"我"留下任何回味的机会。

杨茂是个听障人士人，被上天强行关闭了口耳，虽然没了烦恼，却也没了很多乐趣。但他得到了最大的乐趣——"无我"。当把感官的开关拨到关闭档时，我们就没有了"我"，而进入了"无我"之境。

【度阴山曰】

现代人可以用以下方法尝试进入"无我"之境：

第一，试着把手机关闭三天。

第二，试着三天不听任何声音。

第三，试着三天不看五颜六色的东西。

5

> 人于生死念头，本从生身命根上带来，故不易去。若于此处见得破，透得过，此心全体方是流行无碍，方是尽性至命之学。——《传习录·钱德洪录》

这段话是王阳明的自我检讨，也是作为人类的反思。对死亡感到恐惧，这是人刻在基因中的情感。怕死，是人心之贼，也是人之常情。我们唯一能做的只是好好活着，让怕死的情绪尽可能地淡化。但要明白的是，只要人活着，终究要敬畏死亡，这是人类对未知的最大敬意。

【度阴山曰】

如何端正对生死的态度？

第一，老子说："吾所以有大患者，为吾有身，及吾无身，吾有何患？"之所以心上有大患，是因为你过于注重自身性命，如果不注重自身性命，也就没有心上大患了。如何才能不注重自身性命？自身性命即是"我"，"无我"即不注重自身性命。比如对身体的关注可以每年体检为准，如果体检结果正常，一年内就不要过于关注自己的肉身。

第二，人永远见不到死亡，因为死亡来临时，已经没有了你。过于害怕一件永远不可能见到的事物，这本身便是荒谬的。

第三，无论是比自己有钱的人，还是比自己漂亮的人，或者是比自己活得风光的人，都和你一样要面对死亡的结局。人只要想通了这一点，就会释怀很多，看开很多。

6

> 眼前路径须放开阔，才好容人来往，若太拘窄，恐自己亦无展足之地矣。——《答刘内重书》

"眼前路径"是为人处世的"场地"，它在我们心内。路径开阔、内心豁达，才可游刃有余。倘若尖酸刻薄，看什么都不顺眼，抱怨、仇视他人，不但别人进入不了你的心，你自己也会整日愤世嫉俗；这样的话，即使有千万人希望帮助你活得好，你也活不好。

真正的得道高人，看什么都顺眼，因为他看到的一切便是其本身。心胸狭窄不容人的人，实际上最容不下的是自己。我们放过别人，不是真的放过别人，而是放过自己。

【度阴山曰】

如何放过自己？

第一，除非成为青史留名的人物，否则无论你如何努力，去世之后，最多过四代人的时间，便不会有人再记得你。意识到这一点，你在有生之年就不如看开点儿，少执着点儿。

第二，适当地看轻自己，别太把自己当回事儿。

第三，看重别人，把别人当回事儿。虽然把别人当回事儿，也要记得：若干年后，他将和你一样被人忘记。

第四，"无我"的修行中，对得起自己的良知便可。

7

只为世上人都把生身命子看得来太重，不问当死不当死，定要宛转委曲保全，以此把天理却丢去了。忍心害理，何者不为？若违了天理，便与禽兽无异，便偷生在世上百千年，也不过做了千百年的禽兽。——《传习录·黄省曾录》

我们为什么很难做有天理的事？因为怕死。人把生命看得很重，在天理和人命的生死选择上，多半会自然而然地选择活下去，而不会选择维护天理。比如人有时会为了生存而伤害他人，不择手段。那么，人为了活下来而选择背弃天理，值不值得原谅？

王阳明说过，人对死亡的恐惧是无论如何都摆脱不了的。但如果按照"心外无物"的理论，一切我们所知的"理"其实都是人造的。比如"死亡是恶的"，这就是人所叙述的。我们之所以害怕死亡，无非因为相信"死亡是恶的"这个人所创造出来的"理"。其实，"生亦何欢，死亦何苦"是一种"理"，"人生如逆旅，我亦是行人"也是一种"理"；如果相信这两种"理"，对死亡的恐惧会小一些。我们创造了很多"理"，反而束缚了自己。

【度阴山曰】

欲看破生死，就要树立正确的生死观：生亦何欢，死亦何苦。一切迎刃而解。

如果你害怕死亡，害怕生大病，或者害怕人世间其他任何事物，请记住这句话：当没什么可以失去时，你便不会再害怕任何东西。所以，你之所以会害怕，正是因为还有未失去的东西。试着将这些未失去的东西放在一边，不要将它们看得太重，害怕的情绪自然会消失。

8

莫谓天机非嗜欲，须知万物是吾身。——《碧霞池夜坐》

庄子在《大宗师》中说："其嗜欲深者，其天机浅。"大意是说，嗜好欲望强烈的人，其与生俱来的灵性也会是迟钝的。

庄子主要阐述世外的智慧，由于其中不存在复杂的伦理关系，所以他能轻而易举地把"嗜欲"与"天机"对立起来。给人的感觉是他认为过度重视嗜好、喜爱物质的人，天生的灵性被蒙蔽，在智慧、性情等方面都不如他人。

真是如此？

王阳明把庄子的这句话"连根拔起"。他说"莫谓天机非嗜欲，须知万物是吾身"。意思是，别说天机不是欲望，要知道万物都是我身体的一部分。言外之意，我追求的事物都是身体、心灵的一部分，好比追求左手白净、右腿强壮，这并非人欲，而恰好是天理、天机——这叫追求进步！

理学一派主张人欲与天理势不两立，而且要求盯着人欲，咬住不放。好比看到一棵树就先找残枝败叶，力图把所有弯曲的树枝、有虫洞的树叶清除，并认为只要这样，剩下的就是一棵完美的树了。

朱熹在鹅湖之会上发出豪言壮语，认为只要消灭人欲，自然会见到天理。但他的"死对头"陆象山（陆九渊）则说，只需存天理，天理存住，何必画蛇添足去人欲？

理学和心学的不同之一，就在于对待人欲和天理的态度不同。

嗜欲，是人心深处的强烈愿望，嗜欲的出现如火山喷发，不可遏制。理论上，人之嗜欲从心发出，既然心之本体无善无恶，嗜欲自然也无善无恶。但这理论与现实世界又有出入，假如嗜好打打杀杀，这难道是"无善无恶"的吗？

那么，问题出在哪里？什么样的嗜欲才算王阳明口中的天机（天理）呢？

换言之，天机在什么样的情况下才是嗜欲？

【度阴山曰】

王阳明这句诗已经给出了答案——"须知万物是吾身"。

若对某事物有强烈的嗜好，就应当把这事物看成自己身体和心灵的一部分。比如喜欢"斗地主"，那就应当拿出全身力气来钻研它。凡是可以放弃的嗜好都不能称作嗜欲，自然也不是天机。

真嗜欲，不可能被放弃。

若把天机解释成与生俱来的灵性、智慧，"天机是嗜欲"这一命题就更好理解了。人天生有灵性，就会产生嗜欲——探索各种理解；人天生有智慧，就会产生嗜欲——追求各种知识。如此，灵性、智慧本身就是嗜欲。

9

> 君子之学，为己之学也。为己故必克己，克己则无己。无己者，无我也。——《书王嘉秀请益卷》

孔子的"无我"，是"克己"，是反对总以自己为中心，而要以他人为中心来思考问题。庄子的"无我"，即"坐忘"。康德的"无我"，是我只要无所不在，就无所在；我为他人贡献道德力量，即我在，又不在。王阳明的"无我"，是从克己开始做起，克制自己、调整自己；做到使私欲为自己服务，而非自己为私欲服务，"自己"就"不在"了。

克己、节俭、不多余，对于念头、私欲、天理皆如此，是一种自然的状态。

做君子的学问，是关于自我提升的学问。要想提升自我，必须先克制自我，能克制自我也就消解了自我；消解了自我，也就达到无我的境界。这里所说的"自我"，是太把自己当回事儿，认为自己最重要；这里所说的"无我"，不是认为自己不重要，而是认为自己对他人更重要。

【度阴山曰】

一个大雨倾盆的晚上，你开车路过公交车站，看到三个人在那里等车：你曾经的救命恩人、一位百岁老人、你的梦中情人。你的车只能拉走一个人，你会拉走谁？有一种巧妙的回答：把车给你的救命恩人，让他带走老人，你和梦中情人等公交车。

这就是运用"无我"思维的妙处，舍弃"我"，你会得到更多。

10

故圣人体天地万物而无我……——湛若水《太史张秀卿归省赠别》

与王阳明同时期讲学的理学家湛若水认为，在对待"我"的态度这个方面，儒者把天地万物都视作自己的责任，把自己融入天地万物中，这是典型的"无我"；一位儒者，即使已经不在世间，世间却处处都有其痕迹。

【度阴山曰】

孔子说："己欲立而立人，己欲达而达人。"这是千古不变的利他主义。

如何利他？

第一，做最好的自己，便是利他。你只要使自己变好，由于"万物一体"，这种好也会影响他人，使他人变好。

第二，认识到你所产生的一切念头、做出的一切行为，都会最终作用于你自身。先不要为利己产生的成果庆祝，让子弹飞一会儿；利他产生的成果如果还没有显现，先别急，也让子弹飞一会儿。

第三，懂得知足。如果你真是个知足的人，便会把本不属于你的东西拒之门外，让应该拥有它的人有机会拥有它。

11

　　当此之时，却须舍却身家，有死无生，有进无退。若一念转动，便成大害。——《剿捕漳寇方略牌》

　　良知戒转念，无我即良知！
　　正义受到挑战时，人一定要有这样的意识：舍弃身家性命，怀抱必死之心，只能前进，不能后退。如果在此时还贪生怕死，还不敢担当、犹豫不决，就是意念动摇。凡是出现这种情况，必定会酿成大祸。即使身体侥幸躲过灾祸，心灵也会因为应该行动而没有行动受到长期折磨。
　　良知戒转念！转念是在计较利害得失。计较利害得失，则不能将心置于一处，害事害心。

【度阴山曰】
　　有人某天发现房间里进了一只老鼠，便下楼买了个粘鼠板，放在老鼠出没之地。当夜，那只倒霉的老鼠跳上了粘鼠板。被粘住后，老鼠哀伤的叫声响彻整个房间，这人看到老鼠的可怜模样后，突然升起了怜悯心，不知道是把老鼠打死好，还是把它解救出来好。
　　其实，在他买粘鼠板的时候，老鼠便已经死了。他就是想杀掉老鼠，倘若不是，为什么他不思考不伤害老鼠而是只把它们赶出房间的方法呢？
　　他事后的怜悯，不过是念头有了动摇和转变。

12

　　"无我"自能谦。谦者众善之基，傲者众恶之魁。——《传习录·黄以方录》

　　谦虚是善的基础，傲慢则是恶的魁首。
　　如果你的世界观是"万物一体"的，那你必须相信，你是"万物一体"的一部分，你不是你，你只是万物中的你。

"有我"，就是把自己和万物分离了；"无我"，其实是把自己融入万物之中。明白天地万物本和"我"一体，就会对天地万物抱有包容的态度，因为人多不会看不起自己身体的各部分。

【度阴山曰】

请你用手指确定并清晰地指出以下事物的准确位置：

其一，鼻子。

其二，嘴巴。

其三，耳朵。

其四，你自己。

如你所知，你无法精准地指出自己的位置，所以从某种意义上说，世界上根本没有你，对于你来说，这就是"无我"。如果把一个"无"的东西当成"有"的存在，那就是弄巧成拙，烦恼就会不请自来了。

13

> 譬之金之在冶，经烈焰，受钳锤，当此之时，为金者甚苦，然自他人视之，方喜金之益精炼，而唯恐火力锤锻之不至。既其出冶，金亦自喜其挫折锻炼之有成矣。——《与王纯甫书》

抽象来说，人的五官可以组成一个"苦"字，这大概映射着人生总是苦大于乐，所以我们要拿出对付"苦"的方法。王阳明给出一个方法是事上磨炼：在艰难困苦中咬牙坚持时，主人公注定是痛苦的；但主人公如果不过度关注自己的痛苦，而是从"我"中跳出来看"我"，或者从旁观者的角度看"我"，便会发现自己完成了许多成就，精神和技能越发"精炼"；人在获得成就的激励下会玩儿命坚持，当熬过最痛苦的时光，脱胎换骨时，主人公就会感谢那段艰难困苦的时光，更因为自己坚持下来而欣喜若狂。

经历风雨当然痛苦，可看到彩虹时，就会心上一动：原来一切风雨都值得！

【度阴山曰】

若要这种美梦成真，只有一个办法：在苦难中咬牙坚持到底。

14

> 夫妄心则动也，照心非动也；恒照则恒动恒静，天地之所以恒久而不已也。——《传习录·答陆原静书》

人生的悖论之一，就是越想成事，越无法成事，越用力求取某事物，此事物离你越远。

告子认为自己可以做到此心不动。王阳明认为，这是在用心捆绑自己的心从而让其不动；捆绑得越厉害，心动的幅度越大。而孟子曾说此心不动，是让心自然而然地不动，不刻意、不用力，最重要的是不起这个让心不动的念，如此，才能真正做到"此心不动"，王阳明的"静心"理论与此大致相同。

【度阴山曰】

想要宁静，就要让从心中发出的念头转移到事情上去，而不是让心发出的念头使心不动。我们据此可以得出结论：当你要发出念头时，别太重视自己，使自己处于"无我"状态，便易于获得宁静。

15

> 凡今天下之论议我者，苟能取以为善，皆是砥砺切磋我也，则在我无非警惕修省进德之地矣。——《传习录·答周道通书》

阳明心学的修炼目的，是把自己修炼成一个可以变废为宝的"机器"。一件"废物"对人罕有价值，但如果把它变成宝贝，那它对你就大有价值了。

比如，他人的恶意指责是一种"废物"，我们要如何面对它？如何变废为宝？

【度阴山曰】

首先应检讨自己是不是真有如他人所指责的缺点，如果有，那就不怪别人说；如此，这件"废物"让你看到了自己的缺点，变成了宝贝。然而，如果检讨后发现对方的指责完全是无中生有，那就坚决否认对方的毁谤并采取正当行动击溃它；然后，你便成了英雄，这件"废物"锻炼了你的心智，变成了宝贝。

另外，这个世界上的"废物"非常多，当你完全漠视它们的存在时，"废物"本身就没了意义；"废物"没了意义，你便得到了清净，"'废物'的消失"也是一种宝贝。这也是一种变废为宝。

16

大凡看人言语，若先有个意见，便有过当处。——《传习录·薛侃录》

大多数人都有个问题：先入为主。也就是对某个问题形成了某种自己的意见，当有人谈论这个问题时，自己的意见已经先立住了，纵然别人说的再有道理、再符合天理，自己也觉得不对。

君子要善于倾听，决不先入为主。

【度阴山曰】

记住孔子的"四非四毋"："四非"即"非礼勿视，非礼勿听，非礼勿言，非礼勿动"，"四毋"是"毋意，毋必，毋固，毋我"。

"四非"是"祛有我"，"四毋"是"见无我"。

17

> 虽然,君子之道,用之则行,舍之则藏。用之而不行者,往而不返者也;舍之而不藏者,溺而不止者也。——《送毛宪副致仕归桐江书院序》

被任用时就尽力行道于世,退休后就藏道于身。如果能大显身手时不能行道于世,那就是只知道去,不知道回;退休后不懂得藏道于身,那就是贪恋尘世的功名利禄,不懂得停下来。

"道"要么行,要么藏,必须永远在身。什么是"有我"?该行的时候藏,该藏的时候行。什么是"无我"?行的时候义无反顾,藏的时候悄无声息。

【度阴山曰】

宇宙中一切事物的发展过程,有波峰,也必有波谷。在波峰时准备迎接波谷,在波谷时准备迎接波峰,这便是把自己融入宇宙,便是"无我"。"无我"不是泯灭了自我,而是让自己与宇宙同呼吸、共命运。

第十三章　存天理，去人欲

吵架即讲学

有一次，王阳明在书房和学生们交流天理与人欲的问题，忽然听到大街上传来吵闹声。一个声音说："你这个丧尽天理的东西，缺斤少两，良心都让狗吃了！"另一个声音说："老天爷在上，我要是少了你斤两，天理不容！"原来是商贩和一个顾客在吵架。

王阳明便停下讨论，对学生们说："你们看这两个凡夫，虽不知良知、天理到底是何物，但一个说丧天理，一个说天理不容。这就是在讲学啊。"学生们都点头认同老师的评断。

王阳明最后说："人人都有天理，有人欲，不经意间就会表露出来。哪里还需要咱们去和人家讲大道理呢？"

1

他日谓门人曰:"何谓天理?"门人请问,曰:"心之良知是也。"他日又曰:"何谓良知?"门人请问,曰:"是非之心是也。"——黄宗羲《明儒学案》

正常来说,"理"分为两种:一种是自然之理,春去秋来、万有引力,这是"物"理;另一种是人事之理,是为"人"理,也即伦理。古代中国思想家谈的理,大多属于伦理。理属自然,是天所赋予,所以称为天理;欲起自人,由人所出,于是称为人欲。

在王阳明眼中,天理是人心中的良知,良知是是非之心,可以判定哪种行为正确,哪种行为错误;做正确的事符合天理,不做错误的事也符合天理。

由此可知,天理是人心所认可的,人心认可的前提是心安,那么,天理即心安。

【度阴山曰】

天理的内容只和食与色,即生存、繁衍两方面有关,除此之外的一切,都是人欲。良知能精准判定的是非,也只是和生存、繁衍两方面有关,对于除此二者之外的方面,良知的判断可能精准,也可能不精准。

我们要知道的是,良知、天理不参与的活动,其实也不是人类必须进行的活动,多是画蛇添足。

2

> 天理在人心，亘古亘今，无有终始。——《传习录·钱德洪录》

朱熹认为，天理在我们心外，它客观存在，像是地球的卫星，始终在宇宙中绕着地球飞行。王阳明说，天理是良知，良知在人心，天理即在人心；这是典型的天人合一理论：本来应该属于天（客观）的理却跑到我们的心（主观）中了。

【度阴山曰】

问自己一个问题：最幸福的时刻是什么？

你可能会说出一个答案，那么，请接着问自己第二个问题：你认为那个时刻是幸福的，是因为当时你感受到了幸福，还是因为事后想象时感受到了幸福？

人的幸福，全在事后的想象中，而不在事情发生的那个时刻。人可以靠想象写就喜怒哀乐的脚本，这便是天人合一。

3

> 中只是天理，只是易。随时变易，如何执得？须是因时制宜，难预先定一个规矩在。如后世儒者要将道理一一说得无罅漏，立定个格式，此正是执一。——《传习录·陆澄录》

其实所谓"义"的适宜，是个"中"，中庸的中。

我们来看个例子：一家公司因经营不善，年终奖无法发放，总经理把这个不幸的消息告诉了部门经理们，并要他们去和员工沟通。

第一个部门经理对员工实话实说道："年终奖没了。"员工们闹起来，险些把他推下楼去。

第二个部门经理汲取同僚的经验，对员工这样说："公司今年不但没有年终奖，还要裁员，我好说歹说才让总经理打消了裁员的念头。"他的员工对他感恩戴德，但对总经理有了敌意。

第三个部门经理则对他的员工说:"今年公司收益不理想,本要裁掉几个人。虽然经过我的努力,不会裁员,但年终奖也没了。"众员工先惊后喜,于是请部门经理吃大餐,对公司也没有很大的意见。

请问,这三个部门经理哪一个最善于处理问题?当然是第三个。那么,他使用的方法是什么呢?是"中庸"。

什么是中庸?王阳明的基本解释是:中是正中,不上不下,不偏不倚;庸是常道,永恒之道;中庸就是不偏不倚、不上不下的常道。

甲骨文的"中"像一根旗杆,中间有一方幅,上下飘着两面小旗,有"测定风向"的意思。由此看来,"中"有"测定、测量"的意思。古人测定风向,为何非要用两面旗子?明明用一面就可以啊!这是因为,一面旗子得到的信息可能会有偏差,两面旗子则会让偏差减小。这就像抛硬币,抛的次数越多,正反中的一面出现的概率越接近数学上的百分之五十。那么为什么不用三面旗子?因为没必要。

两种信息,总结归纳,取平均值,这就是中。人平时遇到事情,经过仔细衡量,发现有两种截然不同的解决方法,一为上一为下,一为偏一为倚,这两种方法都不是最好的,那么人就会想到,也许"中间"的方法才是最好的。

所以说,"中庸"是经过测量、权衡后的选择,它具备实践经验、逻辑推理,符合科学。

回到上面的故事,为什么第三个部门经理做得最好?因为他的方法符合中庸之道。向员工交代没有年终奖这件事,基本有两种方法:第一种是实话实说,第二种是搬出裁员吓唬他们。但这两种方法都比较极端,只有第三个部门经理的方式最好:裁员可以向后退一步,不发年终奖可以向前进一步。详细来说,本要裁员,但可以不裁,这是向后退一步;不裁员的代价就是不发年终奖,这是"不发年终奖"向前进一步。二者最终在中间(不裁员但也不发年终奖)相遇,一个完美的"中庸"方案至此完成。

第二个部门经理的方法看上去和第三个一样,但为什么也不适合呢?因为在践行中庸之道的过程中,我们会发现,有时两个极端并非同等重要。这两个极端中,一个可能比另一个重要。你要找到最重要的那个,并把它放在前面(在这里是裁员),把不重要的那个放在后面(年终奖)。如此,就变成了:裁员可以没有,但年终奖也没有了。倘若反过来(第二个部门经理的方法),那就变成:年终奖没有了,但幸运的是,裁员也没有了。虽然说的是同一件事,但给听者的印象绝不是一回事。

鲁迅在《无声的中国》一文中写的"拆屋效应",说的就是中庸:中国人的性情是总喜欢调和,折中的。譬如你说,这屋子太暗,须在这里开一个窗,大家一定不允许的。但如果你主张拆掉屋顶,他们就会来调和,愿意开窗了。

这就是我们提到的中庸。任由它黑暗是个极端,拆掉房顶也是个极端,在两个极端之间找到一个中点,就是开窗户。

【度阴山曰】

从上文的两个例子中,大致能了解如何运用中庸之道。

第一,要主动制造两个极端,自我修行尤其如此。曾国藩说,人不为圣人就为禽兽,这就是两个超级大的极端,只要制造了这两种极端,你就有努力精进的动力。比如开窗的例子,如果极端(掀房顶)不被放大,窗户永远都打不开。

第二,你所接触的一切外物,本质上都是"是",绝对不能有"非"。即是说,中庸之道的不偏不倚必须建立在没有是非上。你心中只能有善恶,不能有是非;一旦有了是非,就会争论,有了争论,就会失去中正,走向偏激。

第三,"中"是测量、权衡。我们应该测量和权衡的焦点不在事情上,也不在对待事情的态度上,而在心里。若要测量、权衡得精准,平时的修行必不可少。就好像风吹旗子,如果旗子沉重或破败,风无法吹动它,那就根本无法测出风向。而旗子就是我们的心。

第四,偶尔走极端比始终走中庸要好,人应该经历大悲大喜、大起大落。人走多了中庸,就会变得平庸。所以,最"中庸"的中庸应该是这样的:不管什么中点不中点,只要不妨碍别人,可以要多偏激有多偏激;偏激得多了,才能彻底发现中庸的好处。

天理是良知,是真切,是"中",是"易"。天理就是这样一句话:在不干扰他人、内心无愧的情况下,怎么舒服怎么来。

"中"是中庸之道的"中",它自然也是"易"。"中"是两个极端的双向奔赴,它们相遇的那块区域就是"中",就是天理;在这个区域内随时变化,仍是天理。这个区域并不保证我们的行为正确,它只保证我们不会犯大错。存天理,不是绝对正确,而是绝对不犯大错。

4

> 一者，天理。主一，是一心在天理上。若只知"主一"，不知一即是理，有事时便是逐物，无事时便是着空。——《传习录·薛侃录》

每天都坚持不自律，坚持一百天，这算不算自律？当然不算，因为不自律非天理，坚持非天理不是"主一"。

天理是"一"，"一"是诚，"二"是伪。诚是让我们做事不违内心，听从内心的感觉，做到心安、无愧。知道这个道理则知道天理即心安。如果不知道天理就是心安，有事时就会肆无忌惮地追求外在的功名利禄、权势尊位，无事时则只会感到空虚。这就是没有主心骨，这主心骨就是天理。

俗话说，低级的快乐只要纵欲即可得到，高级的快乐唯有自律才能获取。吃喝玩乐会给人带来冲击性的快感，这种快感的特点是当事时极度快乐，事后极度空虚。买套房子，买辆车，买个奢侈品，这种快乐虽然很强烈，但转瞬即逝。这都是短暂的快乐，只要放纵自己的欲望，就能得到。

但高级的快乐只能通过自律获得。所谓高级的快乐，就是"经常感受不到痛苦"，这要求人必须具备健康的身体和健康的心理，通过阅读、思考、反省得到快乐。这一切都需要人的高度自律，要控制吃喝玩乐对身体和心理的"腐蚀"，是一项长期的、需要从事者具备强大意志力的工作。

【度阴山曰】

自律就是反人类本质的，因为人类的本质就是追随欲望。这是个讽刺——人若要获取高级的快乐，必须约束过分的欲望。

其实人就是这样：纵欲—欲望得到实现—感到无聊—再纵欲—欲望再得到实现—再感到无聊。有的人重视纵欲的阶段，有的人常在感到无聊的阶段，而有的人真正活在欲望得到实现的阶段。恐怕只有第三种人才能得到高级的快乐吧。

5

> 君子之行,顺乎理而已,无所事乎矫,然有气质之偏焉。——《矫亭说》

矫是刻意,是"端着、装着",不矫则是顺其自然,做真实的自己,不与自己的心对抗。"顺乎理"是遵循天理,"无所事乎矫"是只要遵循天理,所行所为就没有需要矫正的地方,因为顺应天理即在行良知,行良知的人,一切都自然无碍。

【度阴山曰】

如何确定自己所行之事是否遵循了自己的内心?站着思考某件事时,如果来回踱步,那说明你做此事不是遵循内心;如果只是像电线杆子那样站着不动,那说明你做此事是遵循内心的。

6

> (陆澄)曰:"何者为天理?"(王阳明)曰:"去得人欲,便识天理。"——《传习录·陆澄录》

这组问答,表面上看,答了等于没答。陆澄问什么是天理,王阳明告诉他去掉人欲就能见到天理。那么,什么是人欲呢?如果王阳明来回答,答案一定是没了天理,就能见到人欲。

吃得太饱是人欲,不要吃太饱(吃得正好)既是去掉人欲,又是见到天理。可见,"去掉人欲"本身就是天理,而非去掉人欲后才见到天理。

【度阴山曰】

"识天理"的确不是一个结果,很可能是一种过程,这个过程便是"去人欲"的过程。

改掉一些小毛病的过程，是"去人欲"的过程，其实也是"识天理"的过程。

7

见孺子之入井而恻隐，率性之道（天理）也；从而内交于其父母焉，要誉于乡党焉，则人心（人欲）矣。饥而食，渴而饮，率性之道（天理）也；从而极滋味之美焉，恣口腹之饕焉，则人心（人欲）矣。——《重修山阴县学记》

看到孩子在井边玩，生出紧张之心而去拯救，这就是天理；可想着拯救后能取得其父母的奖赏，这就是人欲。饿了吃饭，渴了喝水，这就是天理；可吃饭非要顿顿吃山珍海味，口渴时只喝琼浆玉露，这就是人欲。这种论调真的符合天理吗？

【度阴山曰】
人在快要饿死时吃掉了一只珍稀动物，是天理还是人欲？人在酒足饭饱后烤了一只珍稀动物吃，是天理还是人欲？
男女之爱是天理还是人欲？一夫一妻制是天理还是人欲？
如果能搞清楚这些问题的答案，天理和人欲的关系即大白于你脑中。

8

多着一分意思，便是私矣。——《答董沄萝石书》

"着"，在阳明心学中是"接触、有着落"的意思，说白了，"着"是人对事物进行的恰到好处的接触，在接触到事物本质后再无他意。而"多着"显然就是在与事物接触时，偏离了事物的本质。

【度阴山曰】

比如饿了就要吃饭，吃饭是为了填饱肚子，那么填饱肚子就是吃饭的本质。非要在经济条件不允许的情况下吃大鱼大肉，这就是偏离了"吃饭"的本质；经济条件允许时，吃大鱼大肉没有问题，可非要向其他人炫耀自己能吃大鱼大肉，这便是"多着"了一分意思，就是"私"，也就是放纵人欲了。

9

"七情"顺其自然之流行，皆是良知之用，不可分别善恶，但不可有所着；"七情"有着，俱谓之欲，俱为良知之蔽。——《传习录·钱德洪录》

佛教以喜、怒、忧、惧、爱、憎、欲为七情，儒家以喜、怒、哀、惧、爱、恶、欲为七情，它们是人对外界事物的七种情感反应。"有着"指的是外界事物引起某种情感反应时，这种情感反应完全着落在事物上，即使事物消失，它仍然存在。

遇喜悦事而喜是天理，喜得过了头，十年后仍然喜，这就是人欲；遇悲痛事而哀是天理，可事情已经过去很久仍然哀，这就是人欲；遇可怕事而惧是天理，可事情已经过去，仍然沉浸在惧中，久久不能跳出，这就是人欲。

在王阳明看来，遇到事情而产生某种情感是常事；事情没结束，情感可以在，事情结束情感就该消失。人的情感不是目的，只是应对外界事物的工具。

天理是适可而止，人欲是没完没了。

【度阴山曰】

吃饱喝足后便停止吃喝，这是天理；吃饱喝足后还要往死里吃，这便是人欲。你养的宠物去世了，悲伤一阵子，这是天理；为宠物的去世悲伤几十年，这便是人欲。

10

> 理无动者也，动即为欲。——《答陆原静书·又》

天理不动，是说人心不为超出自身需要的利益所动，这种心不动的行为符合天理；为过度的利益而心动，就是人欲。此时，区别天理和人欲的标志是此心动否，动即人欲，不动即天理。

【度阴山曰】

人欲是什么？人欲是本能之外的"有意为之"。

在街上见到一个美女，你看一眼，是天理；看完一眼，又看一眼，这便是人欲——因为在人群中多看了美女一眼，行事便由"从天理"转向了"从人欲"。

11

> 天理、人欲不并立，安有天理为主，人欲又从而听命者？——《传习录·徐爱录》

所谓并立，是同时存在。天理和人欲不可能同时存在，要么天理在，要么人欲在；不是有个天理如同主人那样领导着人欲，而是去掉人欲即见天理，没了天理即见人欲。

这种说法的高明之处在于天理和人欲可发生在一件事上，只不过不同时存在。

【度阴山曰】

天理是注重道德修养，人欲是注重利益获得；天理指导成事之路，人欲则从成事中获得好处。以吃饭这件事为例：人饿了就要吃饭填饱肚子，这是天理，可吃树皮也能吃饱，难道人只满足于填饱肚子吗？还是要尽量吃好些。

12

要此心纯是天理,须就"理"之发见处用功。如发见于事亲时,就在事亲上学存此天理;发见于事君时,就在事君上学存此天理;发见于处富贵贫贱时,就在处富贵贫贱上学存此天理;发见于处患难夷狄时,就在处患难夷狄上学存此天理。至于作止语默,无处不然,随他发见处,即就那上面学个存天理。——《传习录·徐爱录》

存天理最简单的方法,是在事上流露出与事物相匹配的本质。比如在对待父母之事上存天理,便会孝顺父母,即是说,对待父母的本质就应该是"孝顺"。富有时,就要自然流露出"富贵而不骄"这个天理;贫穷时,就要自然流露出"贫贱而不怨"这个天理。世界上所有事情,都用这种方式来存天理,天理很容易便可存住。存住天理,人欲便不见了。

【度阴山曰】

倘若在事上流露出与事物不相匹配的性质呢?比如富贵时飞扬跋扈、得意扬扬,贫穷时自卑堕落,甚至作奸犯科……那是多么可怕的景象。

普通人很容易被人欲左右,正因如此,"存天理"对我们来说是长久、艰难的修行。但我们仍然要尽可能地存天理,去人欲,因为我们是人,而不是禽兽。

13

能加为己谨独之功,然后于天理人欲之辨日精日密……——《书汪进之卷》

谨独,即独处时也能做到自律。按照心学的理论,任何事物在意识到自己被观察时,会伪装,背离自身的本质;事物只有在不被观察时,才会显现出不加掩饰的面貌。

要存天理，必须在独处时保持自律。不但要自律，而且要反省自己的人欲。反省自己为什么会在被观察时进行伪装，伪装的目的是什么，等等。想明白这些，就能明白自己的人欲是什么，就能将天理和人欲分辨得清楚明白。

【度阴山曰】

比如你处在一段恋爱关系里，则应当反省自己对对方的付出是否心甘情愿。你是因为爱恋对方而心甘情愿地为其付出，还是因与对方恋爱能得到物质利益，不甘不愿地为其付出？如果你是心甘情愿的，那就符合天理，如果不是，就只是人欲作祟罢了。

14

> 必欲此心纯乎天理，而无一毫人欲之私，非防于未萌之先，而克于方萌之际不能也。——《答陆原静书·又》

朱熹谈"存天理，灭人欲"，而王阳明经常谈的是"存天理，去人欲"。所谓灭，是让人不能有一丁点儿人欲在心上；所谓去，没有前者那么严苛，即使没有在人欲产生前就将其除掉，在其刚刚萌发时将其掐灭，也是可以接受的。

【度阴山曰】

去人欲的方法有两种："防于未萌"（谨独、省察克治）当然最好；如果人欲已经有了，那只好"克于方萌"（理之发见处用功）。

这两种方法，第一种最有效，最省力，却最不被人重视，因为这是典型的"治未病"思维，常人如果没病，怎会想到吃药？所以说"治未病"是很难做到的。而"克于方萌"，看似简单，其实不然；人欲萌发时，要将其消除掉就已经很难。"理之发见处用功"只是在念头起处正念，而正念是个体力活儿，想要做成，非出大力气不可。

15

圣人之所以为圣人，惟以其心之纯乎天理而无人欲，则我之欲为圣人，亦惟在于此心之纯乎天理而无人欲耳。欲此心之纯乎天理而无人欲，则必去人欲而存天理。——《示弟立志说》

天理是圣人的圭臬，人欲是圣人的敝屣。圣人无时无刻不在存天理，去人欲，这说明，人欲始终都在，所以才需要持续地去除人欲。

【度阴山曰】

所谓"天理"，天是理；所谓"人欲"，人有欲。那人立志做圣贤的这个目标，是理还是欲？是天还是人？如果能搞清楚这个问题的答案，那便搞清楚了圣人到底是什么样的人。王阳明说圣人是全无人欲、纯乎天理的人，这就说明阳明心学中，想要做圣贤的欲望并非人欲，而是天理。

那么我们的欲望是不是都符合天理？答案是否定的。圣人"念念不忘存天理"，是永恒心存善念的人；只有"希望存天理"的欲望才不是欲望，而是天理。

16

圣人之所以为圣，只是其心纯乎天理而无人欲之杂。犹精金之所以为精，但以其成色足而无铜铅之杂也。——《传习录·薛侃录》

"纯"是圣人的唯一要求——圣人不求大，只求精。纯金之所以纯，是因为它的成分确确实实只有真金；倘若夹杂了其他物质，分量的确增加了，却失去了纯度。

那么，圣人的"纯度"到底是什么？王阳明的答案是"良知"。

【度阴山曰】

　　一个良知光明的人,自然高度自信,心外无牵绊,只靠良知即能走遍天下都不怕。圣人不需要任何外力(身外之物,比如金银珠宝、锦衣玉食、社会地位等)加持,因为其知道:外力即身外之物,总会失去,唯有心中的良知从始至终属于自己,不会背离。

第十四章　破心中贼

泰山与平地之别

王阳明的几位弟子在外讲学，回来时对王阳明说："老师的学说，许多人都不感兴趣。听我们讲学的人，也有的信有的不信。"

王阳明说："你们端着个圣人的架子去讲学，别人都被吓跑了，谁还会听你们讲？"

弟子们问："那我们该如何做？"

王阳明说："你们要给愚夫愚妇讲学，就要扮作愚夫愚妇的样子。"

弟子们暗暗琢磨，有弟子似乎琢磨透了，说："先生好比眼前的泰山，如果有人不知道仰望先生，大概就是不长眼的人吧！"

王阳明说："泰山不如平地广大，在平地上又能看到什么？"

众弟子不禁悚然。王阳明继续说："要做平地，莫做泰山。平地离人近，泰山离人远，高高在上的模样会吓走很多人。"

弟子们纷纷点头。王阳明又说："有人之所以总是高高在上、自命不凡，是因为他自己或别人给他'贴了标签'。"

而"贴标签"，是人心中最大的贼。

1

破山中贼易，破心中贼难。——《与杨仕德薛尚谦书》

这句话足可位列阳明心学十大名句之一。它是阳明心学"心外无理"的延展，也是方法论"格物"的通俗化；它指明了绝大多数有圣人潜质（良知）的人之所以不能真正成为圣人，是因为"心中贼"过多。

所谓"心中贼"，大致指我们与生俱来的"七情六欲"。

"七情"前文已有解释，此处不再赘述。"六欲"泛指人的各种欲望，儒家先哲认为是生、死、耳、目、口、鼻之欲，也可引申为眼（见欲，贪美色奇物）、耳（听欲，贪美音赞言）、鼻（香欲，贪香味）、舌（味欲，贪美食）、身（触欲，贪舒适享受）、意（意欲，贪声色、名利、恩爱等）之欲。

这六种欲望都有点儿坏，所以对它们要警惕，能克制就克制，能不激发就不激发；如果你激发它们，它们就会和外界诱惑"里应外合"，攻破你的心门。当然，我们只要稍稍用点儿力气控制六欲，它们就能在合理的时空中运行，成为我们心中的家人，而不是外贼。

最应该警惕的其实是看似无害的"七情"。"七情"和"六欲"给人的感觉截然不同：六种欲望好像脑门儿上贴了"我是潜在坏蛋"的标签，这种明枪，当然容易躲避和控制，可七种情感看上去非常无害，十分容易迷惑人。

这就是"家贼难防"的原因，因为你对它们毫无防备。"七情"一旦"发起疯来"，脱离中庸之道，会立即变成洪水猛兽。太多人都败在了这七种情感上，过度的喜、怒、哀伤、恐惧等都会击垮人心，让人一败涂地。

人之所以能成功，是因为理性和情感得到了完美的调和，而人的失败，尤其是大失败则多是败给了脱离中庸轨道的情感。我们不是没有防范这一问题的智慧，而是根本就没有防范的准备。

【度阴山曰】

那么，如何对付"家贼"呢？

第一，重新认识你的七种情感。它们是"家人"时是美好的情感，让你成为有血有肉的人，而不是机器人；它们一旦"翻脸"，就会变成情绪，情绪是情感的叛徒，任其发展，就会摧毁你本来平静的心。所以，请一定要控制好你的情感，让它保持情感原本的模样，不要变成失控的情绪。

第二，与其在六种欲望上过度下功夫，不如把精力多放在七种情感上，因为如果情感上没有问题，欲望上也不会产生大问题。所以，对于心外之物的诱惑，能抵制就抵制，无法抵制就有步骤地放纵它，只要能保持住情感的稳定，欲望很快就会消失。因为好心情从来不是满足物欲可以真正造就的。

第三，王阳明认为，去心中贼的大前提是不要总盯着别人身上的贼，要专心致志地对付自己心中的贼。这就是中国古人常有的回返思维：当遇到问题时，返回内心去求解决的方法。虽然这是老掉牙的思维，但它的确有用。

第四，人的一生就是在不停地对付"外贼"和"家贼"。你赢它们就输，你输它们就赢；不是东风压倒西风，就是西风压倒东风。所以，要有"二贼亡我之心不死"的深刻认识，和它们斗争到底，意志力相当重要！

2

夫心无二用，一念在得，一念在失，一念在文字，是三用矣，所事宁有成耶？——《示徐曰仁应试》

如果你没做好能力范围内的事，原因可能很简单：你把心分成了三部分，一部分在得上，一部分在失上，剩余三分之一的心才在事情本身上。好比学子十年寒窗苦读，进考场时，一边想着考不好会如何丢人现眼，一边想着考中会有怎样的荣华富贵，只有三分之一的心放在了考试本身上，这样注定无法考中。人做任何事，都会有三种结果：没做成；做完；做好。想要"做好"一件事，必须一心一意，如果三心二意，只能达成前两种结果。

直接地说，人做不成能力所及的事，只是"得失心"在搞鬼。"得失心"这个鬼，实乃害人恶鬼，必须被铲除。

【度阴山曰】

很遗憾地告诉大家，得失心无法被彻底铲除，只能被削减。

人的得失心，是心和脑斗争的结果，确切地说，是良知的直觉和大脑的计算进行比拼的结果。

良知永远都在无意识地、迅疾地、感性地、本能地运行，它会不需要计算地规避风险。由于良知具有上述性质，所以它消耗的能量极少；而大脑则是有意识地、缓慢地、理性地、复杂地运行，所以它会消耗我们的大量能量。

玩扑克牌时，良知会让你享受玩牌的过程，可大脑会不停地计算输赢。大脑在计算后还要警示良知：你这牌出得不好，你那牌出得很好。这是大脑不停地对发自良知的行为进行计算，进行得失的评定，干扰良知。

在这样的情况下，你赢了，大脑会给良知鲜花；你输了，大脑会给良知一锤子。心受到鲜花和锤子的轮番攻击，最后不能集中念头，导致得失心的出现，最后一败涂地。

如何减少这种得失心？

第一，良知是一种本能，如果你已经多次玩过同一种游戏，那不如干脆把一切交给你的直觉（良知），不要再让大脑来计算，凭直觉来参与游戏。

第二，拒绝大脑对良知所行进行评价。玩扑克牌时，在输赢还未最终确定的情况下，拒绝对于输赢的预判。

第三，提醒自己的大脑：注重过程。先把过程走完，结果才能出现。在行事过程中瞻前顾后，患得患失，会把成功"吓跑"。

第四，让良知告诉大脑，行事要达到的结果是怎样的，在这个结果没有出现前，让大脑不要干扰良知。

3

> 凡文过掩慝，此是恶人常态，若要指摘他是非，反去激他恶性。——《传习录·钱德洪录》

人的一生，免不了和恶人打交道。若是认为恶人自然有道德缺陷，只要攻击他的缺陷，便能打败他，这就是恐怖的心中贼。俗话说"打人不打脸，骂人不揭短"；即使是坏人也多有良知，越坏的人，良知越敏锐，越怕别人说他的缺陷。恶人的缺陷一旦被指出，他多半没有勇气改，却有勇气提升他的恶，指出他缺陷的人只怕会陷入更危险的境地。

【度阴山曰】

俗话说"打人不打脸，骂人不揭短"。"打人不打脸"，是因为脸部很脆弱，击打他人脸部容易造成严重伤害。"骂人不揭短"，是因为要给人留情面，给自己和对方留有余地。

4

> 人之恶行，虽有大小，皆由胜心出，胜心一坚，则不复有改过从义之功矣。——《语录·四条》

恶行，虽有大小之分、形式之别，但本质相同。王阳明认为，产生恶行的心理基础正是好胜心。所谓好胜心，是人们渴望在竞争中领先于其他竞争者的心理状态。中国传统思想多鼓励"自己和自己比拼"，和他人攀比本身就是恶，无论攀比的是什么。

人有好胜心，理论上没错，但这种心不会"孤军作战"，它会催生嫉妒之心、急功近利之心等。好胜心出现后，人就想快速超越别人，想走捷径，便很难做好眼前的事。世界上根本没有捷径，非要走捷径，人就会绕过良知所规定的一切善，从而行恶。

胜心一出，灾难立现。

【度阴山曰】

人为什么好胜？因为恐惧，恐惧于他人的不认可。但这是个悖论，因为有好胜心的人多半也很高傲，高傲的人，为什么要如此重视他人的认可？

如何去除好胜心呢？

首先，要确认是否有好胜心。思考一下，你有没有因为纠结输赢而感到很辛苦？如果有，那么它的确是好胜心；如果没有，它就不是好胜心，而是可以继续保留的上进心。

其次，人的终极目的是无忧无虑地生活。人无忧无虑，自然不会好胜。所以，去除好胜心的重要方法便是保持无忧无虑的生活状态。

5

> 孟源有自是好名之病，先生屡责之……因喻之曰："此是汝一生大病根。譬如方丈地内，种此一大树，雨露之滋，土脉之力，只滋养得这个大根。四傍纵要种些嘉谷，上面被此树叶遮覆，下面被此树根盘结，如何生长得成？须用伐去此树，纤根勿留，方可种植嘉种。不然，任汝耕耘培壅，只是滋养得此根。"——《传习录·陆澄录》

南朝时期，士族兴盛，高门大族多"端着架子"。刘宋皇帝刘裕的亲信大臣王弘想跻身士人阶层，刘裕对他说："我虽是皇帝，却没有办法帮你，你想进入这个阶层，王球（当时的显贵）允许你和他同坐才可以。"

王弘鼓起勇气去找王球，谈了一会儿，正要和王球并肩而坐，王球用扇子轻轻一挥道："你没资格同我坐。"

王弘找刘裕禀报了此事，刘裕只能说："那我也没有办法了。"

总是"端着架子"，迟早会出事。刘宋路太后的侄孙路琼之，拜见世家子王僧达。他走后，王僧达把路琼之坐过的坐具等物全部扔掉，扔得大张旗鼓，深恐别人不知道。

路太后知道后，大发雷霆，向她的儿子——皇帝刘骏——请求处死王僧达。皇帝虽然没有答应太后的请求，数年后还是因为王僧达屡次忤逆而构陷罪名将其赐死。

南北朝后期至隋唐时期，门阀制度逐渐土崩瓦解，这和他们总"端着架子"，自以为是脱不开关系。

【度阴山曰】

自以为是的人认为自己做什么都正确，对于已做的事情，哪怕没有成绩也扬扬自得。扬扬自得的人，不仅不会接受他人的建议和批评，而且多半会喜欢批评别人，对别人指指点点。

可怖的是，"自以为是"这个心中贼，与生俱来，每个人心中都有。有人良知光明，会提前警醒；有人一辈子都自以为是，活得不明不白。

王阳明认为，人一旦得了"自以为是"这种病，就得了绝症。这个毛病如同一堵墙，把宇宙都拒之墙外，使人如同坐井观天的青蛙。只有打破这堵墙，才能见到真正的天，才对人生有益处。

6

澄问："有人夜怕鬼者，奈何？"

先生曰："只是平日不能集义，而心有所慊，故怕。若素行合于神明，何怕之有？"——《传习录·陆澄录》

陆澄问王阳明："有人晚上怕鬼怎么办？"

王阳明告诉他："平生不做亏心事，半夜不怕鬼叫门。"意思是按良心去做事就不会怕鬼。

怕"鬼"的人多有一特征：心有所欠。其实就是做了亏欠别人的事。你亏欠别人，心便也亏欠你，让你少了点儿东西，而弥补进来的就是"鬼"。所以，恐惧的本质是什么？是填补。是因为有了恶行，心上缺了一块儿，那么若要心完整，必须再补一块儿，这补的一块儿，便是"鬼"，是恐惧的源泉。

【度阴山曰】

若要不怕"鬼",只需不让心亏欠。

很多人都有恐惧,它是我们心中的贼。不过这个贼也很容易被破掉:不为恶,心就不会减;心不减,"鬼"就不来补。这便是"不增不减,无恐惧心"。

7

> 然而时之表励崇饰,有好其实而崇之者,有慕其名而崇之者,有假其迹而崇之者。——《重修文山祠记》

从对某事物的情怀角度来讲,人分三种:第一种是打心眼儿里生出敬意,第二种种是仰慕该事物的名声,第三种是只对该事物虚伪地做些表面文章。

王阳明以修文天祥祠打比方:打心眼儿里崇敬文天祥的人,心中也有文天祥的忠义情怀,并希望这种情怀能感召他人,所以很想把文天祥祠好好修整一番,以此弘扬正气、教化世人;仰慕文天祥名声的人知道讲忠义是对的,但是明白自己做不到,只能帮着修修祠庙,彰显文天祥的事迹;虚伪的人,表面上帮着修缮文天祥祠,背地里却干着不忠不义的勾当。

【度阴山曰】

认真地反省:自己是哪种人?大多数人都认为自己是第一种人,其实一旦做起事来,就都成了第二种人,而只要有利可图,那便会下滑成第三种人。

人能保持实行第二种人的行为,即使无法升华为第一种人,也不滑向第三种人,这就已是符合良知、拒心中贼了。

8

> 忿懥几件,人心怎能无得?只是不可有耳。凡人忿懥着了一分意思,便怒得过当,非"廓然大公"之体了。故有所忿懥,便不得其

正也。如今于忿懥等件，只是个"物来顺应"，不要着一分意思，便心体"廓然大公"，得其本体之正了。且如出外见人相斗，其不是的，我心亦怒。然虽怒，却此心廓然，不曾动些子气。如今怒人，亦得如此，方才是正。——《传习录·黄直录》

愤怒是人固有的一种情感。那么我们是不是可以玩儿命愤怒，每天都气冲斗牛，遇见令人生气的事必须气得死去活来？当然不行，凡事要有度，愤怒也是。

【度阴山曰】

愤怒必须遵循以下法则：第一，不要过当，气得"五脏炸裂"，这就是过当；第二，气过了马上恢复平静，千万别在心里继续折磨自己；第三，仅有愤怒是不能解决问题的，应马上解决引起你愤怒的问题。

对于第三点，王阳明给出的主意是"挪移法"——把自己和他人的对峙转换成他人之间的对峙。这招儿是否有效，需要"实地检测"。下次生气时，试一试。

9

三子是有意必，有意必便偏着一边，能此未必能彼……——《传习录·陆澄录》

"意必"即"主观臆想"和"绝对肯定"。一旦人对某事物进行主观臆想和绝对肯定，注定做不到公正，无法公正则会偏向极端。阳明心学所说的极端是过或者不及，那么"意必"即过或不及，与之相反，无意则是"中"，即客观和相对。

人为什么容易主观化、绝对化，容易走极端？因为走极端是个简单的"二选一"，而行中庸之道则需要智慧和意志力。

【度阴山曰】

常人容易偏向主观化、绝对化，是因为这样更简单；客观化、相对化地认识世界、处理事物，则需要动脑子。

懒惰正是人的心中贼。要除这个贼，先从脑子勤快开始。

10

习气未除，此非细故，种种病原，皆从此发。——《与湛甘泉书·二》

所谓"习气"，今人指的是不良习惯和作风。阳明心学则认为，人与生俱来有两种性：气质之性和义理之性。后者是善的、积极的，是很难传播的，比如仁、义、礼、信等；前者则是恶的、消极的，是非常容易形成的，比如好逸恶劳、趋利避害等。气质之性就是习气。

据此可知，习气特别容易产生，因为只要你什么都不做，它就产生了。对于必须进步的人类社会而言，这种"无为"形成的原地不动或者退步，当然是恶。

人的一切问题，多是从习气生发的。学者们提出的"变化气质"正是要人祛除习气，干掉这个心中贼。

【度阴山曰】

对于一个盛满酒的酒瓶，即使把里面的酒倒干净，再把瓶子里外清洗一番，之后去闻它，还是会闻到酒的味道，这就如同习气。如何完全消除酒瓶的味道呢？只有一个办法：长时间地把瓶盖打开静置。

俗话说"江山易改，本性难移"，习气不是一两天养成的，祛除习气自然也不是一两天的功夫，而需要更长的时间。

在此提供一些祛除习气的方法，仅供参考：第一，尽可能别说脏话；第二，换个生活圈子；第三，把居住环境改变一下，至少把家具全换掉；第四，对自己从前的生活进行纠错，找出一百个错误。

11

人生大病，只是一"傲"字。——《传习录·黄以方录》

谦虚，是知道很多后，发现自己还有很多不知道的；傲慢，则是知道得很少，但认为自己全知道。越是见识广博的人越会谦虚，因为知道得越多，不知道得也越多；人知道得越少越傲慢，因为知道得越少，不知道得也越少。

归根结底，人之所以会有傲慢之心，是因为无法接受自己不知道的事情，只接受自己知道的事情。人在知道的事情上，当然信心十足。

可惜的是，傲慢的人，明知道自己认定的一亩三分地外还有广阔的天地，偏偏不肯去探索，只愿意活在自己臆想的舒适区。

【度阴山曰】

如何避免成为傲慢的人？

第一，从现在开始，和任何人讲话时都尽量不使用主语"我"。

第二，说任何一句话之前，先把这句话在心里说五遍，如此，良知会告诉你是否该说出这句话，该怎么说出这句话。

第三，找个喜欢抬杠的人做朋友。

第四，谨记这个咒语：别装腔作势，会遭雷劈。

12

是有心求异即不是。——《传习录·薛侃录》

问："怎样才能让口才更好，吵架时吵得过'杠精'？"

答："学散打。"

有一种人，无论做事还是为人都喜欢抬杠、找碴儿。他听别人讲话不是目的，待别人讲完后反驳别人才是目的。这种人，我们往往称其为"杠精"。所谓"杠精"，就是修养不够的人。

【度阴山曰】

和修养不够的人相处，靠言语无用，只能靠行动。如果你也有这种抬杠的气质，请马上改正，这不是长久之计。

13

> 学问最怕有意见的人，只（不）患闻见不多。良知闻见益多，覆蔽益重。反不曾读书的人，更容易与他说得。——《传习录拾遗》

如何把一头大象放进冰箱？

答案是"三步走"：第一步，把冰箱门打开；第二步，把大象赶进冰箱；第三步，把冰箱门关上。

很多人都认为这样的答案只是一种"脑筋急转弯"式的答案，不会真的认为可以通过这三步把大象放进冰箱，这就是困于见闻。我们很难做到知行合一的根本原因之一就是"见闻之困"。所谓见闻，指的是人长期受到的教育，这教育的成果包括从课本上学到的，从权威人士处听闻的，从日常生活和工作中感知到的全部知识。正是这些知识，有时让人无法做到知行合一。对于上文的例子，如果了解冰箱，大多数人会想当然地认为冰箱的尺寸是放不下一头大象的。这就是"见闻之困"：谁说冰箱一定是普通的尺寸，世界上难道就没有装得下一头大象的冰箱？

如果将"把大象放进冰箱里"比作知行合一，那么因为"见闻之困"而不知道有可以装得下大象的冰箱，所以无法把大象装进冰箱，这是"知"出了问题，导致不能"行"。

见闻往往让我们看不到事情的本质——"第一性"。第一性是由人赋予价值的事物最应该具备、必须具备的性质，这个性质以人心为本源。

【度阴山曰】

比如插座，它的第一性就是安全；比如牛奶，它的第一性必须是牛生产出来的奶；等等。这些事物的第一性都来源于人心对生命存续的本能要求。然而这些第一性，多被其他的知识遮盖住了。某生产商在宣传自己的插座安全性高时，很多人都蒙了，这是因为大家潜意识里就认为插座都应该具备高安全性。这说明其实我们都知道第一性，可鲜有人去关注它。

一切的知行不一，其实都是"知"出了问题。如此说来，"行"是这个世界上最容易的事。正如把大象放进冰箱里这一"行"，无非简单的三步，任何人都能做到。但最终能否完成这件事，关键是看有没有产出这三步的"知"。

王阳明认为，没有获取很多后天知识的人，更容易理解良知学。这再一次说明了"理障"和"智障"是我们的心中贼。

14

道在迩而求诸远，事在易而求诸难，天下之通患也。——《书诸阳伯卷》

道路近在眼前，人却要去远处找；事情本来简单，人却要将其复杂化。这是许多人的通病。人人都知道两个地点之间，走直线路程最短，可有人给他人指路时非要指得七弯八拐；因为在这种人看来，复杂即精密，精密即真理。国学虽然内容丰富，精神却纯粹，但有些人用毫无根据、稀奇古怪的想法解读它，只为展现自己的能力，太虚伪。

【度阴山曰】

复杂即欺骗，简单即真理。好比王阳明所说的良知，它是一个点，其所"面对"的事物也是一个点，连接良知与事物，只需用直线，不要用曲线。两点之间，线段最短，最短的就是真理。

15

强明者病于矜高,是故亢而不能下;警敏者病于浅陋,是故浮而不能实。——《书杨思元卷》

任何人心中都有"贼",不同性格的人心中则有不同类型的"贼"。有些强干精明的人,往往会有矜持高傲的毛病,所以能上而不能下;有些机警敏锐的人,往往只注重事物的表象而流于浅显粗陋,所以会轻浮、不实在。

【度阴山曰】

我们必须知道"止"。强干精明当适可而止,不要凭借优点而高傲;机警敏锐当适可而止,不要凭借优点而流于轻浮。"止"是止于至善,是去欲,是去贼之法。

16

气质之难变者,以客气之为患,而不能以屈下于人,遂至自是自欺,饰非长教,卒归于凶顽鄙倍。——《从吾道人记》

王阳明说,人的气质之所以很难改变,是因为虚伪自大的习气在作怪;习气作怪,因而不能放下身段,以至自以为是、自欺欺人、文过饰非、滋长傲气,最终变得凶恶粗鄙。

这里的"客气"指的是很多人的心中恶贼:虚伪。"主气"是凭实力说真话。比如,有做老师的能力,就要真诚地承认我就是能当你们的老师;如果明明有这个能力,却说我做不了诸位的老师,这就是虚伪。在阳明心学中,欲望不是我们最大的敌人,虚伪才是。

去别人家做客肯定要守礼节,不能如在自己家一样随便;如果在自己家中却不像个主人,搞繁文缛节那一套,就是这里说的"客气"。

【度阴山曰】

你去大街上，随便问一个国人："你最近好吗？"对方的回答大多会是"还可以""凑合"，很少有人会回答："好极了！"

中国人特别喜欢讲"谦虚"，这可能源于农耕文明下的集体思维——在集体中如果表现得过于突出，可能会成为"出头鸟"，被他人针对；大家习惯性地削减自身的不同之处，由此形成了谦虚的习惯。而这种谦虚并未随着生活方式的改变产生太大变化，仍根深蒂固。它是美德，但过于谦虚就会成为虚伪，成为心中贼。

17

语中多抗厉气，此气未除而欲任天下事，其何能济？——钱禧《阳明别录选序》

抗厉气是"高尚正大"之气，"端着架子"之气，自以为站在正义立场的傲气。人如果有这种气，给他人的感觉一方面是"站着说话不腰疼"，另一方面是不接地气。有这种气，也容易打着正义的旗帜干邪恶的事却不自知。世间很多大恶事，都是这种人做出来的。

【度阴山曰】

小心你身边那些看上去义不容情、不近人情的人，更要小心那些总自以为站在正义一方的人。

第十五章 此心不动

他一疑，事便成

1519年，宁王朱宸濠叛乱。王阳明为平乱采取了许多措施，其中之一就是散布各种假消息以迷惑敌军。

有下属对王阳明这一行为不以为然。他们问王阳明："这有用吗？"

王阳明不答反问："先不说是否有用，只说现在朱宸濠是否起疑？"

有下属想了想，回答："不得不疑。"

王阳明笑道："他一疑，事就成了。"

疑是什么？是心动。

众人对此不解。王阳明解释说："朱宸濠虽然苦心经营多年，但他的反叛不得人心。虽然有众多官员归顺了他，但其中很多人是为形势所迫，并非出于良知的判断而追随他。也就是说，朱宸濠的势力表面上人多势众，实际上一盘散沙，他的失败是迟早的事。朱宸濠也知道这点，所以心怀疑虑。另外，他自己也知道反叛是错的，正所谓做贼心虚，一点儿风吹草动都会被他认成惊涛骇浪。人如果处于这种心理状态中，怎么会专心致志于事情本身？"

心动，是怀疑，是犹豫不决，是患得患失，很多时候是所行不合义（良知）而已。

后来的事正如王阳明所料，朱宸濠果然失败了。

1

> 心之本体原是不动的，只为所行有不合义，便动了。——《传习录·钱德洪录》

心之本体是良知，所谓良知不动，是指良知不会受到外物的主导，却能主导外物。但有一种例外情况，那便是你不听良知指导，做了不适宜的事，良知便会惩罚你，让你受到外物的主导。一旦受到外物主导，心便动了。

所谓心动，是良知对人不听它指导的报复。报复的方式，是让人心不安。

【度阴山曰】

"不适宜的事"有两种，一种是违背道德的事，一种是人不熟悉的事；那么"适宜的事"当然是符合道德要求的事或人熟悉的事。

有十几年驾龄，便能轻松自如地驾驶车辆；有十几年教龄，便能淡定从容地教导学生；游泳的老手，每次下水都认为自己是条鱼。

第一次驾驶，第一次讲课，第一次游泳，多会使人紧张，这种紧张便是"心动"。若想心不动，你所做的事情必须是适宜的，是你熟悉的，处于你多年来的舒适区。

为什么很多人都喜欢去自己长期生活过的地方？因为这种地方对人来说熟悉而适宜。为什么很多人受伤后都想回家？因为家是熟悉的，家不会让人紧张。

2

> 草有妨碍，理亦宜去，去之而已。偶未即去，亦不累心。若着了一分意思，即心体便有贻累，便有许多动气处。——《传习录·薛侃录》

大思想家程颢和弟弟程颐去参加宴会。宴会上，程颢对宴会主人派来服侍他的美女温存备至，而程颐对服侍他的美女视而不见。回家后，他指责哥哥有失体统。程颢大吃一惊说："我当时在饭局上，怀里有美女，心中就有美女；现在回家了，怀里没有美女，心中也没有了。而你直到现在心中竟然还有美女？"

许多动物的思维中只有现在，人则会思考现在、过去和未来。知道得越多，痛苦越多。人总是对过去的事难以忘怀，为未来的事焦虑万分，就是看不到现在。这叫"着了一分意思"，是让人"心动"的原因之一。

【度阴山曰】

如何"不着一分意思"？

第一，认识到世界上没有任何事物是完美的；执着于完美的事物，是逆天而行。

第二，要尽可能地了解更多关于自己所面对的事物的信息，才不易被它干扰。

第三，拒绝"非黑即白"模式。这个世界不是二元的，而是多元的，要允许多元化。

3

> 过去未来事，思之何益？徒放心耳！——《传习录·陆澄录》

人往往对过去的事情最眷恋，对未来的事最渴望，对当下的事毫不在乎。过去的事已经过去，未来的事还没有发生；把心放在过去和未来，都是在放纵自己的心，让心不得安宁。人，最应该做的是关注当下，做好当下。

【度阴山曰】

请把这句话当成你以后人生中最重要的格言：想做就立即去做！

如果想做而没有立即去做，你就会一直纠结，非但做不好正在做的事，还会耽搁做真正想做的事，这就叫"两头空"。

4

> 圣贤只是为己之学，重功夫不重效验。——《传习录·钱德洪录》

圣贤之学很"自私"，它纯粹为人的内心安宁服务，除此之外，全然不顾。圣贤之学不看结果，只看过程：过程才是最美好的，因为只有过程才能让人磨炼内心；只要在过程中尽心尽力，没有感到遗憾和亏欠，结果就不重要。

董仲舒有言："正其谊不谋其利，明其道不计其功。"这是圣人的基本法则。许多人不是不注重过程，但他们注重过程的目的是得到好结果，这也是一种舍本逐末。

【度阴山曰】

人永远不会对获得成功的过程"心动"，因为在过程中是"沉浸"的；人只会对成功"心动"，因为成功的一刹那的确会让人心花怒放，甚至得意忘形。

王阳明不是认为结果不重要，只是希望你尽可能不动心，所以才刻意忽视结果而强调过程。孟子说"知命者不立乎岩墙之下"，便是这个道理。既然结果可以让人"心动"，那就不要大肆赞扬结果，而要赞扬不会使人"动心"的过程。

5

> 公私何所辨？天动与人为。——《忆昔答乔白岩因寄储柴墟三首》其二

如何分辨公私呢？王阳明的方法很简单：符合天理（天动）的事就是公，属于人为（人欲）的事就是私。比如，一棵树自然生长，这就是天理；有人要揠苗助长，这就是人欲，因为揠苗助长违背了自然规律。吃饭就应该细嚼慢咽，这是由我们的生理决定的，是天理；非要狼吞虎咽，必定有被噎住的风险，这就是人欲。

【度阴山曰】

顺天而行便是公，逆天而行便是私，这里的"天"便是人类无法更改的客观规律，比如万有引力。

如何做到"公"？很简单，便是不要眼红。

据说，王阳明被封为新建伯后，寒冬时节，居然不戴个棉帽。有嫉妒他的人便嘲讽道："您真是热啊！"王阳明反击说："您却是眼红啊！"

如果能做到对他人他事不眼红，只专注于做自己的事，这便是"天动"，反之便是"人为"。

6

> 善念存时，即是天理。此念即善，更思何善？此念非恶，更去何恶？——《传习录·陆澄录》

行事时有善念，且此事符合天理，行事者就是圣人。刻意去想善，就偏离了正道。我们应该把存善念与呼吸等同——呼吸是维持生命所必要的，我们不用总想着要呼吸、要如何呼吸。刻意为之就是"伪"：本来行善是善的，一旦刻意，明明还在行善，也不是善了。

【度阴山曰】

你无法同时拥有青春和对青春的感觉，拥有青春而想感觉青春时，青春就不在了。

行善也是如此。在行善的同时想着自己在行善，那这善行便不是真正的善行。因为三心二意的善，根本不是善。

7

心体上着不得一念留滞，就如眼着不得些子尘沙。些子能得几多？满眼便昏天黑地了……这一念不但是私念，便好的念头亦着不得些子。如眼中放些金玉屑，眼亦开不得了。——《传习录·黄以方录》

王阳明认为，心上有自私的念头自然不对，但有好的念头在也不对。有人对此大为怀疑——难道心存善念不可以吗？

心存善念当然可以。在处理事情时，善念自然而然地发出，为善也变得水到渠成；但若没有事时心里总刻意存着善念，这就是"欲望"。

【度阴山曰】

蒲松龄记载："有心为善，虽善不赏；无心为恶，虽恶不罚。"这句话正是上述道理最好的注解。

8

善念发而知之，而充之。恶念发而知之，而遏之。知与充与遏者，志也，天聪明也。——《传习录·陆澄录》

遇事时有一善念，立即了解它，并将它扩充到底；遇事时有一恶念，也要立即了解它，并将它遏制到底。坚持这种态度，面对风吹浪打都不动摇，如此便能内心安宁。心安就是强大，而内心强大的标志，即对待任何事物既不漠不关心，也不过度投入。

人有善念，很多时候行事不需要过多考虑；经过重重考虑才做事，要么是因为有私心，要么是因为良知的大小不够。人有恶念，做事时则会绞尽脑汁。有人花费很大力气才能遏制恶念，而有人干脆任恶念蔓延。

【度阴山曰】

一个好人，一辈子做好事，一个坏人，只做了一件好事，无论一个人做了多少好事，大家都会因他为善而赞扬他。

知此则知，对于恶人来说，一条险路走到底，结局一定黑暗无光，努力尝试将恶念扭转为善念，才能见到光明。

9

> 惟贤温雅，朋友中最为难得，似非微失之弱，恐訾笑之来，不能无动；才为所动，即依阿隐忍，久将沦胥以溺。每到此便须反身，痛自切责为己之志未能坚定，亦便志气激昂奋发。——《书顾惟贤卷》

有人害怕面对毁谤而不敢行动；一有行动，遇到他人指摘又只能忍气吞声，久而久之只会沉沦于毁谤。

心不强大，必会"乱动"。经常有这样的人：每当感觉自己处于弱势时，就害怕遭人诋毁、被人嘲笑，不敢继续做自己，或者才开始做自己，就因为别人的非议、讥笑而选择隐忍、不敢反驳，久而久之也就沉沦于毁谤，失去信心了。

如果你也有这样的经历，就要严厉地自责，提醒自己要做到"此心不动"。

【度阴山曰】

所谓"谁人背后无人说，哪个人前不说人"。那么，当面对别人的毁谤该怎么做呢？王阳明的办法可以供我们参考。

王阳明常常受到他人的毁谤。开始时，他无法接受，听到毁谤时便暴跳如雷，后来他渐渐冷静，还让人把毁谤他的话写下来，然后想到此时不得放过（若此时放过，闲时讲学何用），于是开始静坐反省；许久后，他再面对那些毁谤他的话，还有怒气，于是马上再静坐反省。如此循环往复，直到看到毁谤之语时非但不生气，而且感觉这些毁谤就像根本没发生过一样，就算事成了。

王阳明的这一方法看似笨拙，其实正体现了他的学问中效用最为立竿见影的心法，这个心法就是事上磨炼。事上磨炼最难，但磨炼后有奇效。你能用这种方法搞定毁谤，就能搞定所遇到的艰苦挑战，进而能搞定人生。

10

故夫一凡人誉之而遽以为喜，一凡人毁之而遽以为戚者，凡民也。然而君子之自责则又未尝不过于严也，自修则又未尝不过于力也，夫然后可以遗荣辱，一死生。——《寄云卿书》

听到赞美便喜不自胜，听到批评便黯然神伤，这是内心脆弱的庸人。内心强大的人，会平静地接受赞美和批评。他们接受赞美时会自我精进，接受批评时会自我检讨。只有努力让自己用平常心对待毁誉，才能祛除荣辱心、树立正确的人生观。

【度阴山曰】

你不想因为他人的批评而烦躁，那就不要因为他人的赞美而欣喜。

我们在事上磨炼，不但要练习面对批评时不烦恼，更要练习面对赞美时不欣喜，后者尤其重要。只有漠然于赞美，才能平静于批评。

11

夫圣学以一为要。一者，无欲也。人之欲大约有二：高者蔽于意见，卑者蔽于嗜欲，皆心之累也。——《年谱·嘉靖二十一年》

知行难一，是因为人有私欲，而私欲会使人"心动"。私欲是超出人基本需要（天理）的一种"要"，其大致有二：一是意见（人对他者的观点）；二是嗜欲（贪图感官享受的欲望）。在心学中，这两种私欲，前者会比后者造成更严重的后果：一个人如果理念偏执，不肯吸收他人的思想，"理障"就形成了，他的面前好像竖起了一面高墙，即使撞得头破血流都不会开窍。

【度阴山曰】

有嗜欲的人，往往是性情中人，有克制嗜欲的可能；但有理障的人很难将其消除。私欲从中把知和行隔断，人就不能圆融一体。固执、贪婪，这是大多数人不能知行合一的主要原因。

12

今人于吃饭时，虽无一事在前，其心常役役不宁，只缘此心忙惯了，所以收摄不住。——《传习录·钱德洪录》

能吃好每顿饭、睡好每一觉的人好像不多。因为很多人难以专注于当下的事，干着这个，心里却想着那个，很多事都滞于心中，不能摆脱。心特别忙的人，多是除追名逐利外别无其他的人。追命逐利，是心大动，"治疗方法"只有静坐。

【度阴山曰】

需要注意的是，王阳明提倡的静坐不是傻乎乎地坐着，而是要在静坐时对过度的私欲"开战"，要抢回本心失去的那些"地盘"，平息心中那些"兵荒马乱"。

13

昔有问:"人能养得此心不动,即可与行师否?"先生曰:"也须学过。此是对刀杀人事,岂意想可得?必须身习其事,斯节制渐明,智慧渐周,方可信行天下。未有不履其事而能造其理者,此后世格物之学所以为谬也。孔子自谓军旅之事未之学,此亦不是谦言。但圣人得位行志,自有消变未形之道,不须用此。后世论治,根源上全不讲及,每事只在半中截做起,故犯手脚。若在根源上讲求,岂有必事杀人而后安得人之理。"——《征宸濠反间遗事》

有人问王阳明:"如果能养得此心不动,是不是就可以上战场,参与军事?"

王阳明回答:"也需要学些军事知识。这是性命攸关的事,哪里是凭想象就能掌握的?一定是有了相关的经历,才懂得怎么控制局面,考虑问题也渐渐变得周到细致,才有自信于世间行走。没有人能够不经历事情就掌握其中的道理,这也是后世的格物学说错误的地方。孔子说自己不懂军事,也不是谦虚的话。但是圣人实现理想,不必靠打仗,自然有办法在灾祸形成之前就将其消灭化解。后世在谈论国家治理时,不从根源处想办法,遇到问题都从半路下手,所以会束手束脚。如果从根源处想办法解决治国的问题,哪有非得杀人才能天下太平的道理。"

【度阴山曰】

上文的这段话非常重要,它讲述了王阳明的两个观点:第一,做任何事都要有点儿经验,这经验哪怕是模拟来的,也必须有;第二,真正懂得格物的大师,不会让自己走到通过杀戮解决问题的地步,而是在灾祸未发生前就将它处理掉。所以,杀人未必不对,但一定不是首选。

1517年,王阳明奉命到江西剿匪。许多朋友都来送行,有人担心王阳明的安危,因为江西的山匪非同一般;也有人认为王阳明此去肯定要几十年才能凯旋;有位朋友却说,王阳明此番前去,必定很快立功。

旁人问他原因,这位朋友说:"吾触之不动矣。"

"触之不动"正是阳明心学的目标，是无论面对什么样的处境都宠辱不惊，不因得失而动心。

人生在世，总为功名利禄、权势尊位所牵制，心就不自觉地被触动。一旦心动，人之精气神则不会专注于事情本身，就会遭受失败。如果人能做到不被这些外物主导，那便是做到了"此心不动"。"此心不动"是圣人之境界，也是平凡人的高光时刻。

14

惟古为学，在求放心。心苟或放，学乃徒勤。——《铭一首》

人生美好的境界就是"放心"（"心安"）。人之"心安"必是"此心不动"；"此心不动"，才能学有所成。人放心后，做事效率会显著提高，因为心无挂碍时，人便不会胡思乱想；心只在一处用力，遇到的问题自然迎刃而解。"静"真正的力量便是置心一处，旁若无物。

【度阴山曰】

让你的念头自然流动，然后全神贯注于念头上，看着它起，看着它落，看着它消失。

"此心不动"，不过是念头不动，而不是没有念头。念头动时，别干扰它，别阻断它，只静静地看着它运动，思考你是如何来到世间，又会怎样从世间离去……

15

夫君子之所谓敬畏者，非有所恐惧忧患之谓也，乃戒慎不睹，恐惧不闻之谓耳。君子之所谓洒落者，非旷荡放逸，纵情肆意之谓也，乃其心体不累于欲，无入而不自得之谓耳。——《答舒国用书》

君子所说的"敬畏",不是指有所恐惧、忧患,而是指在无人看见、无人听到的地方也能保持戒慎恐惧之心;君子所说的"洒落",不是指放荡不羁、纵情肆意,而是指内心不受物欲牵绊,不论在什么境况下都能安然自得。

【度阴山曰】

君子之所以戒慎恐惧,只是担心天理的昭明灵觉之处有时会变得昏昧无知、放纵逸乐,陷入邪恶、狂妄的状态,而失去了心之本体的中正。戒慎恐惧的功夫一刻也不中断,那么天理就能常存心中,天理中昭明灵觉的本体便不会有亏欠或被遮蔽,不会受到干扰,自然也就没有恐惧忧患,没有好乐愤恨,没有意必固我,没有歉馁愧怍。此心和气融洽、晶莹透明,充塞流行于天地之间,动作容貌、揖让进退都符合礼节,随心所欲而不逾越规矩,才是真正的"洒落"啊!

所以,内心常存天理,才能感到"洒落";时刻保持戒慎恐惧,才能做到内心常存天理。只因不懂"洒落"是心的本来状态,敬畏是"洒落"的必要功夫,错误地认为敬畏和"洒落"是两个东西,将心一分为二,所以才会互相矛盾,行为举止多有违逆之处,变得急切冒进。

16

> 心安则气和,和气致祥,其多受祉福以流衍于无尽,固理也哉!——《卧马冢记》

心安则气和,好比心脏正常跳动,气息就和顺,气息和顺则代表着心率规律。从这方面来看,人如果想要心脏健康,气息必须和顺。

想要气息和顺,只有一个办法:心安。心安与气和,是个良性循环:你以为心安能使气和,其实是气和之后才能心安;你以为气和能使心安,其实是心安之后才能气和。

【度阴山曰】

人不遇事,大都能心平气和,遇事就不一定了。如何在遇事时心平气和地处理事情？这需要通过静坐来使自己的心安静下来。

一个人静坐后而心平气和，则能平和处事，自然会有福气降临——你会发现敌人变少，而朋友变多。所以要想有福气，先要平和处事；要想平和处事，先要气和；要想气和，先要心安。心安就是内心无所亏欠。

17

论及"学无静根，感物易动，处事多悔"，即是三言，尤是近时用工之实。——《答伦彦式书》

因为常人容易被功名、财富等外物勾引，着了魔一样为这些外物奋斗。功名、财富本是心外之物，怎么会勾引到我们呢？王阳明的回答是因为"学无静根"。

内心欲望强的人，容易受外物吸引，反之，那些内心平静、良知光明的人，知道按良知指引去行动，所以不易被外物撼动，自然做事不易懊悔。

"静根"不是死寂之根本，而是无欲之本心。

常人为什么总会后悔？是因为没有练出"静根"。所谓"静根"的"静"是"无欲"，即是说，当一个人没有私欲（主要指得失）时，遇到事物便不会心动。

想要练出"静根"，也是一种"想要"；一旦"想要"，心便动了，心一动，人便会冒冒失失地做事，事后注定后悔。

其实，人处事多悔，不过是因为在得失心的影响下，在错误的时间做了看似正确的事，或者是在正确的时间做了错误的事。

【度阴山曰】

"此心不动"，即心无得失。

出生在富贵人家，所以对钱财珍宝无感；拥有强烈的人格魅力，经常有美人投怀送抱，所以对美人无感；拥有的东西太多，所以对任何事物都无感……这些"心无得失"，只是因为有特殊的出身或际遇，十分容易就可以获取某种特定的事物，所以失去了部分得失心。

如果没有上述条件，便总会有得失心，会有"心动"。此时，如何做到"事后不悔"呢？

首先你要知道，处事多悔是因为自己将某事定义为错误的事，定义为人欲。比如，在心里将暴饮暴食定义为错误的事，定义为人欲，但又禁不住口腹之欲的诱惑，忍不住胡吃海塞，那么吃完一定会感到后悔。倘若把暴饮暴食定义为正确的事，那么即使吃掉一整头猪，也不会感到后悔。

"学无静根"的"静"，不是客观存在的，也不是后天学来的，而是你自己定义的。定义为正确，怎么做都正确；定义为错误，怎么做都错误。

18

> 心不可以动静为体用，动静，时也。即体而言，用在体；即用而言，体在用，是谓"体用一源"。——《传习录·薛侃录》

心不能用动静来区分体、用，因为动、静不过是一时的状态。就本体而言，作用蕴含在本体之中；就作用而言，本体呈现于作用之间。这就是"体用一源"。比如，吃饭时，吃的过程是用，吸收营养的过程则是体；为了吸收营养就要吃饭，而吃饭的过程就是吸收营养的过程，这就是"体用一源"。动和静，理论上可以区分，但现实中难以区分。

【度阴山曰】

理学大师程颐喜欢"静中动"，动是方法，静是目的；王阳明则喜欢"动中静"，于是，静就成了方法，动则成为目的。二者之中，谁更有机会和潜力引导人创造事功，自然明了。

19

> 夫君子之论学，要在得之于心。众皆以为是，苟求之心而未会焉，未敢以为是也；众皆以为非，苟求之心而有契焉，未敢以为非也。心也者，吾所得于天之理也，无间于天人，无分于古今。苟尽吾心以求焉，则不中不远矣。学也者，求以尽吾心也。——《答徐成之书》

王阳明认为，君子论学，关键在于自己内心的认同，不但要在内心认同，在行动上也要遵循这种认同。大家都认为对的道理，如果反求于内心而不能领会，便不敢认为对；大家都认为错的道理，如果反求于内心而有所契合，便不敢认为错。我们的本心，是从天理那儿得来的，无论天人、古今，都没有分别。

【度阴山曰】

如果所有事物的理都在心中，那只需要在心中努力求索即可。于是，就有了阳明心学的三种境界：自尽于心、自得于心、自快于心。所谓"自尽于心"，是做一件事时尽心尽力；所谓"自得于心"，是人尽心尽力去做一件事，时间久了就可以拥有自己的方法；使用自己的方法，别人无法轻易复制，用自己的方法尽情地施展才华，一定会感受到快乐，这便是"自快于心"。

我们人生中做成的每一件"漂亮"的事，肯定都包含着这三个境界；尽心之后就会得心应手，得心应手自然会快乐。"自快于心"可不仅仅是一门学问，更多的是一种人生境界。只有到达这一境界，人才算没有白活，也就死而无憾了。

第十六章　自作主宰

尽其在我

　　王阳明曾在一封家书中写下这样的话："家中凡百安心，不宜为人摇惑，但当严缉家众，扫除门庭，清净俭朴以自守，谦虚卑下以待人，尽其在我而已，此外无庸虑也。正宪辈狂稚，望以此意晓谕之。"大意为："家中老小尽可放心，不要被人动摇、迷惑，只需严格管束好家人，扫除败类，保持清静、俭朴、谦虚、恭敬待人，做好自己该做的，其余事情不用多虑。正宪（王阳明嗣子）他们轻狂幼稚，希望您把我的意思明白地告诉他们。"

　　其中的"尽其在我"，很多人都把它解释为"做好自己该做的"，但意犹未尽。这四个字的外延意思，是"我心中有良知，只要听凭良知的指示，做好我该做的，那就没有任何问题"，这便是"自作主宰"。

　　孔子说："仁远乎哉？我欲仁，斯仁至矣。"唐代的药山惟俨禅师说："须向高高山顶立，深深海底行。"梁启超说："我有耳目，我物我格；我有心思，我理我穷。"这也都是"自作主宰"的意思。

1

常快活便是功夫。——《传习录·陈九川录》

人为什么经常不快乐？因为人常把当下的宇宙"变成"无数平行宇宙，方法是——回忆过去，担忧未来。同时，人常"这山望着那山高"，畅想得失。只有对于"当下"，人常轻描淡写，轻易放过。

而"快乐"这种情绪最现实，因为它必须在现实中才能出现。回忆从前的美好，固然可以快乐，然而回忆结束会更加空虚；畅想未来的美好，固然也可以快乐，但回到现实后，想到那美好尚未实现，成倍的痛苦马上迎面袭来。

至此我们可知，"常快活"不是一种情绪，而是一种唯有关注当下才能抵达的境界。"常快活"，即心法、功夫，是心中佛；反之，不常快活，则是心中贼。

【度阴山曰】

如何做到常快活呢？首先，无论用什么方法，让自己快乐起来；其次，意识到"其次只是其次"，除了前面一点，其他都是次要的。

2

问:"上智下愚如何不可移?"

先生曰:"不是不可移,只是不肯移。"——《传习录·薛侃录》

此处的"上智"并非智慧,而是品德。孔子认为"极有品德的人和极没有品德的人,都是不能改变的",而王阳明则认为"这两种人不是不能做出改变,而是不肯改变"——江山易改,本性难移。

人的本性一定是有的,至于后天的可塑性是不是有,人们历来争执不断。王阳明认为所有人的本性一样,是善的,但有人后天被习气所染而变恶,可只要肯做出改变,就能回到善的道路上。

那么,人是不是也能由善走向恶?王阳明的回答是肯定的。但人性终究是善的,只要肯再改变,仍能回到善的道路上。

【度阴山曰】

做出怎样的改变都很困难,因为多数人更喜欢长久的平衡,而改变意味着失衡。对于爬山,攀爬的过程困难,爬到山顶还有可能需要一段时间来适应山顶的高度和环境;改变也是如此——改变的过程困难,改变后还有可能需要一段时间来适应改变后的状态。

人一出生,确立人品性好坏的年纪大致是12~16岁,在这个时间段中,孩子可以变成好人,也可以变成坏人,这改变的过程一点儿也不费力。过了这个时间段,品性还想有所改变,就难了。

但只要你的内心坚持要改变,就没有任何力量可以阻止你——你命由你,不由天。

3

或问:"致良知工夫,恐于古今事变有遗?"先生曰:"不知古今事变从何处出?若从良知流出,致知焉尽之矣。"——《传习录拾遗》

从王阳明龙场悟道算起，阳明心学距离我们已有五百余年，很多人认为它在当今这个时代已经无效了。这五百余年的时间固然存在，可那时人的心理和今人的心理，并无太大差别。所以，阳明心学在今天仍然适用，致良知的心法也还没有"过期"。

【度阴山曰】

中国历史，是少有的有明确记载、基本连续、时间跨度较长的历史。对于国人来说，的确应该读一读中国历史来明智。

为什么读历史可以明智？因为古今人心基本相同，你今天遇到的大多数事物，古人都遇到过。只要运气足够好，你就能在历史中精准地找到人生问题的答案。

4

> 圣人只是一能之尔，能处正是良知。众人不能，只是个不致知。——《传习录·钱德洪录》

能区分是非善恶并存善去恶即致良知，不能做到则不能致良知。"致"和"不致"，相差的只是一个"变现"罢了。为什么普通人难以把良知"变现"呢？读到这里，你应该也有了自己的思考。

良知能区分是非善恶，圣人有这样的良知，普通人也有。但圣人可以把这"能"变成现实，普通人却难以做到。能将良知变成现实，就能主宰自己的命运，否则只能听天由命。任何有良知的人，都可以做到在人生中自主沉浮。

【度阴山曰】

怎样改变命运？听命于良知，听从内心深处最真实的声音。

其实就是一句话：按照良知、本心来做事，便可以改变命运。

5

> 本院亦无意必之心……量力可行即行，可止即止。——《思田公移·行参将沈希仪计剿八寨牌》

尽心者必然尽力，而且力量无穷；尽力者未必尽心，只尽力而不尽心者，劳累无功。人致良知，有方法，自然也有注意事项，最重要的注意事项就是"量力而行"。所谓量力而行，其实是量心而行。心若在，力就在；心不在，力气也无法使出。可行可止，不在力气，而在心力。

【度阴山曰】

老子说的"无为"，便是"不用力"。

如果做一件事时，你觉得已经用出了吃奶的力气，那么请思考一下：这件事是否适合你？

自作主宰，必须建立在"无为"（"不用力"）之上。

6

> 凡人之为不善者，虽至于逆理乱常之极，其本心之良知，亦未有不自知者。但不能致其本然之良知，是以物有不格，意有不诚，而卒入于小人之归。——《与陆清伯书》

行为之美恶，人人都知道。小偷当然知道偷窃是不对的，奸臣当然知道欺上瞒下是不对的，因为这是良知告诉他们的，然而他们都违背良知去做了。不能致良知，并不是因为致良知需要很大力气。致良知只需要做对的事，停止做错的事——这是多么容易的事！

【度阴山曰】

正因为致良知容易，不致良知才更容易。对于一扇门，如果关门容易，那开门一定没有那么难；但一关一开间，君子小人，便可分明了。

7

> 君子乐得其道，小人乐得其欲。然小人之得其欲也，吾亦但见其苦而已耳。——《为善最乐文》

君子喜欢追求道，小人喜欢追求欲望。道，是内心的宁静平和，是心内之物；欲望，是对荣华富贵的渴求，是身外之物。

追求身外之物，可能成功，也可能失败，但大多时候是失败的，这种失败会带来痛苦。而追求道就没有这种痛苦，因为道是我们心中的东西，所以我们可以控制它。

【度阴山曰】

道是"走心"的，欲是"走肾"的。"走心"使心愉悦，"走肾"消耗身体，且最终只会导向寂寞无聊。

所谓道、欲，都不是客观存在，而是不同人对同一物的认识。对于任何一种事物，乐得其道的人会适可而止，乐得其欲的人则无休无止。

所以，你要懂得一点：你能主宰事物的好坏。

8

> 当弃富贵即弃富贵，只是致良知；当从父兄之命即从父兄之命，亦只是致良知。其间权量轻重，稍有私意于良知，便自不安。——《与王公弼书》

什么叫致良知？就是该干什么就干什么，不该干什么就不要干什么，也是"时中"。所谓"中"是"中道"，"时"是时势、时下、当时。当下应该做什么就做什么，即致良知。那什么时候该做一件事，什么时候不该做这件事，衡量标准是什么呢？是"心安"。做一件事的事前、事中与事后都是心安的，那做这件事即为致良知；反之，无论这件事能给他人带来多大的益处，也非致良知。

【度阴山曰】

阳明心学有威力的地方也在于此：无论男女老幼，人人皆能触碰到一样的天理。我们做人、做事时，并非从心外得到了天启，而是听到了内心的回音！回音的主人是你自己的声音，你能掌控它。

9

若夫闻誉而喜，闻毁而戚，则将惶惶于外，惟日之不足矣，其何以为君子！——《答友人书》

被人赞美则手舞足蹈，被人批评则暴跳如雷，这是典型的被他人言语操纵的木偶。别人让你跳你就跳，让你跑你就跑，哪里还有自主精神？人活在别人的评价中，没有自主意识，这和死亡本无区别。

【度阴山曰】

为什么很多人会特别在意别人的评价？因为我们活在各种关系中，是关系中的一环，不单纯是自己。为了有质量地活着，我们需要让各种关系维持稳定；为了维持稳定，我们当然要不断平衡各种关系，做出各种妥协。

若想不看他人脸色地活着，就要釜底抽薪，尽可能地抛弃无用的关系，投入更多精力去完善自己，因为完善自己永远比取悦他人更容易。要记住，你被他人称赞的那些"理"，不在他人那里，而在你自己身上。

在他人的"眼中""口中"修行，是把主宰权交给了他人；在自己的心上修行，才能自作主宰。

10

> 凡人情好易而恶难，其间亦自有私意气习缠蔽，在识破后，自然不见其难矣。——《答黄宗贤应原忠书》

一个孩子，让他学脏话，他很快就能学会；让他背诵一首诗，他多半要花段时间才能背诵，或要抓耳挠腮背不出来。原因就在于，人之常情是喜欢容易而厌恶困难的。我们之所以喜欢容易的事物，是因为只需按情感流露，顺其自然即可达成；而那些困难的成就，非要劳心劳力，对自己强加要求才可达成。

【度阴山曰】

如果内心充满了私意（只在乎自己，不在乎他人），那我们便自然地滑到喜欢容易事物的方向；但如果内心没有被私意和习气缠绕、遮蔽，我们就会在在乎自己的同时在乎别人，这时便需要我们用心去维护自己和他人。

只顾自己容易，顾自己又顾他人难。但容易的往往是深渊，难的往往才是天梯。

11

> 若除去了比较分两的心，各人尽着自己力量精神，只在此心纯天理上用功，即人人自有，个个圆成，便能大以成大，小以成小，不假外慕，无不具足。——《传习录·薛侃录》

我们存天理，去人欲的目的是做最好的自己，而不是要去和别人比较以显示自己有多"干净"。

人人自有天理，人人也自有人欲。每个人的天理和人欲，形式与内容都不同。我们的修行，最终是要让自己舒服，不需与外人比较。

你所主宰的一定不是自己无法控制的，你所主宰的一定是自己，因为你能控制的只有自己。

【度阴山曰】

存天理，去人欲，是存自己的天理，去自己的人欲，别总盯着别人的天理和人欲。吃着自己的饭，替别人赶獐子，是十足的笨蛋。

12

圣人之道，求之于心，故不滞于事；出之以理，故不泥于物；根之以性，故不拘以时；动之以神，故不限以地。——《别梁日孚序》

圣人之道，是在自己心中探求，所以不局限于什么事；圣人之道中，发挥作用的是天理，所以不局限于什么物；圣人之道，以人的天性为根本，所以不被时间拘束；圣人之道，要用精神来驾驭，所以不受空间限制。

【度阴山曰】

圣人的学说本身就是每个人心里的学说，所以只要在心中求，就能得到圣人的学说。

遇到任何事，只需要问问自己的内心："是做还是不做？"掌握了这种方法，什么事都可以解决，这就是"不滞于事"。遇到任何物，只需要以"心安"这个标准去处理，这就是"不泥于物"。

用人性和良知去待人接物。只要有人性和良知，无论在何时何地，面对何事何物，我们都能势如破竹。记住：我能主宰我的一切！

13

使在我果无功利之心，虽钱谷兵甲，搬柴运水，何往而非实学？何事而非天理？况子、史、诗、文之类乎？使在我尚存功利之心，则虽日谈道德仁义，亦只是功利之事，况子、史、诗、文之类乎？——《与陆原静书》

天理和人欲的一个区别，便是功利心的无有。做任何事，如果没有掺杂功利心，那事情本身就符合天理；如果做事时有功利心，那无论事情的成果惠及多少人，事情本身也是出于人欲。同样的事情是否符合天理，只取决于做事之人的心态。但是，不存功利心的事未必能推动历史进步，存功利心的人也未必阻碍历史进步。

【度阴山曰】

天是理，人多欲。站在理的立场来看，人的很多行为都是错的；但如果站在欲的立场，人的很多行为都是对的。圣人与凡人不同，凡人做事，必须追求报酬，这报酬在圣人眼中，便是人欲。

自作主宰时，你想的是为自己做主，还是为天做主呢？

14

一念改过，当时即得本心。——《寄诸弟书》

如果你不喜欢一个特别喜欢你的人，可以和对方说："我什么地方让你喜欢，我可以改。"这就叫"改过"。

王阳明说，一念改过即得本心，本心即心之本体的良知。你的良知当然知道你要什么，也知道你改正过错的目的是什么。所以人只要认识到自己错了，就应当在自己做错的事情上格物，修正自己的念头，回到良知的轨道上去。为什么人要改过？因为本心在潜意识里召唤人去它最温暖、最舒心的乐园里。

【度阴山曰】

知道自己做错，就马上改正；不知道自己有没有做错，更要全面地审视自己，因为你可能在这件事上没做错，但在其他事上做错了，这些错误也需要被改正。

人生是个不断改正错误而走向死亡的过程。既然是过程，我们便要经历它。改过好比跷跷板的运动，一边跷起来，另一边便降下去，如此来回，循环往复，无穷尽也。

别怕犯错，人人都会犯错，要怕不改错。

15

世之学者，蔽于见闻习染，莫知天理之在吾心，而无假于外也。——《祭国子助教薛尚哲文》

人常常被见闻和习气遮蔽与生俱来的最佳感觉，总认为一切道理都在心外，在权威人士那里。这样的认识，导致人人都向外求。由于外界的存在不受人的控制，所以人人都觉得自己没有自主权，跟随所谓的人生导师或是权威著作，亦步亦趋。

其实做人、做事很简单。不向外求，知道自己可以战胜一切即可。有了这样的意识，你就已经赢了一半。

【度阴山曰】

如果你做了件你认为比天大的错事，请记住：只要是事，便是人做的，只要是人做的，人就能挽救它。解铃还须系铃人，这就是"自作主宰"。

情绪崩溃时，不要去寻找他人的安慰。这个世界，除自己以外的人，全是外人。只有自己才能调整自己的状态，只有自己才能拉自己一把。

16

省察是有事时存养，存养是无事时省察。——《传习录·陆澄录》

反省体察是有事时的存心养性，存心养性是无事时对天理的反省体察。

【度阴山曰】

"自作主宰"的方式有两种：一是存养；二是省察。

所谓存养，就是"存天理之本然"，让天理保持其原有的模样。为什么可以做到这一点？不过是因为我们内心有良知，良知可以让天理保持原样。

所谓省察，如大儒许衡所言："人所不知而己所独知者，一念方动之时也。一念方动，非善即恶。"恶是人欲，必须将其遏制，不使其滋长。这便是"慎独"，是曾子的拿手绝活儿"三省"。

17

> 圣人之心如明镜，纤翳自无所容，自不消磨刮。若常人之心，如斑垢驳蚀之镜，须痛刮磨一番，尽去驳蚀，然后纤尘即见，才拂便去，亦不消费力。——《年谱·正德五年》

圣人的心就像明镜一样，再微小的障蔽，从中也看得见，自然不需要磨刮。但平常人的心，则像污垢斑驳、剥蚀严重的镜子，必须经过彻底的磨刮，把污垢和锈蚀都弄干净，才能照见灰尘，以后稍作擦拭，尘埃就没了，不必费许多力气——到了这种程度，就算是认识了心的本体。

如果污垢、锈蚀没有被擦掉，镜面上剩余的明亮处，落上了灰尘，虽然也能看得见，也能一擦就没。但在那些有污垢、锈蚀的地方堆积的灰尘，是难以被发现、清理的。

【度阴山曰】

冯梦龙记录过一则故事：三个小偷去盗窃，被人发现后仓皇逃窜，在翻越院墙时，第一人不小心掉进粪坑，但他没有提醒第二人，于是第二人也跳了进来，他们也没有提醒第三人，最后，三个小偷都掉到粪坑里了。第三个小偷很气愤，埋怨前两人怎么不告诉他越过墙有粪坑，第二个人指着第一个人说，他也没有告诉我啊！

冯梦龙评价：小偷多无道义，这是大家都知道的事情，这三个小偷是一根绳上的蚂蚱,其中任何一人都不愿意让同伙置身事外。

其实这个故事告诉我们的,不是小偷的心斑驳,而是心如明镜就不该做小偷。

阳明心学的"格物"是从心上格,也只有从心上格才能真正做到"自作主宰"。

格物有三种层次:从事上格,解决这件事;从理上格,探究通过这件事能得出什么道理;从心上格,思考这件事该不该做。

故事中第三个小偷埋怨前两个小偷,这是在事上格;从心上格,便不应该做小偷。心倘若有问题,那格物便不能成功。有人的人生糟糕透顶,不是不能格物,而是即使格物也无法格出真理来,这是因为此人的心不干净。所以,想格物成功,要先保证心是干净的。

18

> 吾辈用功,只求日减,不求日增。减得一分人欲,便是复得一分天理,何等轻快脱洒,何等简易!——《传习录·薛侃录》

我们用功修行,只求每日减少,不求每日增加。减去一分人欲,便恢复一分天理,多么轻快洒脱、多么简单的功夫!

"做加法"要消耗巨大的能量,"做减法"好比乘风而起,只需找到那阵合适的风,剩下的交给风即可。天理和人欲似乎是我们的朋友和敌人,在容量有限的内心之中,敌人越少,朋友就越多,反之亦然。

做事只要省力,我们便能轻易"自作主宰";倘若做事很费力,这件事一定有问题。

【度阴山曰】

存天理,去人欲,最好的办法不是做加法,因为加一分天理比去一分人欲更难做到,倒不如多在去人欲上下功夫,做减法。这就好比减肥,增加一个跑步机固然是好事,但远不如减少吃垃圾食品方便有效。我们常说:管住嘴,迈开腿。

迈开腿是加，是存天理；管住嘴是减，是去人欲。绝大多数时候，减比加见效更快。

19

> 圣人无所不知，只是知个天理；无所不能，只是能个天理。——《传习录·黄直录》

圣人真的能上知天文、下知地理吗？未必。因为其知道这不是存天理、致良知的必要要求。圣人一定要能预测未来吗？不需要。圣人唯一知道的是，自己凭天理做事，凭良心做事。圣人能做的，也不过是做些符合天理的事。这就足够了。

【度阴山曰】

"自作主宰"的绝密武器是什么？不过是存天理，掌握天理。天理若在，你就是主宰。

知道做什么事会让自己舒心，不做什么事会让自己舒心，这便是圣人"只是知个天理"。

第十七章　不忘初心

不忘初心

有个弟子在王阳明处学习了三个月,便提出要离开,王阳明便向他询问离开的原因。

弟子回答:"我在这里学习了三个月,您从来没有向我传授一句话,只让我用心读书,我觉得您不是位好老师。"

王阳明笑着问他:"还记不记得,当初你来时说了什么?"

弟子想了想,说:"来学'此心不动'。"

王阳明回答:"才过去三个月,你的心就动了,忘了来求学的初心。"

弟子很尴尬,但他固执地回答:"可这三个月,您什么都没传授给我啊!"

王阳明说:"你的心都没定下来,我无法传授知识。"

弟子再问:"如何定心?"

王阳明回答:"不忘初心。"

1

> 仆近时与朋友论学,惟说"立诚"二字。杀人须就咽喉上着刀,吾人为学,当从心髓入微处用力,自然笃实光辉。虽私欲之萌,真是洪炉点雪,天下之大本立矣。——《与黄宗贤书》

王阳明说:"我近来和朋友论学,只谈'立诚'二字;杀人必须在咽喉上用刀,我们做学问也应当从心髓入微处用力,自然就会笃实而有光辉。如此一来,即使私欲萌发,也会像大火炉中飘入一片雪花一样,马上便被融化,天下之大本就确立了。"

此处,王阳明所说的"咽喉"即"立诚"。"立诚"是真诚,是无欺瞒、无目的、无条件、无伪装,是一种至高无上的善。王阳明的立志,是念念不忘存天理,天理即善,于是立诚等于立志,立志即起心动念,即初心。

于是我们可以说,王阳明的这段话,是让我们谨记:咽喉处、心髓入微处即初心。

【度阴山曰】

"不忘初心"较早的出处是《孟子》中"不忘其初"一语。《孟子·尽心下》:"孔子在陈,曰:'盍归乎来?吾党之士狂简,进取不忘其初。'"《礼记》也有言:"礼也者,反本、修古,不忘其初者也。"这两个"初",意思相同,都是指"开始时",而"初"和"心"结合在一起,就成了如梦似幻的"初心"。"初心"的意思是"本来的志向或动机"。阳明心学中,志向是王阳明所说的立志,动机则是"一念",所以"初心"便是念念不忘存天理,是一念之善,是一种心境、心理状态。

宋朝有一对兄弟,哥哥宋庠拜相,弟弟宋祁曾任工部尚书。兄弟二人年轻时吃尽苦头,学有所成,后来中了进士,渐渐升官。

做宰相后,宋庠仍保持从前艰苦朴素的作风,而宋祁整日到处吃喝玩乐。宋庠就令人带话给宋祁:"还记得当初吃咸菜、喝粥的岁月吗?"宋祁回复:"不知当初吃咸菜、喝粥是为了什么?"

宋庠的初心是吃得苦中苦,成为人上人,宋祁的初心其实也是这样,但两人的表现方式大大不同。那么,我们不禁要问:兄弟二人,到底是谁忘了初心?

2

问:"心要逐物,如何则可?"

先生曰:"人君端拱清穆,六卿分职,天下乃治。心统五官,亦要如此。今眼要视时,心便逐在色上;耳要听时,心便逐在声上。如人君要选官时,便自去坐在吏部;要调军时,便自去坐在兵部。如此,岂惟失却君体?六卿亦皆不得其职。"——《传习录·陆澄录》

《聊斋志异》记载了这样一个故事。有个书生在森林中解救了一只狐狸,过了几晚,狐狸来敲书生的门,说是来报恩。书生特别喜欢这只狐狸,于是就抚摸着它,直到进入梦乡。他半夜醒来,却发现床上躺了一个美女,于是就惊讶地问:"你是谁?怎么跑到我的床上来了?"

美女就说:"我就是你解救的那只狐狸啊,我变成了美女来服侍您。"

书生指着美女说:"你还是赶紧变回去吧!"

这就是一种"不忘初心"。

什么是初心?很多人以为,初心就是做一件事的缘由。比如,有人想去爬山,那为什么要去爬山?这个答案就是此人的初心。这个初心,可能是"为了锻炼身体",可能是"为了登高欣赏风景"。总之,人的任何行为,必有原因。那么这个原因是否就等于初心？我以为如果只将初心理解为做事的缘由，那初心可能就没有我们想象的那么重要了。

在王阳明看来，初心是做事的缘由，但不仅仅是缘由。

【度阴山曰】

以下是对初心的大概解释。

第一，一切事物，符合理才能成，王阳明主张"心即理"，也就是说必须从心开始，用心来确定做某件事的缘由，才有可能成功。心所确定的缘由，就是初心。

第二，初心不仅是做一件事的缘由，还是一种状态，这种状态就是迫不及待、百折不挠、永不回头。支撑这种状态的一定是良知，因为只有从良知产生的、符合良知判断的事，才是正确的事；只有正确的事，才能让我们在做事的过程中始终保持热情和良好的状态。

第三，做一件事的初心，不是确立最好的理想，而是最喜欢的理想。回到书生和狐狸的故事中，我们可以很清晰地看到：书生喜欢的是狐狸，不是美女，所以他坚决不让狐狸变成美女。书生喜爱狐狸，是一种美好的状态，这种状态不会因为发生更好或者更坏的事情而改变。

第四，如果有一天你在选定的道路上走不下去了，良好的状态也已经消失，请回顾你的初心，看看确立初心时有没有意气用事，看看是不是在做正确的事。如果仍然觉得自己在做正确的事，那就重拾初心，继续前行。

做正确的事情，才能把事情做正确。人所确立的初心，只符合良知的判定，而不是符合欲望的判定，才能推动人心想事成。

3

惟恐吾侪尚有一善成名之意，未肯专心致志于此耳。——《寄安福诸同志》

行善最忌急功近利。许多人都有善心，但总希望行一善就立即看到效果，或者说这类人有行善的念头，大多是为了行善的效果。致良知是细水长流的功夫，好比乌龟只是悠闲度日（致良知），忘记时间、空间、自己……不知不觉，数十年就过去了。把自己长久地沉浸在行善的长河中，有一天，你定能发现，自己已然修行有成了。而在修行的过程中，不要总想着修行的成果，一旦有此种念头，即非行善，行善的效果也不会出现。

归根结底，我们要做到不忘初心。我们的初心是行善，而不是立即见到行善的成果。

【度阴山曰】

行善最容易犯的错误是"善归自己，恶归他人"。

王阳明年轻时曾在刑部任职。检查刑部大牢时，他发现大牢的官员克扣死囚的饭食来喂猪，而这些猪被喂得滚圆后，官员就把它们杀掉分肉吃。

王阳明严厉地揭发这些官员的作为，很多官员因此受到惩戒。当时，王阳明十分欣喜，认为自己做了件善事。多年后，当他建成了自己的心学体系，再回忆这件事时，不禁忏悔道："当时善归自己，把同僚的错暴露于光天化日下，非但没有成大善，反而成了大恶，可见人不学，真不行！"

虽然以现代人的思维考虑，维护罪犯应有的权利与揭发贪腐罪行并不冲突，但从王阳明的角度看来，他的初心是改善罪犯的伙食，至于揭发其他官员，大张旗鼓地树立自己大善的形象，是善归自己，恶归他人，并非好事。

4

> 始信心非明镜台，须知明镜亦尘埃。人人有个圆圈在，莫向蒲团坐死灰。——《书汪进之太极岩二首》其二

相信人心并非一尘不染的明镜，要知道明镜也会沾染尘埃。每个人心中都有悟道的天分，不要在蒲团上枯坐如死灰。

这首诗说我们的心不是一尘不染，自然不是天理，这似乎和王阳明向来主张的"心即天理"有冲突，但它仍说我们的心是明镜，只不过明镜也会沾染灰尘。

就是说，我们的初心是要认定"心"本就是一面镜子，不忘初心，便是镜子哪怕斑驳陈旧，也不要忘记仍可以通过努力让镜子再次明亮。

【度阴山曰】

无论别人对你的评价多么失真，多么恶毒，多么让你痛苦，都不要忘记自己的心是一面明镜，它能照彻万物，你本人便是一个能照彻万物的圣人。千万不要自暴自弃、"躺平"，让明镜沾灰。

每个人都有悟道的天分，激发这种天分，让你的生命之镜照亮整个宇宙。

5

澄曰："好色、好利、好名等心，固是私欲，如闲思杂虑，如何亦谓之私欲？"

先生曰："毕竟从好色、好利、好名等根上起，自寻其根便见。如汝心中决知是无有做劫盗的思虑，何也？以汝元无是心也。汝若于货、色、名、利等心，一切皆如不做劫盗之心一般，都消灭了，光光只是心之本体，看有甚闲思虑？"——《传习录·陆澄录》

陆澄说："好色、贪财、求名等心固然是私欲，而那些闲思杂念，为何也叫私欲呢？"

王阳明说："这是因为闲思杂念也是从好色、贪财、求名等这些根上生发出来的，找到其根源你就能明白了。比如，你心中知道自己绝对不会去做抢劫、盗窃之事。为什么？因为你原本就没有这个念头。如果你的贪财、好色、追求名利等念头，都像不做抢劫、盗窃之事的念头一般消失殆尽，恢复到心体的本然状态，那还有什么闲思杂念？这便是心体寂静不动，便是一切情感未发时的中正平和，便是心胸广阔、公正。这样的心体自然能够感遇外物而无所不通，心体的发用也自然能够符合中正节制，有事物呈现于心体也自然能够顺应了。"

人的初心是什么？就是没有贪财、好色、追求名利等念头的模样，但很多人把它忘记了。

【度阴山曰】

人的脑中有很多根"弦",其中有根"弦"是管理智慧的,所以当人犯蠢的时候,大家会说他"缺根弦"。如果脑中的"弦"都在,可总是没有章法地乱拨,就是"乱弹琴",胡思乱想便产生了。

胡思乱想,有负面的也有正面的。无论是正面还是负面,它都是我们最大的私欲。

王阳明曾说过这样的话:"心的本体上不能留存一丝念头,好比眼中揉不得一点儿沙子。一点儿沙子能有多少?却能使人睁不开眼。"又说:"这个念头不单指私念(阳明心学的坏念头),即便好的念头也不能有。若在眼睛里放一些金玉碎屑,眼睛也一样会睁不开。"

闲思杂虑看似没有求索名利,但追根究底,胡乱的思想还是从名利心上来。比如,人天天想着骄奢淫逸,虽然没用不光明手段去实践,可这些想法仍源于其名利之心。破除人欲,即破除多余的私欲,便没有了闲思杂虑;没有了闲思杂虑,脑中的"弦"则会安静下来,让你有时间和精力去思考真正应该做的事。

6

须从第一义上着力,一真一切真。——《与薛尚谦书》

"第一义"就是初心。以人的念头,将初心致到万事万物上,只要初心真,万事万物则真。离开初心,便会偏离正轨。

【度阴山曰】

从前有人养了一只鸟,他和鸟的关系十分融洽。有一天,鸟死了,他很悲痛,决定为鸟进行隆重的火葬。然而在焚烧的过程中,他突然闻到了扑鼻的肉香,于是忘记了自己的初心,买了瓶酒,吃吃喝喝,不亦乐乎。这难道不令人心寒吗?

7

夫过情非和也，动气非和也，有意必于其间，非和也。——《与许台仲书·又》

过度发泄和投入情感，不属于和（天理）；发脾气，自然也不属于和；在发泄和投入情感上抱有其他目的，更不是和。

小孩子每天都哭，哭起来震耳欲聋，停止哭泣后立即喜笑颜开。小孩子的脸说变就变，能从笑变哭，也能从哭变笑，大人却难以做到。

【度阴山曰】

小孩子哭时，哭本身就是其初心，不必过度，到位即可，能发能收；当外界环境使其不哭时，便会立即停止哭泣，这就是"不着"。小孩子很少像成人一样，把情绪挪移甚至保存，反复回味，最后忘了初心。

8

身之主宰便是心，心之所发便是意，意之本体便是知，意之所在便是物。——《传习录·徐爱录》

身、心、意、知、物，是一体的。

若要抬一根木头，心便发出这种念头，念头的正确与否由良知判断，良知判断可以抬这根木头后，身体行动，抬木头这件事就是物。要完成抬木头这件事，身、心、意、知，一个都不能少。所以说，心是一切，心主宰一切。

而初心，是心主宰一切的开始。

【度阴山曰】

对一件事的热情，便是初心。

处理事务时，只有怀抱热情，肯付出感情，才可能让这件事成为一件有益的事，一件大事。你的所有行动，都要围绕着初心展开。

事实是，热情一旦产生，不必刻意去围绕它做事；相反，它会笼罩着你，为你提供源源不断的动力。

9

与其为数顷无源之塘水，不若为数尺有源之井水，生意不穷。——《传习录·陆澄录》

无源的池塘之水终会干涸，有源的井水才不会断绝。这水源便是生命，是生生不息，是意志。而意志源于人心，源于对一件事的起心动念，这起心动念便是初心。我们可以毫不客气地说，意志的源头在初心。

击败一个人最残酷的方式，不是毁灭其身体，而是在其活着的时候夺走其意志，这比死还要痛苦。人没有了意志，和枯竭的井一样，虽然活着，但已经"死了"。

【度阴山曰】

如果你在奋斗中感到煎熬或吃力，请静下来，回想：当初自己为什么要做这件事？之后，仔细思考：倘若这件事是正确的，你为什么会觉得吃力？是因为做事的方法不对，还是忘了初心？如果是方法不对，那就寻觅正确的方法；如果是忘记初心，那就先重新找回初心。

10

心外无事，心外无理，故心外无学。——《紫阳书院集序》

事是人靠心做出来的。事物本身没有理，所有事物的理都是人心赋予的。人类的一切学说，是人经由自己的心提出来的。所以，心外什么都没有，一切事、理、学，都在我们心内。

【度阴山曰】

这三个短句，铿锵有力，只不过是想告诉我们：心外什么都没有，心内什么都有。

心内最重要的东西便是初心。所谓初心，即遇到某种情境而发出的第一种念头，它便是你人生的指南针、定盘星。

11

> 凡作事不能谋始，与有轻忽苟且之弊者，亦皆致知之心未能诚一，亦是见得良知未透彻。——《答魏师说书》

凡做事之初策划不周，或是有做事轻率、敷衍的毛病，都是由于初心不够诚切、专一，就是说初心的坚韧度不够。不忘初心即致良知，致良知的功夫如果透彻，就能在做事之前充分考虑此事的善恶；考虑明白了善恶，才能尽心尽力做事，才能想到最好的做事方法。

【度阴山曰】

之所以无法完成某事，其实是因为人忘记了初心。忘记初心就是关注事情为自己带来的好处而轻视事情本身，这当然不能算作致良知；反之，重视事情本身而忽略事情带来的好处，才是致良知。

12

> 专涵养者日见其不足，专识见者日见其有余。日不足者，日有余矣；日有余者，日不足矣。——《传习录·薛侃录》

专注于内心修养的人，每天都能见到自己的不足；专注于向外求索知识的人，每天都感觉自己得到了很多，知道了很多。

寻求知识本没有错，问题是，如果寻求知识不是为了提升心性，只是为了寻求知识，人就会陷入焦虑，至死也会孜孜不倦地追求，自己的心性却没有得到修炼和好处。

【度阴山曰】

人不学而能、不虑而知的有两种知识：食与色。所以你不必担心不学其他知识就会死掉，更不必担心不学其他知识会没有后代。

食、色是人之本能，也是人类的初心。对于只想体会最原生态的人生，不欲人类文明发展成果来"打扰"自己的人，不需要学习任何知识，只要不忘记这初心，也能活成自己想要的模样。

13

> 某之居此，盖瘴疠蛊毒之与处，魑魅魍魉之与游，日有三死焉，然而居之泰然，未尝以动其中者，诚知生死之有命，不以一朝之患而忘其终身之忧也。——《答毛宪副书》

这是王阳明被贬龙场时写下的文章，大意为：我居于此地，与瘴气、毒虫共处，与妖魔鬼怪相伴，每日都有多次丧命的可能，可我泰然处之，从未因此动摇内心的操守，因为我清楚地知道生死自有天命，不能为了一时的祸患而忘记应该终生忧虑的事。

后文中，王阳明还说：上官如果要加害我，而我也确实咎由自取的话，那便不能说我没有遗憾；如果我没犯错误却遭遇横祸的话，那便如同丧命于瘴气、毒虫、妖魔鬼怪一样，我又怎么可能因此就动摇内心的操守呢！

【度阴山曰】

王阳明在龙场时，处境艰难，一日三死。他之所以处于如此困顿绝境，仍然处之泰然，是因为他明白一则至理：生死自有天命，不能因为一时的祸患而忘记本心。屈从于一时的祸患，是委屈自己的良知而获取生存空间；忘记本心，则是违背良知，只会使人内心不安。

人生就是如此，不能因为一时的利害而违背了初心。

14

> 吾心有不尽焉，是谓自欺其心；心尽，而后吾之心始自以为快也。惟夫求以自快吾心，故凡富贵贫贱、忧戚患难之来，莫非吾所以致知求快之地。——《题梦槎奇游诗卷》

不能尽心，是自己欺骗自己的心；能够尽心，内心才能感到快乐。只要目标是追求内心的快乐，那么不管在怎样的处境，都能用致良知实现这一目标。真君子所追求的，不过是让自己的内心感到快乐，其他都是"浮云"。据此可知，致良知，就是尽心——全心全意、全力以赴。

【度阴山曰】

怎样致良知？只要做到四个字：不忘初心。

第十八章　致良知

致良知是无敌的

有一天，王阳明对众弟子说道："我自用兵以来，更觉得'致知格物'之功精进透彻了。"

众人难以理解。因为军务繁忙，他们根本没有空闲时间去思考学术。

王阳明缓缓说道："你们这样理解就错了。'致良知'在于'在事情上正念头'，正是对着外部的事验证我们的心。平时无急事，感觉不到；一入军旅，呼吸存亡、江山安危，之所以能处理明白，全靠良知的力量。我的方法是遇事时一个念头升起，立即抓住它，以良知自照自察，不要有一丝思考、一毫功利心，也不要欺骗良知，照良知给出的答案去做，此事必成。这就是良知的妙用：顺万物之自然，入无我之境。因为有良知，人心本来就很神奇，本来就是变动周流的，本来就能通晓万物的道理，并按这道理行事而得到成功；有人之所以良知不明，只是因为考虑了利害毁誉。

"常人所谓'利害'，不过是一家的得失而已；所谓'毁誉'，不过自己的荣辱而已。但朱宸濠造反一事摆在我面前的利害毁誉，是灭三族的、助逆谋反的、关系天下安危的。有人怀疑我和宁王（朱宸濠）是一条船上的，如果我情绪失控，无论是向朱宸濠投降还是筹谋不到位，都已经粉身碎骨了！平叛的整个过程中，若有一点儿分心和犹豫，那就万事皆休，我还能坐在这里？我这番苦心，只能自知。正如真金遇烈火，越锻炼，越能散发光辉；在这过程中'致'得的才是真知，在这过程中'格'出的才是真物。自从经历了这场性命攸关的大事，一切得丧荣辱，对我来说就如耳旁之风，怎么能动摇我的念头？今天虽达成此大功业，也不过是运用良知后所留下的一条轨迹，过眼就成浮云，我已忘了！"

王阳明的弟子王畿评价这件事时说："为一件关系天下的大事死，易；解决一件关系天下的大事，难。解决一件关系天下的大事，易；不为此居功，难。不为此居功，易；转瞬即忘掉这大功，难。此道理是千古圣学之真正血脉，我的老师一生传道之良苦用心即在此。

"我写下这些话，将其与手书（王阳明手书《吉安起兵再报海日翁》）一同交给老师的儿子王正亿，并真心认为这是千古第一家训。老师的这些话足以平息天下对他的菲薄，从中也得以窥见千古经纶实学之万一！"

王阳明通过平定朱宸濠叛乱一事得出的结论让人血脉偾张——他认为这种事正如炼金的烈火，正是锻炼致良知、格物本事的大好时机；在这时机致良知才能得到真知，在此处能解决问题才是大本事。

凡是金，都不想遇烈火，正如我们很多人都不希望身处逆境，因为那太痛苦了。但人总会遇到逆境，能从逆境中爬出来并傲然站立的就是真英雄，这爬出逆境的过程就是致良知。

1

吾平生讲学,只是"致良知"三字。——《寄正宪男手墨二卷》

1527年,王阳明给儿子王正宪的信中说:"我平生讲学,只讲'致良知'三字。"但事实是,从1508年悟道到1527年的二十年中,王阳明讲了很多概念,其中最有名的当数"心即理""知行合一"。那他为何要说自己讲学只讲"致良知"三字?

【度阴山曰】

其实,我们只要理解"心即理""知行合一"的立言宗旨即可。"心即理"的立言宗旨是纠正心理不一,"知行合一"的立言宗旨是纠正知行不一,这两者都是要纠正内外不一。所以,心即理与知行合一同义。致良知的"致"字是"行"的意思(黄宗羲认同此解释,我也是),致良知即行良知,行良知即行知,即知行。据此,王阳明的这句话也可以这样解释:我平生讲学,只是"心即理"三字,只是"知行一"三字,只是"致良知"三字。

2

> 尔那一点良知，是尔自家的准则。尔意念着处，他是便知是，非便知非，更瞒他一些不得。尔只要不欺他，实实落落依着他做去，善便存，恶便去，他这里何等稳当快乐。——《传习录·陈九川录》

如何行良知？和任何情境接触时，首先出现的就是念头。念头有好有坏，而良知恰好在监控着它们——良知能告诉你，哪个念头好，哪个念头坏。按照良知的判定对念头存善去恶，不要欺骗它，不要对它隐瞒，这就是致良知。

【度阴山曰】

遇到特别符合自己胃口的难得美食，吃得差不多是好念头，吃到撑是坏念头，这是良知的基本判断。按照这个判断，吃得七分饱就是致良知，别吃撑也是致良知。这种过程是存善去恶，是行良知。

良知能判断的是非，其实不多，只在食、色两方面，但这两方面就是人的命门，所以也就足够了。

3

> 心之良知是谓圣。圣人之学，惟是致此良知而已。——《书魏师孟卷》

如果王阳明平生只是讲"致良知"三字，那良知就是"圣人因子"。于是，王阳明毕生讲的都是成圣之学，心学就是成圣之学；成圣即成良知，成良知即致良知。这就是说，当我们致良知时，也是在成圣，当我们成圣时，就是在致良知。

【度阴山曰】

不要把圣贤当成无所不能的神人，而要把他们当成诚实的人。

能诚心诚意地对待人和物，那你便是圣贤。

做圣贤有什么好处？不忐忑，不焦虑，不抑郁。

4

> 圣贤论学，无不可用之功，只是"致良知"三字，尤简易明白，有实下手处，更无走失。——《与陈惟濬书》

王阳明在《寄安福诸同志》一信中说："凡工夫只是要简易真切。愈真切，愈简易；愈简易，愈真切。"这是阳明心学的第一真理。儒家成圣的学问，在他人看来，博大精深，深奥莫测；但在王阳明看来，成圣学问就在于三个字——"致良知"。致良知的学问本身即圣学，同时也是成圣的方法论。致良知简易明了，只要不胡思乱想，不急功近利，肯实打实地遵循良知之指引，就没有不能成圣的人。成圣的大障碍之一，就是把成圣想得极其复杂，却把致良知看得极轻。

天下本无事，庸人自扰之。

【度阴山曰】

据传，葛洪的两个弟子出师，准备下山传道。

葛洪问大弟子："你下山以后要如何传道？"

大弟子回答："我有《道德经》和《南华经》，逢人便讲，遇人就授，不出几年，天下将遍布道家的门徒。"

葛洪问二弟子："你下山以后又要如何传道？"

二弟子回答："我编些神仙鬼怪的书，让说书人站在大街上说给路人听。我再画些符号，说能捉妖。"

大弟子抢话道："你这是搞歪门邪道。"

葛洪点头，对大弟子说："你说的有道理，但你想过没有，很多人听不懂《道德经》和《南华经》。"

大弟子自命不凡地笑道："思想就该有神秘感，不能人人都有思想。"

葛洪捋着胡子说："'阴阳两神物相遇于无隙可容之中，其出也，人物膺之，魂散惊而魄齑粉'，你猜猜这说的是什么。"

大弟子迷茫地说："不知道。"

葛洪说："这是火药。我这样描述它，你懂吗？你觉得有几个人懂？传道要有一说一，说话要尽量让人理解，不要装高深。"

二弟子只是"哈哈"大笑。

若干年后，鲁迅有"中国根柢全在道教"的论断，且不考虑这一论断是褒是贬，不可否认的是，道教影响了千千万万的中国人，这大概多要归功于二弟子这类人。

5

"必有事焉而勿忘勿助"，事物之来，但尽吾心之良知以应之，所谓"忠恕违道不远"矣。凡处得有善有未善，及有困顿失次之患者，皆是牵于毁誉得丧，不能实致其良知耳。——《传习录·答周道通书》

由于"心即理"，所以人实际是在心上完成对世间万事万物的应对，就是说，全靠心中良知成事。只要以良知应对事物，事物皆能迎刃而解。那么，为什么总有人觉得自己无法以良知解决事物？

原因并非人的智慧不够，而是人做事时掺杂了毁誉得失之心。一旦有得失心在，良知即不能发挥完整的作用，就不能做到事半功倍；即使良知能发挥完整的作用，也会为得失心所蒙蔽，不能做出正确判定。

所以，做事时应提防毁誉得失之心的干扰，只遵循良知的指引，才是真的致良知。

【度阴山曰】

做事不成，缘于和毁誉得失有牵扯。

做事时如果有毁誉得失之心，那就问自己一个问题：这件事是不是自己应该做的？倘若是应该做的，是自己应尽的义务，那就去做。倘若是可做可不做的，再问自己，这事是不是只为争得自己的权利，如果是，那就谨慎去做。绝大多数时候，人在尽义务时难有得失心，而在行使权利时易有得失心。

6

> 君子之酬酢万变，当行则行，当止则止，当生则生，当死则死，斟酌调停，无非是致其良知，以求自慊而已。——《传习录·答欧阳崇一》

做很多人生中重大的事情，未必需要经过深思熟虑。深思熟虑、千算万算，以为万无一失，最终更易坏事。按王阳明的说法，人只需在良知的指引下，当行则行，当止则止，甚至当生则生，当死则死，就是致良知。我们所有的斟酌，最终都应当使自己问心无愧；而对于良知，"使自己问心无愧"就是它的本质，并不需要像"斟酌"那样添上许多动作，自寻烦恼。

孔子说："七十而从心所欲，不逾矩。"而在良知的指引下，无论人是七岁还是七十岁，都能"从心所欲，不逾矩"。所谓"从心所欲"，是听从良知的"欲"。良知的"欲"不是人欲，而是天理。在天理面前，一定是当行则行，当止则止，当怎样做就怎样做。

【度阴山曰】

致良知只是个"任性"。

现代，任性意为"放任自己的性子，不加约束"，但在古代，其意为"顺任性情之自然，率真、不做作"，比如苏轼诗中所说："何时策杖相随去，任性逍遥不学禅。"

当行则行，当止则止，当生则生，当死则死；该怎样做就怎样做，做了就不后悔。这便是"任性"，是率真、不做作，是致良知。

7

除了人情事变，则无事矣。喜怒哀乐非人情乎？自视、听、言、动以至富贵、贫贱、患难、死生，皆事变也。事变亦只在人情里，其要只在"致中和"，"致中和"只在"谨独"。——《传习录·陆澄录》

人生在世，诸如工作、交际等看似五花八门的事务，其实只需用四个字即可概括：人情事变。"事变"是我们经历的事，要应对事变，就要靠人情（人的情感）。能以种种情感应对人生中的全部事情，使所有事物各得其所，即"致中和"。"致中和"即致良知。

【度阴山曰】

用喜怒哀乐应对人情事变，即用喜怒哀乐应对人生。

该喜的时候要喜，该怒的时候要怒，该哀伤的时候要哀伤，该欢乐的时候要欢乐。这里有个诀窍便是"差不多就行"，也就是"致中和"——"中"是差不多，"和"是不惹人讨厌。

8

仁，人心也。良知之诚爱恻怛处，便是仁，无诚爱恻怛之心，亦无良知可致矣。——《寄正宪男手墨二卷》

众所周知，"仁"是一种感知。能感知他人的痛苦是因为有良知，去消灭他人的痛苦则是致良知。对他人的痛苦麻木不仁，即良知泯灭的表现。

致良知，对于普通人而言，不过如此：将内心的"仁"尽可能地发挥出来，和他人感同身受。

【度阴山曰】

如何做到上述要求？

第一，问自己：自己喜欢什么？具体到喜不喜欢被人欺负？喜不喜欢被别人赞扬？

第二，在交往中，你喜欢别人怎样对待你，就怎样对待别人；你不喜欢别人怎样对待你，就不要怎样对待别人。把自己喜欢的事物投放到别人那里，自己厌恶的事物不投放给别人。

在地球上，人类是少数懂得帮助同类的物种之一。因为人有良知。

9

> 诸君只要常常怀个"遁世无闷，不见是而无闷"之心，依此良知，忍耐做去，不管人非笑，不管人毁谤，不管人荣辱，任他功夫有进有退，我只是这致良知的主宰不息，久久自然有得力处，一切外事亦自能不动。——《传习录·黄修易录》

只要时常怀着"避世而内心没有忧虑，不被人赏识内心也没有烦闷"的心态，按照良知切实用功，他人讥笑也好，诽谤也罢，赞誉也好，辱骂也罢，任凭功夫有进有退，只是坚持自己致良知的心念不停息，久而久之，自然会感到有力，自然能够不为外物所动。

【度阴山曰】

人之所以受他人评价的影响，是因为内心不够强大，需要在他人评价中找到自我。倘若内心强大，把他人评价当成脚底泥，即可做到悠游自在的逍遥状态。而这种逍遥状态，则是致良知的最佳土壤。只要不理会外界喧嚣，问心无愧地做事，那就是致良知的圣人。

10

只要良知真切，虽做举业，不为心累；总有累亦易觉，克之而已。且如读书时，良知知得强记之心不是，即克去之；有欲速之心不是，即克去之；有夸多斗靡之心不是，即克去之。如此，亦只是终日与圣贤印对，是个纯乎天理之心。任他读书，亦只是调摄此心而已，何累之有？——《传习录·黄修易录》

只要良知真切，即便参加科举，这件事也不会是心的牵累；即便有了牵累，也容易察觉，克服这一时的牵累即可。好比读书时，良知知道有强记的心是不对的，知道有求速成的心是不对的，知道有争强好胜的心是不对的，就将它们消去。如此这般，整天只和圣贤相印证，打磨出一颗纯然天理的心。不管如何读书，也都是调节本心罢了，何来的牵累？

【度阴山曰】

良知即心安，只要能维持心安的状态，就能证明我们良知的真切；用心安的状态去做事，做事时，只要感到心累（心不安），就说明这件事或许不适合我们，也不符合我们的良知。此处要区分心累和身累，心累是一直累，即使坐着不动也累；身累则可以通过休息得到缓解。一旦感到心累，我们必须迅速做出改变，把让心不安的因素找出来并彻底铲除。

以上就是致良知的攻略。用这种"发现即毁灭"的方法致良知，你将不会勉强自己去做任何使自己心累的事情。

11

义者宜也，心得其宜之谓义。能致良知，则心得其宜矣，故"集义"亦只是致良知。——《传习录·答欧阳崇一》

把"义"解释成"宜"："宜"就是心做到了它应做的事，这也就是

"义"。王阳明说集义（言行举止符合道义）是致良知，但更符合他理论的说法是，集义是"言行举止都合适"。这种"合适"不是心外的评价所判定的，而是发自内心的适宜和愉悦、宁静和舒适。

【度阴山曰】

鞋合不合适，只有脚知道；你无法感受到尺寸合适的腰带，因为当你感受到腰带的存在时，它对你来说已经不合适了；一个人为人处事十分得体，那别人是感觉不到他使用了什么社交手段的。

习以为常的事，才是合适的事，才是有良知参与的事。

12

> 洒扫应对就是一件物，童子良知只到此，便教去洒扫应对，就是致他这一点良知了。——《传习录·黄以方录》

致良知没有统一的标准，它根据你的具体情况指导你做应该做的事，倘若能把这事做成，即致良知。幼童致良知，只是洒扫应对；成人致良知，则是修齐治平。各就各位，各做各事，即为致良知。

【度阴山曰】

致良知只是个用心。

只要扫地时用心，那你扫出来的地和圣人扫出来的地便是一样的。我们可以这样讲：圣人和我们的不同，不在其他，就在是否致良知上。贯彻致良知的人，便是圣人。

13

谓之老实，须是实致其良知始得，不然，却恐所谓老实者，正是老实不好也。——《答董沄萝石书》

有人问王阳明："我与他人谋划一事，事败，连累了许多人，这是不是不老实导致的呢？"

王阳明告诉他："所谓老实，是内心光明磊落，不为得失毁誉所干扰。"

许多人看上去很老实，其实内心正波涛汹涌地计算得失利害，这种人表现出来的老实，不过是为现实所逼迫而伪装出的假象。

【度阴山曰】

真的老实是在致良知之后才有的。

14

我辈致知，只是各随分限所及。今日良知见在如此，只随今日所知扩充到底，明日良知又有开悟，便从明日所知扩充到底。——《传习录·黄直录》

我们致良知也只是各人尽各人的力。今天的良知认识到这个程度，就根据今天所认识到的扩充到底；明天良知又有进一步的领悟，就根据明天所认识到的扩充到底。这就是精研专一的功夫。

【度阴山曰】

致良知不是百米赛跑，而是射箭比赛。百米赛跑中，你和别人攀比而得到成绩；射箭却不是，纵然对手一次都没有射中靶心，你也不能保证自己会赢，因为能否赢，最终还是要取决于自己的技术高低、心态优劣。

致良知不是和别人比高低，而是和自己较劲儿。能赢过别人，未必是真切地致了良知；但如果赢过了自己，那一定是真切地致良知了。

15

"所恶于上"，是良知；"毋以使下"，即是致知。——《传习录·钱德洪录》

厌恶上级的所作所为，就不要用同样的作为去对待自己的下级。致良知，即"己所不欲，勿施于人"；己所欲，则多斟酌后再施于人。儒家学说源远流长，有众多不同的观点，但这些观点，归根结底都是在讲孔子所说的"忠恕"："立己达人"和"己所不欲，勿施于人"。

【度阴山曰】

有的人或多或少会受到父母的无故批评，而他们中的许多人抵挡住了这些批评，拒绝以同样的方式对待自己的孩子，这也是出于上文所述的道理。

16

良知只在声色货利上用功，能致得良知精精明明，毫发无蔽，则声色货利之交，无非天则流行矣。——《传习录·黄以方录》

致良知分内外两个方向：向外，是将良知投射到各种事物上；向内，是消除对声（歌舞）、色（美色）、货（财富）、利（私利）等的执着。内外合一，就可以致得良知精明，当接触声色货利时，内心难被触动，保持平静，你也仍然是你自己。

【度阴山曰】

人在面对声色货利时沉浸其中，并不是很大的事，只要在声色货利离开后将它们忘得一干二净，就算致良知了。

17

> 凡谋其力之所不及，而强其知之所不能者，皆不得为致良知……——《传习录·答欧阳崇一》

人能否成大事和良知大小有关，和心是否在事上更有关。有时做不成事，不是因为气力不能及，而是心不想及。致良知最容易栽跟头的地方，就是用力做自己不喜欢做的事。做自己不喜欢做的事没错，错的是"用力做"。

【度阴山曰】

如果做一件事时经常感到无聊，那么你在这件事上的成就不会高；如果用力做一件事，仍然无法达成你想要的结果，也不能说明你的能力有限，只能说明你的心没有真正用在这件事上。

心力和气力的不同在于：用心力，气力也会大量生发，无穷无尽；用气力却没有心力做后盾，气力就会变得有限。

第十九章　万物一体

著名的井

有两口井可考验人性：一口是《午夜凶铃》里贞子爬出的井，一口是《孟子》中即将有一个孩子掉进去的井。前者考验人的恐惧，后者考验人的恻隐。孟子说，孩子在井边玩耍，马上要掉进井中，大多数人都会拉住孩子。孟子认为，这是因为人有恻隐之心，这种心会让人做出救人的举动。

王阳明则说，人之所以救孩子，是因为人有良知。人的良知可以发散到所有事物上；发散到即将掉进井里的孩子身上，就成了急于拯救生命的善心。良知的发散其实是一种连接，它将万物关联起来，成为我们身体和心灵的一部分，这就是"万物一体"。

1

夫圣人之心，以天地万物为一体，其视天下之人，无外内远近，凡有血气，皆其昆弟赤子之亲，莫不欲安全而教养之，以遂其万物一体之念。——《传习录·答顾东桥书》

程颢说："仁者以天地万物为一。"大意为，仁者有仁心，这仁心要求他对自己、他人、万事万物一视同仁。《传习录》中有篇文章详细阐述了"拔本塞源论"，大意是想要成圣就应该清除私欲的根源，即正本清源。论述此理论时，王阳明非常适宜地提出了"万物一体论"。

用一句话来总结王阳明的"万物一体论"——天地万物都是我身体和心灵的一部分。你绝不会主动、毫无芥蒂地砍下自己的手，因为手是你身体的一部分；而万物也和你的手一样，是你身体的一部分，所以对待天地万物要宅心仁厚。"万物一体"，就是爱万物，不伤害万物。

【度阴山曰】

由于你是人，被你帮助的也是人，所以如果你喜欢帮助别人，最终会帮到自己；由于你是人，被你攻击的也是人，所以如果你喜欢攻击别人，最终也会攻击到自己。你做出的一切事，无论善恶，都会以另一种方式回报到你身上。

坚信"万物一体"，便是坚信"善有善报，恶有恶报"。

2

> 人的良知，就是草木瓦石的良知。若草木瓦石无人的良知，不可以为草木瓦石矣。岂惟草木瓦石为然？天地无人的良知，亦不可为天地矣。盖天地万物与人原是一体，其发窍之最精处，是人心一点灵明。风雨露雷、日月星辰、禽兽草木、山川土石，与人原只一体。故五谷禽兽之类皆可以养人，药石之类皆可以疗疾，只为同此一气，故能相通耳。——《传习录·钱德洪录》

人的良知，就是草木瓦石的良知。如果草木瓦石没有人的良知关注，便不是草木瓦石了。难道只有草木瓦石是这样吗？如果没有人的良知关注，天地也不是天地了。概括说来，天地万物与人原本是一体的，它最精妙之处，是人心的一点儿知觉灵明。风雨露雷、日月星辰、禽兽草木、山川土石，与人原本就是一体的。所以五谷、禽兽等都可以滋养人的身体，药石等可以治疗疾病，是因为人与万物所具备的气是相同的，能够相通。

【度阴山曰】

为什么万物是一体的？我是我，猪是猪，怎么就能成为一体呢？王阳明用良知来解释这一问题：

第一，草木瓦石这些名称，都是人类以心（良知）赋予它们的；如果没有人类赋予这些客观存在名称与意义，它们就不是人类社会中的"草木瓦石"。

第二，"万物一体"最直接的表现，是天地覆盖并承载人，禽兽为人提供营养，药石用于治疗人的疾病——一切存在都以人为中心。它们能进入我们的身体而不造成伤害，它们可以成为我们身体的一部分。

第三，天地万物固然客观存在，但人眼中的客观存在和真实的客观存在还不是一回事。我们只是活在心之良知对客观世界的种种判定后所组成的客观世界，所以，没有良知即没有世界。我们的良知主宰世界，世界与我们自然就是一体的。"万物一体"的另外一种解释就是"万物皆能为我所用"。

对于个人来说，世界不可能完全是客观世界的本来面貌，而是个人良知的判定结果所组成的"世界"。这个"世界"上的动物、植物、矿物、人工物等，全是由人的良知联系起来的：良知像一根竹签，世界上的全部事物是山楂，这个"世界"就像人穿成的一串糖葫芦。竹签不在，山楂就会散落一地，便不再是糖葫芦；只有竹签，没有山楂，也不是糖葫芦。而且你的糖葫芦就是你的，和别人无关。每个人都有自己的一串糖葫芦，竹签（良知）不在或者山楂（天地万物）不在，糖葫芦（你的"世界"）便不在。

3

> 目无体，以万物之色为体；耳无体，以万物之声为体；鼻无体，以万物之臭为体；口无体，以万物之味为体；心无体，以天地万物感应之是非为体。——《传习录·钱德洪录》

人的眼睛客观存在，但如果不用它去看各种景象，它就没有存在的意义，耳朵、鼻子、口舌也是如此。那我们的心呢？心更是如此。

心本身没有意义，它必须和天地万物产生感应，分辨出是非善恶才有意义。这说明，人的主观意识必须通过感官与客观存在结合，好比耳朵必须和声音结合，鼻子必须和气味结合，眼睛必须和景象结合，主观意识才有意义，所以，主观、客观的结合，一定会促成"万物一体"的出现。

【度阴山曰】

最后我们可以得出这样的结论：若想人生有意义，心和天地万物要合二为一。

人生的意义之一是"活着"，活在这个世界上。世界之广大，人穷尽一生都难以切实走遍，但人可以用心中之良知来感悟世界，这便是因为"万物一体"。

4

古之人能以天地万物为一体，故能通天下之志。——《绥柔流贼》

这一条非常重要，它从政治层面直白地表达了"万物一体"的神奇功效，即"通天下之志"。什么是"通天下之志"？直接来说，就是聚合、统一天下人的思想。

【度阴山曰】

如果领导者和其人民是一体的，那么领导者会站在人民的角度考虑问题，为他们着想好比为自己的身体着想。而当领导者真的这样做了，则能得出对人民来说好的治理方法。

圣人为何提倡"万物一体"？此即一个答案。

5

亲吾之父，以及人之父，而孝之德明矣；亲吾之子，以及人之子，而慈之德明矣。明德亲民也，而可以二乎？惟夫明其明德以亲民也，故能以一身为天下；亲民以明其明德也，故能以天下为一身。夫以天下为一身也，则八荒四表，皆吾支体，而况一郡之治，心腹之间乎？——《书赵孟立卷》

爱自己的父亲，从而想到也要爱他人的父亲，然后"脑洞大开"地去爱天下所有人的父亲，这是孔子的"神功"之一："推"——推己及人。做到这一点，我们心中的良知就同自己及他人的父亲成了一体，孝敬父母的良知才开始光大。因为爱自己的孩子，从而想到也要爱他人的孩子，做到了这一点，我们心中的良知才能同自己及他人的孩子成为一体，疼爱孩子的良知才开始光大。

【度阴山曰】

"万物一体"就是调和矛盾，是"大家都好"。如果能够将这种思维推广到日常生活中的方方面面，你觉得天下还有敌人吗？不但没有了敌人，天下人还都成了你的一部分，与人交往自然不会出大问题。

6

大人者，以天地万物为一体也，夫然后能以天地万物为一体。——《亲民堂记》

"万物一体"是王阳明对世界运行规律的总结。他认为不仅人类是一个共同体，人类和大自然更应该是共同体。这种世界观会导向这样一种理念：用和平的方式平等地对待人类和大自然。

【度阴山曰】

这种世界观和"弱肉强食"的世界观大相径庭。倘若双方"短兵相接"，先胜的更可能是持有"弱肉强食"世界观的人，但最终胜利者必定是持有"万物一体"世界观的人，因为后者更有责任感，会自然而然地保护同类，能够组成互相帮扶的集体，而集体的力量往往大于个人。

持有"万物一体"世界观的人，和平时淡泊宁静，若遇外敌，必定挺身而出。

7

夫人者，天地之心。天地万物，本吾一体者也。——《传习录·答聂文蔚》

儒家说人是万物之灵，也是天地之心。按心学的理论，心掌控着肉体；人如果是天地之心，那人作为心，掌控的肉体便是天地。如此，人和天地自然是一体的。人离不开天地，如同心离不开肉体；天地也离不开人，如同肉体离不开心。

【度阴山曰】

对于圣人来说，证明"万物一体"是不必要的，因为万物本是一体。这就如同没有必要证明西瓜是西瓜，因为西瓜本来就是西瓜。

8

> 夫仁者，己欲立而立人，己欲达而达人。仆之意以为，己有分寸之知，即欲同此分寸之知于人；已有分寸之觉，即欲同此分寸之觉于人。人之小知小觉者益众，则其相与为知觉也益易以明，如是而后大知大觉可期也。——《答储柴墟书》

所谓仁者，自己要站稳，也要让别人站稳；自己要腾达，也要让别人腾达。助人者自助也自乐，如果自己有一分一寸的智慧，就要把这一分一寸的智慧分享给别人；如果自己有一分一寸的觉悟，就要把这一分一寸的觉悟分享给别人。这是中国古代知识分子的价值观和情怀。这种利己达人的方法也是人走向"万物一体观"的最佳捷径。

【度阴山曰】

不谈利他，先对自己好一点儿；对自己好一点儿，你便会强大起来，能够更好地处理事物，做事的成果也会惠及他人；最后，即使你特别不想利他，也已经在事实上利他了。

9

> 气候之运行，虽出于天时，而实有关于人事……凡以见气候之愆变失常，而世道之兴衰治乱，人事之污隆得失，皆于是乎有证焉，所以示世之君臣者，恐惧修省之道也。——《气候图序》

《春秋》是史书，书里却记载了大雨、大雪、电闪雷鸣等恶劣天气的信息，这些信息似乎对于历史记载并不十分紧要。为何会有这些记载？因为中国古人相信"天人合一"：人做坏事，天就会呈现出各种凶险的迹象。古人相信，气候在一定程度上会反映世道的兴盛衰败、政权的兴亡更替、君主的功过得失。所以，古代君臣会将不寻常的天气现象视为警示，并心生畏惧地加强修身。

天和人，是同声同气的，并非各自为政。

古人常讲"天灾人祸"，认为天灾和人祸本为一体，天灾发生，人祸往往接踵而来。所以古人向来对天灾异常谨慎。在"万物一体、天人感应"的理论下，他们小心地治理政务，把气候变化看作上天的启示；他们也会细致地观察气候的变化，以此警惕人祸的发生。

不过人与自然的力量还有很大差距：预防天灾即能减少大量人祸，减少人祸则很少影响天灾的发生。

【度阴山曰】

《国语·周语》记载，公元前780年，"西周三川皆震……是岁也，三川竭，岐山崩"。三川即当时宗周一带的泾水、渭水、洛水。当时有大臣说，三川是周朝的发源地，那里不会轻易地震，一旦地震，肯定是上天有所启示。众人立即把矛头指向当时的统治者周幽王。这件事说明，中国人早在西周时期便将天的变化与人的行为联系起来了。

所谓懂得天人合一，便是下雨时尽可能不出门，一定要出门，则需打伞；打雷时不要出门，一定要出门，不走树下和空旷地带。

冬天记得穿厚外套，夏天记得开空调，这就是天人合一。

10

圣人与天地民物同体，儒、佛、老、庄皆吾之用，是之谓大道。——《年谱·嘉靖二年》

儒家注重现实世界，注重苍生；注重苍生，当然希望能和苍生共进退，与苍生成为一体。如果某种思想可以帮助我们做到这点，那么无论它属于儒、佛、道还是其他学派，都可以为我们所用。

思想也是物，按"万物一体"的理论，它也是人身体和心灵的一部分。思想本身没有理，是人用心赋予了它一个理，明白此点，则知四书五经、奇门遁甲、家常菜谱，都是为人心存在的，为人心服务的。

【度阴山曰】

如何学习、利用各种思想？

第一，尽可能不要"随大溜"。老子说"反者，道之动"，对于大多数人盲目认可的事，我们一定要警惕。

第二，不要轻信表象。你看到的一切，很可能是有人故意让你看到的，在当今的大数据时代尤其如此。

第三，认识到除了你自己，一切思想皆为工具。思想是为人服务的，如果某一思想让你牵肠挂肚，很不舒服，那就可以将其放弃。

11

"仁者以天地万物为一体"，使有一物失所，便是吾仁有未尽处。——《传习录·陆澄录》

"对天地万物都负有责任"，这就是仁者情怀。天下有一物没有得其所哉，仁者都会觉得是自己没有尽心。

【度阴山曰】

什么是"得其所哉"？其实就是按照仁者的意愿构建属于其自己的世界，这个世界只有仁者自身能懂。若仁者认同鸡鸣而起，日落而息，那么有人半夜三更喝酒就是"未得其所"，仁者会对此感到心痛，认为自己未尽本分。

"万物一体"，要求所有的物都不能掉队。

12

> 此事譬之养蚕，但杂一烂蚕于其中，则一筐好蚕尽为所坏矣。——《答方叔贤书·二》

世界就是"万物一体"的。养蚕时，一旦筐中有条烂蚕，那么筐中其他好蚕都会被它破坏。一个好人进入一群坏人的圈子，未必能变坏人为好人，但一个坏人进入好人圈子，则能轻易将圈子的氛围变坏。

【度阴山曰】

"万物一体"的理论告诉我们一条真理：雪崩时，没有一片雪花是无辜的。

13

> 子未观于天乎？谓天为无可见，则苍苍耳，昭昭耳，日月之代明，四时之错行，未尝无也；谓天为可见，则即之而无所，指之而无定，执之而无得，未尝有也。夫天，道也；道，天也。——《见斋说》

道到底是什么？道就是天。天这个东西，你说它可见，的确能被见到；你说它不可见，它又的确摸不着。我们常常讲"道"，道其实就是天这样的东西：如同空气，我们一刻都离不开它，可又不知道它到底在哪里。

道在血管中，在头发里，也在言谈举止中。人遵循它就能得到善果，悖逆它就会得到惩罚。人身边的万物与人的关系，和道与人的关系没有本质区别，无论人能否感觉到，万物与人就是一体的。

【度阴山曰】

意识到钱很重要时，大多正在缺钱；意识到自己在呼吸时，呼吸往往已经很急促。人对万物的感受，并不仅来自万物的客观存在，而更多地来自人在情境改变下的心理变化。

你所有的感知，全部来自自身，你自身即"万物一体"的根本。只有你进行了感知，你世界中的万物才可存在。如果在你的感知中，某件客观事物的存在感极其强烈，你的人生很可能正在被它影响。

14

> 公唯忧民之忧，是以民亦乐公之乐，而相与欢欣鼓舞以颂公德。——《两浙观风诗序》

你考虑他人的困难，他人也会考虑你的困难，这是"人心对流"；你因别人的快乐感到发自心底的欢喜，别人也会因你的快乐打心底里感到欢喜，这也是"人心对流"。

别人如何，我们无法决定，但自己如何，我们可以决定。按照"人心对流"理论，只要我们能做到，别人也能做到。而"人心对流"的底层理论正是"万物一体"。

【度阴山曰】

想让父亲对你慈爱，就要先孝敬父亲；想让朋友对你诚信，就要先对朋友诚信；想让领导视你为心腹，就要先对领导忠诚。总之，若想让别人满足你的需求，别无他法，只有你先满足对方的合理需求。如此，人心才能形成"对流"。

只在自己身上用功，因为我们能控制的只有自己的意愿，却没法儿调控他人的意愿。

15

　　志气塞天地，万物皆吾躯。炯炯倾阳性，葵也吾友于。

　　孰葵孰为予，友之尚为二。大化岂容心，繄我亦何意。悠哉澹然子，乘化自来去。澹然匪冥然，勿记还勿助。——《澹然子序》

只要有做圣贤的志气，天地万物都会和自己成为一体。即便是朝着太阳热情生长的向日葵，也是我的好朋友。其实，哪个是向日葵，哪个又是我呢？说是好朋友，那还是没有和向日葵合为一体。

【度阴山曰】

一旦大而化之，就不会还有"私我"。悠哉游哉，恬淡无求，顺其自然，来去自如。恬淡无求不是冥然无知，而是不要忘记自己的志向，但也不可急功近利地实现志向。

人生，只要顺其自然，恬淡无求，相信"万物一体"，自然就通透了。

第二十章　四句教

阳明买地

曾有个老农来找王阳明,希望能卖掉自己的土地救急。王阳明认为老农没有了地,只能饿死,所以不买他的地,而是借给他一大笔钱。

几日后,王阳明和弟子们在外游玩。在一处风景如画之地,王阳明指着山坳处的田地,赞叹道:"你们看,那里面山背水,远看如菩萨的莲花宝座,实在是风水宝地啊!"

有弟子试探性地问道:"老师喜欢这块田地?"

王阳明说:"当然喜欢。"

该弟子笑道:"它理应是您的,只是您舍了。这块田地就是几日前那个来和您做买卖的老农的。他当初要卖给您的就是这块地。"

王阳明"哎哟"了一声,人人都能听出他语气里的懊悔。可语音未落,他马上扼腕说:"我怎么会有这种想法?!"

他马上原地静坐,静如枯木。许久才睁开眼,看到弟子们丈二和尚摸不着头脑的神态,缓缓说道:"我刚才的那种想法就是私欲啊。欣喜的是,它总算被我消去了。"

众弟子恍然大悟。

这个故事的背后逻辑正是"四句教":无善无恶是心之体,有善有恶是意之动,知善知恶是良知,为善去恶是格物。

王阳明的拥趸、明朝心学大师耿定向解释道,当王阳明和弟子们在山水间游玩时，他的心坦坦荡荡、无牵无挂，是无善无恶的，这就是"四句教"第一句"无善无恶是心之体"。

可当王阳明听到那片田地的所有者等信息并产生懊悔之心时，他的意动了，这就是"四句教"第二句"有善有恶是意之动"。

那么，这个"意"是对是错呢？王阳明扼腕，就说明这个"意"是错的。错就错在，他不该有懊悔的想法，一懊悔就证明他想将这块地据为己有，而这种心是错心。那么，他是怎么知道这个"意"是错的呢？是与生俱来能知是非善恶的良知告诉他的！这就是"四句教"第三句"知善知恶是良知"。

王阳明一知错，马上静坐，去除这个错误的"意"，去掉恶，保持善。最后，他如释重负，心中光明，这便是"四句教"最后一句"为善去恶是格物"。

1

> 无善无恶是心之体，有善有恶是意之动，知善知恶是良知，为善去恶是格物。——《传习录·钱德洪录》

1527年，王阳明奉命到广西平定叛乱，临行前，他与两个得意门生钱德洪和王畿在府中的天泉桥上论道，这就是"天泉证道"。"天泉证道"中，王阳明向两个弟子解释了四句话：无善无恶是心之体，有善有恶是意之动，知善知恶是良知，为善去恶是格物。

钱德洪认定这四句话是老师学说的终极体系，有此四句，天地不再需要日月，万事万物皆可进入无善无恶之境，人类亦可升华。

王畿却提出疑问，认为如果心无善无恶，那么从心发出的意也应该是无善无恶的。既然意和心都是无善无恶的，那就不再需要知善知恶的良知，更不需要为善去恶。也就是说，"四句教"只是一句"无善无恶是心之体"。而心之本体是良知、天理，那么只要遵循良知，一切念头皆无善无恶，一切事情皆能迎刃而解。

钱德洪认为，心固然无善无恶，但心发出的念头会受客观世界的干扰从而有善有恶，拥有良知正是为了区分念头的善恶，然后为善去恶。人生之意义，不过如此。

王阳明出来总结说，你二人以后收徒，四句话交叉着用，遇到那良知光明的人，就告诉他第一、第三句——无善无恶是心之体、知善知恶是良知；遇到那良知昏聩的人,则告诉他第二、第四句——有善有恶是意之动、为善去恶是格物。

由此可知,王阳明的"四句教"是"私人定制"。如果你念头通透、悟性超常,他便教你第一、第三句;如果你资质不高,他则教你第二、第四句。

我们如何理解"四句教"?这样简单理解即可:人之本心是无善无恶的,事物善恶皆由人起;人的念既是由人而起的一物,念头一起,就有了善恶;能知道这善恶的是良知;如果肯踏实地为善去恶,即为格物。由于心外无物,所以格物只需在心中的事上正念头即可;正了念头,实行了为善去恶的行动,即知行合一、致良知。

【度阴山曰】

你在大街上散步,突然看到一个美女,然后向美女走过去,做自我介绍,希望能和美女喝一杯。美女不想和你喝酒,准备离开。此时你可能会做出两种行动:一种是绅士地与她告别;另一种是再努力一下,尝试说服她接受你的邀请——这件事也可以用"四句教"来解释。

看到美女前,你无法判定她的美丑,你的心就处于无善无恶的状态,这是"无善无恶是心之体"。

发现这个女人很美时,你上前发出喝一杯的邀请,对方婉拒了你,你可能发出两种念头:一种是和她礼貌地告别,另一种是再"纠缠"一下。这就是"有善有恶是意之动"。

当念头发出后,谁能告诉你哪个念头是对的,哪个念头是错的呢?良知。这就是"知善知恶是良知"。

知道了念头的善恶,就要为善去恶。别人拒绝了你,可以适当争取,或者选择放手,这就是"为善去恶是格物"。

2

董萝石平生好善恶恶之意甚严,自举以问。师曰:"好字原是好字,恶字即(原)是恶字。"——朱得之《稽山承语》

"好善恶恶"，意思是喜好善的事物，厌恶恶的事物。王阳明说："喜好的事物便是好的，厌恶的事物便是恶的。"

善恶标准是客观的吗？人类是如何定义善恶的？王阳明的定义是，大多数人喜好一种事物，这事物就是善（好）；大多数人厌恶一种事物，这事物就是恶（坏）。所以，善恶只是人类的喜好和厌恶，简称"好恶"。

好恶即善恶！人喜欢猫咪，猫咪即善；人厌恶蟑螂，蟑螂即恶。有时候，同样的一种行为，目的不同也有善恶之别，如为他人付出的是善，只为自己付出的就是恶。我们可以说，人类的善恶标准不是理性、客观的，而是感性、主观的，是一种偏爱和一种情感上的不可用逻辑证明的厌恶。

【度阴山曰】

善恶有如下特征：

第一，对别人有益就是善，只对自己有益就是恶。简言之，利他就是善，纯利己就是恶。如果做事出于利他，即使手段稍有不当，也是善；如果做事纯粹出于利己，手段再光明，也是恶。

第二，从良心发出来的善行是善，例行公事或机关算尽的善行则是恶。

第三，不求报答的善行是善，有目的的善行则是恶。

3

> 至善之发见，是而是焉，非而非焉，固吾心天然自有之则，而不容有所拟议加损于其间也。——《亲民堂记》

至善（良知）的生发、显现，表现在肯定对的事物，否定错的事物，这都是我们心中天然自有的法则，不容些许人为的设计、考量、增益、减损。

倘若稍微有一点儿设计、考量、增益、减损，那就是有了私心，要小聪明，就不是我们所说的至善。

是就是，不是就不是。良知就是如此！

【度阴山曰】

东晋时期的名士殷浩因指挥战事失当而被贬为平民,迁到一个小县城。他本来以为之后的人生就要这样默默无闻了,直到有一天,他接到了大将军桓温的来信。

当初,就是这个桓温把殷浩扔到了小县城,所以殷浩拆信时忐忑不安。看完信,殷浩欣喜若狂,原来桓温希望他回朝任尚书令。他不想知道原因,只想着怎么给桓温回信。

其实,这封信很容易回,无非先感谢桓温的赏识,然后谦虚一下,最后再说如果桓温不嫌弃,他愿效犬马之劳。

想起来简单,做起来就比较麻烦。感谢桓温的话不能说得太肉麻,否则就有失名士风范;谦虚的话要浅尝辄止,千万不能过了头,让桓温误会自己真不想出去做官;至于说效犬马之劳,那就更要万分斟酌,他殷浩毕竟是个名声在外的人物,不能失了骨气。

殷浩这样一考虑,不由得患得患失起来,提笔写信,每写一句,就觉得不妥。于是他将写好的信拆了又封,封了又拆,不断修改,如此反复了几十次。

这种神经质的行为,不可能成全好事,只能坏事。殷浩被自己搞得恍恍惚惚,就在这种眩晕的状态中,他把一封白纸封进信封,送了出去。

一万分的谨慎和斟酌,换来的竟然是一封"白纸信",让人在捧腹大笑的同时,更为殷浩感到悲伤。

桓温接到那张白纸后,自然气得七窍生烟:我好心好意请你出来做官,你却送来"天书"作为回答,耍猴儿也不是这样耍的!

自此,桓温再也没联系殷浩,两人再没有往来了。两年后,殷浩去世。

殷浩想得太多了!

良知喜欢"直线"。花里胡哨、拐弯抹角、故作神秘,全是旁门左道。至善即良知;对于良知,是就是,不是就不是,从不存在模棱两可、云遮雾障。良知不仅是心之法则,也是天地万物之法则,不需增添一分,也不能减少一分。最大的无善无恶即直接、迅即的有善有恶。

殷浩的失败,便是因为他走出了一条纷乱如麻的曲线。

4

> 故欲正其心者，必就其意念之所发而正之，凡其发一念而善也，好之真如好好色；发一念而恶也，恶之真如恶恶臭；则意无不诚，而心可正矣。——《大学问》

有善有恶意之动——念头从心起，一到现实世界，马上会分裂，有个存善念，有个去恶念。一念为善，就踏踏实实地行善；一念去恶，就义愤填膺地除恶。这就是"为善去恶是格物"。倘若真能如此，就是对自己的念头真诚无欺，也就正了心，便是正心诚意了。

"无善无恶是心之体，有善有恶是意之动"，第一句是正心，第二句是诚意。

【度阴山曰】

如何拥有"正心"，在生活和工作中心想事成？别在心上用功，要在意（念）上用功。

凡感官接触到的信息，皆为一事，比如见到美女、闻到恶臭、听到音乐、尝到美食、感到淋浴喷头中的水流过身体。人的念头发出于所有事成为事的刹那，你只需在念头上为善去恶即可。比如，尝到美食，便在尝到美食的事上为善念、去恶念，善念是仔细品尝、适可而止，恶念是牛嚼牡丹、暴饮暴食。

为善去恶便是诚意。意动时，真诚地对待它。

5

> 人之善恶，由于一念之间……——《南赣乡约》

王阳明曾说过，一念为善就是圣人，一念为恶就是恶人。善恶念头之间没有不可逾越的鸿沟，二者像是左右手，左手能做右手做的事，右手也能做左手做的事。所以世界上根本不存在恒常的圣人，因为圣人只需一念为恶就会成为恶人；

世界上也根本不存在恒常的恶人，因为恶人只需一念为善就会成为圣人。

我们唯一能做的是谨小慎微地对待自己的念头，尽量行善，少去作恶。

【度阴山曰】

善恶的界限是模糊的，或者说是可以轻而易举地逾越的。人会因为刺激的程度不同，面对的场景不同，当下的心境不同，做出和平时截然相反的举动。我们总听到的"激情犯罪"，就与此类似。

所谓浪子回头、放下屠刀，也是"人之善恶，由于一念之间"的证明。

6

> 天地生意，花草一般，何曾有善恶之分？子欲观花，则以花为善，以草为恶。如欲用草时，复以草为善矣。此等善恶，皆由汝心好恶所生，故知是错。——《传习录·薛侃录》

我认为阳明心学中最美妙的两个故事，一为岩中花树，二为薛侃除草。岩中花树讲的是心外无物，薛侃除草讲的是无善无恶。

按王阳明之意，一切客观事物没有绝对的善恶。比如，你要养花，杂草就是恶；你要种草坪，野花又成了恶。花和草的善恶不是绝对的善恶；以老子的"常道"而言，花草有"道"，但一定没有"常道"。

没有绝对善恶，就等于没有自然形成的善恶。事物的一切善恶，都由我们的心赋予，即我们的喜欢或厌恶是事物本身善恶的来源。比如，大家常讨厌老鼠，认为老鼠是恶，其实老鼠只是自然界中一种普通的生物，它的恶是人类主观强加给它的。

对于客观世界的事物而言，没了人类以主观确定的善恶，它们就是无善无恶的。

【度阴山曰】

如果不走心地对人、事、物进行评价，那你的评价可能与他人相同，是

"已有的评价";但只要在评价时用心,那你的评价就是从一己好恶出发的。

好恶即立场。有了立场,你的心中便有了标准,符合你标准的人、事、物是善,不符合的便是恶。这时,人、事、物的善恶和它们本身的特征已无联系,它们的善恶,便是你内心的善恶。

所以,你评价任何事物时,其实是在展示自己的立场。

7

夫可欲之谓善,人之秉彝,好是懿德,故凡见恶于人者,必其在己有未善也。——《书王嘉秀请益卷》

值得人们追求的事物就是人们喜欢的,就是善,比如"老婆孩子热炕头";不值得人们追求的东西就是恶,比如"败光家产睡大街"。

但我们追求一种事物时,必须以不损害他人利益为大前提,这是因为我们有知善知恶的良知。所谓"可欲之谓善"的"欲",是指人正确的欲望和做事正确的方法。怎样算是正确?自我"折腾",不影响他人,即为正确。用"四句教"的说法,就是"为善去恶是格物"——为自己的善,祛除伤害别人的恶。

【度阴山曰】

值得人们追求的就是善。对于可爱、无害的动物,多数人都欲与之亲近;对于毒蛇猛兽,多数人都欲除之而后快。普通人具有朴素的正义感,会喜好美德,厌恶恶德;所以说,被一个人或一群人厌恶,不一定是因为你自身有问题,但被你接触过的所有人厌恶,你自身大概率是有问题的。

可是,毒蛇猛兽未必就有害人之心。人们厌恶它们,或是因为它们外貌丑陋,或是因为它们性情凶猛。那些被别人厌恶的人,有自作自受者,却未必都是为非作歹之徒。人们厌恶他们,是不是因为他们有了某种令人觉得是恶的外在因素?关于这一点,我们是不能不自省的。

8

> 循其则而应之，则平平荡荡，无有作好，无有作恶，而天下平矣。——《年谱·嘉靖四十三年》（李春芳做碑记）

"事"独属于人类，所以"天下本无事，只有人行事"。不刻意去做好的事，也不刻意去做坏的事，这样就能贴近所谓"无善无恶"的"心之体"；人人都达到这种境界，天下自然太平。

在这种境界中，我们以为帮助他人是行善，其实是在干扰别人的因果。那么要如何达到无善无恶的境界？只需遵守三个字：不作恶。

如果这个世界上每个人都不作恶，都不去干扰别人的因果，那么世界一定美妙无穷。

【度阴山曰】

人类社会中的绝大多数规则，都是让你不要这样做、不要那样做，总结成一句话便是"不要作恶"。至于哪些是恶，你要用自己的良知判断。

9

> 凡意之所用，无有无物者，有是意即有是物，无是意即无是物矣。物非意之用乎？——《传习录·答顾东桥书》

有什么样的念头便有什么样的事物，没有什么样的念头便没有什么样的事物，事物的存在不就是念头的作用吗？

念头发于侍奉双亲，那么侍奉双亲便是一件事；念头发于治理民众，那么治理民众便是一件事；念头发于读书，那么读书便是一件事。人的一切行为其实都在心内完成了；无论是善的念头还是恶的念头，只要于心内在这些念头上为善去恶，便能达到无善无恶的圣人境界。

【度阴山曰】

总是指责别人的人，永远无法开启成功之路；总是自责的人，已经走了一半的成功之路；既不指责别人，也不自责的人，已走完了成功之路。

指责别人是恶念，自责则是善念，既不指责别人，也不自责，则是念的无善无恶。

念头发动时，态度（指责别人、自责、既不指责别人也不自责）已确立，结果也已呈现。王阳明总说"一念发动即是行"，便是这个意思。

10

> 凡应物起念处，皆谓之意。意则有是有非，能知得意之是与非者，则谓之良知。依得良知，即无有不是矣。——《答魏师说》

待人接物时心中产生的念头，叫做"意"。"意"既有是也有非，能够判断"意"之是非的便是良知。依照良知行事，就不会犯错了。

这是典型的"四句教"解析："意"从无善无恶的心中发出（无善无恶是心之体），发出后具有是非（有善有恶是意之动），知道"意"之善恶者是良知（知善知恶是良知），应该按照良知去行动（为善去恶是格物）。

【度阴山曰】

未知财富时，心对财富的判定是无善无恶的。见到、知道财富时，"意"便动了；"善意"是通过自身的努力正当地获取财富，"恶意"是不管不顾，用各种手段将财富据为己有。判断念头善恶的是良知。按良知的指引去行动，祛除恶念，存护善念，用合理合法的方式获取财富，才是正道。

"四句教"不过是知行合一的流程。

11

> 有心俱是实,无心俱是幻;无心俱是实,有心俱是幻。——《传习录·黄以方录》

人做事的最高境界是无善无恶。

做事之前,必须要清醒地认识"为什么要做这件事,怎么做这件事是对的",这就是"有心俱是实";有心做事,事才能成,如果三心二意地做事,则难以成事,易成虚幻。

做事的过程中,不必想做成这件事能为自己带来什么,只关注做这件事本身即可,这便是"有心俱是幻";所谓有心,只是不要有心在得失上。只要不抱着得失心、功利心去做事,便是"无心俱是实"。

【度阴山曰】

梁启超在一封家书中这样说:"我生平最服膺曾文正两句话:'莫问收获,但问耕耘。'将来成就如何,现在想它则甚?着急它则甚?一面不可骄盈自慢,一面又不可怯弱自馁,尽自己能力做去,做到哪里是哪里,如此则可以无入而不自得,而于社会亦总有多少贡献。"

用种地做比喻的道理很多,"莫问收获,但问耕耘"便是这样,它的意思是:做任何事都要像种地,不要还没有做事就想着收获,你只需要踏实地做好收获之前的耕耘工作,土地和种子最不会言而无信,它们肯定会给你的耕耘一个交代。

"只问耕耘"还告诉我们,耕耘本身与人生相似,其过程便是人生的财富。耕耘后问收获,实在是画蛇添足,功利心十足。

12

> 至善者,心之本体。本体上才过当些子,便是恶了。不是有一个善,却又有一个恶来相对也。故善恶只是一物。——《传习录·黄直录》

至善是心之本体，即"四句教"中的"无善无恶"，好比天地，会公平地对待任何事物，从来没有偏好。一旦有偏好，必会产生偏恶，这就等于有善便一定有恶。为了维护善必须铲除恶，而在铲除恶的过程中，还会发生无数不必要发生的事，甚至使"屠龙战士"最终成为"恶龙"。

【度阴山曰】

所谓"善恶只是一物"的无善无恶，不是让我们不分善恶、好歹、是非，而是让我们只关注一个方面，比如对待恶，只要做到不作恶，其实就是在行善。有对立才有正反，没有对立则没有正反；没有正反，万籁俱寂。

13

> 善恶皆天理。谓之恶者本非恶，但于本性上过与不及之间耳。——《传习录·黄直录》

善恶只是一回事，那善恶肯定都符合天理。为什么会有恶呢？是因为做事过头或者不及。饿了吃饭，这是善，可在经济能力不允许的情况下非要顿顿吃山珍海味，这就是过头，便成了恶；真心对待爱人，这是善，虚情假意、阳奉阴违，这就是不及，便成了恶。

饿了，有能力吃什么就吃什么；爱人，就要用全部的真心去爱。如此看来，善恶是一种选择。既然可以选择，那就没有绝对的善恶。

【度阴山曰】

"善恶皆天理"，这句话能给我们什么启示？——善是常态，恶是善的失常。好比参加比赛时，发挥正常是善，发挥失常是恶，但不能说发挥失常的那个人就变成别人了。这告诉我们一个道理：任何事物，都不可能永远保持善的常态，它一定有失常时。恶人，就总失常。

14

君子之于学也，因用以求其体。——《答汪石潭内翰书》

"无善无恶是心之体，有善有恶是意之动，知善知恶是良知，为善去恶是格物"，是"正心，诚意，致知，格物"的复杂版。想要心正，就要意诚；想要意诚，就要致知；想要致知，就要格物。所以若想心正，不如反着来，从格物开始。这也是以"用"求其"体"，以格物求正心。

【度阴山曰】

欲爬到山顶，先从山脚开始；欲成人上人，先从人下人开始。这是常规操作。向"体"前进的过程，既是"用"的过程，也是遵循"体"的过程，这便是"体用一源"：看似只是在"用"，其实有"体"在引领。好比"道"，"道"即道路，一方面有指引功能，另一方面有限制功能；指引、限制二合一，才是真"道"。

15

良知只是一个良知，而善恶自辨，更有何善何恶可思？——《传习录·答陆原静书》

人心的本体是无善无恶的，而人心的本体又是良知，所以良知是无善无恶的。正因如此，良知才能区分善恶；在良知面前，无论念头装出什么模样的善恶都无济于事，因为良知刹那就会识破其伪装。

王阳明说"善恶自辨"，实际并非善恶"自辨"，而是良知能辨，这就是"知善知恶是良知"。良知能"知"的只有一个：念头的善恶。

【度阴山曰】

良知辨别善恶的方式和大脑辨别善恶的方式完全不同。

良知辨别善恶是刹那间的事，而大脑辨别善恶需要计算，需要用逻辑关系来思考。

16

孺子终日啼而不嗌，和之至也。——《与许台仲书·又》

什么是"和"？王阳明说，孩子号啕大哭却不哽塞，就是"和"。孩子号啕大哭，是一种情绪表达，表达完毕，马上会破涕为笑。"和"就是将某种情景下应该发挥的情绪发挥到极致，当情景消失，这种情绪也跟着消失，不留在心中——挥一挥衣袖，不带走一片云彩。

表面看，"和"是善恶分明。好比幼童，觉得不高兴就哭，觉得高兴就笑得停不下来，而且哭笑之间无缝衔接，你都不知道他是如何做到哭笑切换自如。

【度阴山曰】

本质上，"和"其实无善无恶。什么是无善无恶？善时尽管善，恶时尽管恶；善尽则无善，恶尽则无恶。孩子永远活在当下，专心致志于当下；当下的情况变化，孩子的情绪立即随之转换。尽管孩子有时哭得死去活来，却不像成年人那样会把自己哭病，因为他们哭尽就不再伤心，甚至全然忘记前一秒的伤心，马上高兴起来。

无善无恶，既是真情实意，又是难得的"没心没肺"。

17

至善者，性也。性元无一毫之恶，故曰至善。——《传习录·陆澄录》

阳明心学认为，人性是纯善的，没有丝毫的恶——世界上至高无上的善便是人性。至善，似乎还不是无善无恶，它是有善无恶。至善是一个恰到好处的区域，在这个区域中，你可以自由行事；事物只要在这个区域中，便是善。所以，至善又等同于中庸，那么中庸就是有善无恶、恰到好处。

【度阴山曰】

"性本善"导向"万物一体"，"性本恶"导向"弱肉强食"。到底性善论对还是性恶论对，此处不去辩论。需要强调的是，如果一定要相信人性论，那么必须相信一种，不能"和稀泥"：今天相信性善论，明天相信性恶论。王阳明说的"心外无理"正是此理：天下没有客观真理，一切理都是人心所出。你的心是怎样的，便要寻找和心搭配的理论，将其和自己铸成一体，成为你的"性"。

第二十一章　但用此心

"用心"即天理

1519年的一个夜晚，月亮又大又圆。王阳明正在江上的船中，奉命去福建平定一场兵变。船行至江心，有一艘小船追上来向王阳明报告：宁王朱宸濠造反了！

王阳明的弟子劝他："若现在不去福建，形同抗命，这可是要杀头的。"

王阳明说："朱宸濠叛乱比福建兵变更加严重，那说明我现在是在做一件符合天理的事。今后你们无论遇到多大的事，需要记住一点：只做符合天理的那件事，其他事都不必管。只要做了符合天理的事，其他的所有麻烦都会迎刃而解。"

弟子们听了王阳明的话，心潮澎湃。他们和船一起乘风破浪，向着远方的光明冲去。

王阳明所说的"符合天理的事"，便是"用心"的事，是正确的事。

但用此心，其他的交给老天。一旦你用心，老天都会帮助你。

1

莫若明白浅易其词，略指路径，使人自思得之，更觉意味深长也。——《答甘泉书》

讲一门课、说一件事、讲一个道理，其实都应该遵循这一技巧：用通俗易懂的语言叙说，不要卖弄学问和人生经验；记住点到为止，留给对方自行思考的空间。一旦对方从你抛出的"点"想出了他自己的"面"，你就成了他最好的老师。

学生和老师，并非对手，而是同道。你一言，我一语，互相成全，这才是至善，也是无善无恶。若想达到这种境界，只能靠全心全意，也就是"用心"。

【度阴山曰】

如何沟通最有成效？用心沟通。以下是一些"用心沟通"的方法：

第一，无论对方是什么人，与他沟通时，尽可能不要使用书面语。

第二，无论你准备讲多少句话，必须有一句话是直奔主题的。

第三，拿出十分的兴趣和耐心倾听。

第四，"备课"。条件允许时，做好准备工作。

2

> 圣贤非无功业气节，但其循着这天理，则便是道，不可以事功气节名矣。——《传习录·黄直录》

圣人内心深处也有建立功业的气节，功业和气节并不是恶的。但建功立业不是圣人的终极目的，圣人的终极目的只是遵循心中的良知。只要做到这点，功业自然会来；即使不来，圣人也不忧虑，因为圣人已经完成了其终极目的。圣人对待任何事都始终保持无善无恶的状态，这本身就是为善去恶。

遵循天理，好比饿了吃饭、渴了喝水，不会有任何不舒服的地方。凡事不能尽如人意，但求无愧于心，这便是循着天理，便是用了心；凡事总想要个好结果，要得到好处，即使不是逆天理，也不能说是顺天理，即使没有不用心，似乎也没有用尽全部心力。

【度阴山曰】

2021年某天凌晨，西太平洋某海域，两艘外舰试图穿越正常航行的中国海军舰艇编队。面对这种挑衅，南昌舰上的操舵手徐文茜听令频繁更换航向，阻止对方穿越我编队。事后，当被问到是否想过可能发生碰撞时，她毫不犹豫地说："我觉得这不是我应该思考的问题。思考这个干吗？干就完了！"

但用此心，换成通俗易懂的四个字就是：干就完了！

3

> 夫我则不暇，公且先去理会自己性情，须能尽人之性，然后能尽物之性。——《传习录·薛侃录》

用心者，必讲究"万物一体"，即万物本一回事。万物的本质和人的本质没有区别，你的手和树枝是一回事；倘若你想知道树枝的本质，那不必去钻研树枝，只要搞明白自己作为人的本质即可。

万物都是互相联系的，人之本性处于这众多联系的中心；明白中心，则可明白外围的一切。想知道他人对待某事物的想法，只需用心琢磨自己的想法即可——由于你和他人是一体的，你们的心也相通，所以你"用心"时，便也能明白别人的心。

【度阴山曰】

所谓"先去理会自己性情"，指的是深刻了解自己的性情。深刻了解自己的性情后，便可推己及人，了解他人的性情。

王阳明常说"向内求"，无非因为你本身具有的各种优点和缺点，也是别人所具备的。了解了自己的优点和缺点，也能了解别人的优点和缺点。归根结底，"答案在自己身上"可谓"真理"。

4

> 古之人所以能见人之善若己有之，见人之不善，则恻然若己推而纳诸沟中者，亦仁而已矣。——《书王嘉秀请益卷》

某人见到别人好自己也觉得好，见到别人不好则心生伤感，仿佛是自己把别人推进沟壑之中，这都因为"某人"是个"仁者"。仁者希望看到大家都好，因为仁者认为自己与他人是一体的，他人好，仁者自然就好。送出玫瑰，总有一天会收获扑鼻的香气；射出子弹，总有一天也会被别人的子弹射中。

世上很多人都见不得别人好，这是人世间的大恶。原因无他，只是在与他人交流时未用心。一旦不以心交流，攀比顿起，嫉妒不已，痛苦丛生；"用心"交流，以心连心，达成"万物一体"，推己及人，才会收获幸福。所以说，"用心"是人类通往幸福的重要道路。

【度阴山曰】

世界上有三种人：第一种，没有淋过雨；第二种，因为淋过雨，所以想替别人打伞；第三种，因为淋过雨，所以想把别人的伞撕碎。请想一想，你是哪种人？

5

古之君子，惟知天下之情不异于一乡，一乡之情不异于一家，而家之情不异于吾之一身。故视其家之尊卑长幼，犹家之视身也；视天下之尊卑长幼，犹乡之视家也。是以安土乐天，而无入不自得。——《送黄敬夫先生佥宪广西序》

君子都知道，人对天下和对家乡的感情并无二样，对家乡和对家庭的感情也没什么不同，对家人和对自身的感情也是一致的。所以君子会把家人当作自己来看待，讲尊卑长幼，也会像对待家人那样对待同乡之人，也会像对待同乡之人那般对待天下人。如此，君子就能够"安土乐天，而无入不自得"。

对他人如对自己，这就是对他人"用心"，使自己的心无所不在。在"用心"的人眼中，人生之路上只有朋友和师长，从来没有敌人！

【度阴山曰】
如何对他人"用心"？第一，善待自己；第二，常回家看看；第三，尽己所能地帮助他人；第四，爱国。

6

养生以清心寡欲为要。夫清心寡欲，作圣之功毕矣。——《传习录·答陆原静书》

中国古人说"武"，并不说各种技击，却说"止戈为武"——不动武才是真正的武；说养生，并不说怎么泡脚或该吃什么、不该吃什么，却说"清心寡欲"——养生其实是养心。

古人说正确的行动，却不说行动的步骤，只说心要静。只有心真正静下来，才知道如何正确地行动。

【度阴山曰】

心静即静心。如何静心？以下方法，可以试一试：

第一，找来字帖，描写"闹"字。每天描写一个，四十九天后，会有奇效。

第二，深呼吸。深呼吸可以缓解疲劳，放松心情，减轻心理压力。

第三，冥想。这里所说的冥想便是"空想"。深呼吸后，找个安静的地方"空想"，人会很快平静下来。

第四，正念。当一个念头飘过，你要正视它，而不是干扰它，强行消灭它，这就是正念。一直注视你的念头，直到它消失，这个过程，便是你静心的武器。

7

义即是良知，晓得良知是个头脑，方无执着。且如受人馈送，也有今日当受的，他日不当受的，也有今日不当受的，他日当受的。你若执着了今日当受的，便一切受去；执着了今日不当受的，便一切不受去，便是"适""莫"，便不是良知的本体，如何唤得做义？——《传习录·黄省曾录》

良知是做任何事都恰到好处、适可而止，把握住一个度；这个度，就是义，义就是适宜。适宜，首先是心的舒适，然后是事物的恰到好处。凡是用心做的事、遵循良知的事，那一定是多数人认可的事；使心和物都舒服，这就是良知的作用，"心物一元"说的正是如此。当你用心选择物时，其实物也在选择你。

【度阴山曰】

有时接受他人的礼物使你觉得不舒服，感到莫名的焦虑，说明这份礼物你不该接受，对你无益；有时你不知不觉就接受了他人的礼物，说明这份礼物非你莫属。人生在世，很多时候我们做事会特别轻松，这说明我们在做由良知主持的事。

8

知良知之运无一息之或停者，则知惜阴矣；知惜阴者，则知致其良知矣。——《惜阴说》

良知的运行永不停息。一方面，它能指导我们为善去恶；另一方面，它的永不停息像是意志力。只要将良知投注于一件事，我们便能在这件事上充满意志力。就是说，除了建立道德感、判断力以外，良知更厉害的是可以催发意志力。

【度阴山曰】

激发意志力的方法数不胜数，有一样最符合中国传统文化的风格——坐。

先来看一个试验。试验人员给三组受试者布置了三种不同的任务：第一组被要求在一个月内"笔直地坐着"，即只要坐下，必须保持后背笔直；第二组被要求在一个月内"记录自己的一日三餐"；第三组被要求在一个月内"保持心情愉悦"。

一个月后，通过专业检测，试验人员发现第一组人的意志力在"各方面"都有大幅提升，第二组的提升不多，第三组没有变化。

这很可能是因为"保持心情愉悦"靠的是思维层面的一些东西，而非意志力；"记录自己的一日三餐"这件事没有难度，所以对意志力没有什么挑战；而一旦坐下就要保持后背笔直，对人是大挑战，所以最终激发了受试者的意志力。

9

曰："心又何以能定是非乎？"

曰："无是非之心，非人也。口之于甘苦也，与易牙同；目之于妍媸也，与离娄同；心之于是非也，与圣人同。其有昧焉者，其心之于道，不能如口之于味、目之于色之诚切也，然后私得而蔽之。子务立其诚而已。子惟虑夫心之于道，不能如口之于味、目之于色之诚切也，而何虑夫甘苦妍媸之无辩也乎？"——《赠郑德夫归省序》

有人问："我们的内心怎么能判定是非呢？"

王阳明答："没有是非之心，就不是人。和春秋时期的名厨易牙一样，我们普通人的口舌也能辨别甜苦；和视力绝佳的离娄一样，普通人的眼睛也能辨别美丑；和圣人一样，普通人的内心也能辨别是非。如果我们的内心不光明了，对是非的辨别，就不如口对于味道、眼睛对于色彩的辨别那样真切，于是私欲就得以将内心遮蔽。所以你一定要立诚。你只需要担心内心对是非的辨别是不是像口对于味道、眼睛对于色彩的辨别那样真切，又何必担心没有辨别甜苦、美丑的标准呢？因为内心对于是非的辨别与以上提到的口、眼的真切感受都是一个道理。"

【度阴山曰】

何谓是非心？是非从好恶来，好恶即立场，没有是非心，即没有立场。

所以，无论你是什么样的人，都必须有一个清楚、明白、坚定的立场，不能在立场问题上装糊涂。

立场从哪里来？当然是从你心中来。

10

> 君子之学，求尽吾心焉尔。故其事亲也，求尽吾心之孝，而非以为孝也；事君也，求尽吾心之忠，而非以为忠也。——《题梦槎奇游诗卷》

心即理。本心外发，自然见理，干干净净，没有多余；一旦心有他念，尽心后虽有理呈现，也非"心即理"。比如，孩子孝顺父母，把孝顺的理投放到父母身上，确是尽孝；可非要别人评定自己为孝子，这就是他念，所以也不可能是"心即理"了。

尽孝是发自本心的事，"孝子"的称号则必须由别人来颁发。我们活着，是活出自己的心，而不是活在他人的评价中。他人的评价只是标签，标签不是天理，更难以名实相符，因为人世间的一切标签，皆由人为。

【度阴山曰】

俗话说，"为善欲人知，乃大恶"。做一件好事，想要他人知道自己做了好事，这便是"好名"。一个人一旦好名，就会为了"名"而不择手段，难免步入歧途。可见，"好名"是大祸害。

一旦被他人定义为善人，就很容易陷入道德绑架；一旦陷入道德绑架，做事便要谨小慎微，活得一点儿都不潇洒。声名最容易被玷污，所以，"善"的标签常常成为人的枷锁。

拉起"善"的大旗而成功者，不是没有，但失败者更多。所以，为善可以，但不要贪图善名。

11

凡做人，在心地。心地好，是良士；心地恶，是凶类。——《示宪儿》

中国古代哲学的核心内容之一便是探讨"如何做人"。一些古人认为，人如果只有与生俱来的人性，那性情可能并不稳定：有时是人，有时不配做人。所以必须进行后天改造，于是"学以成人"便成为中国古代哲学的主题之一。

王阳明认为，做人或不配做人，其标准不在权势高低，不在钱财多少，不在外貌美丑，只在心地好坏。心地是人的尺度，心地好是好人，心地不好则是恶人，心地不好不坏则是普通人。他要人立志做圣贤，是告诉那些普通人要立志拥有好的心地。

王阳明说人皆可为圣贤，这里的"人"不包含心地不好的人。

【度阴山曰】

如何证明你是人？你有良知，所以你是人。

如何证明你拥有良知？只要"用心"，良知会自然流出。

这便是阳明心学的逻辑："用心"即用良知，良知呈现人之心地，心地的好坏即人或非人的分水岭。

12

同来问我安心法，还解将心与汝安。——《无题》

如果世上有安心法，那么这门法在哪里？阳明心学给出的答案是，在心里。

每个人都是孤独的，每个人都是自足的，这就是心外没有理。安定自己的心，只有自己可以办到。如果被他人劝说一番后，心由动转静，这并不是他人的功劳，只是人心自安而已。

没有人能说服、安慰任何人。人，只能自己让自己心安。

【度阴山曰】

很多人即使没有做缺德事，也会经常焦虑、惴惴不安、疑神疑鬼，这便是典型的没有安全感。

如何获得安全感？

第一，多对自己进行正面评价。可以每天都找出自己的三条优点，如此持续一个月后，你会发现自己变得高度自信。这便是阳明心学中的"用心"——寻找自己的优点，是正向的自我暗示。

第二，找到让你缺乏安全感的因素或是环境，尽量不去接触它们。

第三，制造安全感。安全感只是一种感觉，不是真实存在的事物。既然是感觉，当你没有安全感的时候，为什么不制造点儿安全感？

13

心也，性也，命也，一也。——《稽山书院尊经阁记》

心是性，性是命，命是心，由此推导出"心是命"。人的命运由谁来掌控？人心。心生世界，所以人的命运又由世界来掌控，但此"世界"不是客观世界，是由人心塑造出来的世界。

【度阴山曰】

有两个被囚禁的人从铁窗望出去,一个人看到的是外面美丽的风景,另一个人只看到了铁栏杆。二人面对的客观事物是一样的,经二人之心塑造过的客观事物却不一样,最终,二人的命运也不会一样。

有什么样的心,便有什么样的命;有什么样的命,便有什么样的人生。

遇事总向好处想,多半没坏处;遇事总向坏处想,准没什么好处。

14

见人之为善,我必爱之;我能为善,人岂有不爱我者乎?见人之为不善,我必恶之;我苟为不善,人岂有不恶我者乎?——《谕俗四条》

"但用此心"的基本逻辑是将心比心。你喜欢见到他人行善,那如果你行善,是不是就既让自己喜欢也让他人喜欢?大家都喜欢,则会引起"共振",从而形成"万物一体"。你不喜欢见到他人为恶,那如果你拒绝为恶,是不是也会和他人产生共鸣?如此,你喜欢见到他人为善去恶,他人也喜欢见到你为善去恶,"万物一体",功莫大焉。

【度阴山曰】

六度分隔理论认为,你与任何一个陌生人之间间隔的人最多是六个。就是说,最多通过六个人,你就能够认识任何一个陌生人。再换个说法——你想认识这个世界上任何一个人,只需要通过六个朋友即可。很多时候,这六个还不一定是关系特别紧密的朋友。

人类的圈子很小,为何总会打打杀杀?因为我们没有真心地把其他人当成朋友,这是与"万物一体"相悖的。

15

> 虽至于位天地，育万物，未有出于吾心之外也。孟氏所谓"学问之道无他，求其放心而已矣"者，一言以蔽之。——《紫阳书院集序》

在心学理论中，天地就位、万物生发，表面上看与人没有关系，实际上都在人心之中。人的本心把天、地、人打造成完美的一体世界。孟子所说的"学问之道没有其他，只是把我们的本心找回来而已"，可谓一语中的。找回本心，就能和天地成为一体。

那么，什么是本心？是自然之心和必然之心的结合。自然之心是作为器官的心，必然之心是作为思维的心，这里的思维指的是理。找到本心，也就是找到了自然之心，得到了自然之理。

【度阴山曰】

如何找到本心？

第一，必须长期坚持静坐，让内心完全沉寂下来。

第二，在长期的静坐闭目中，沉浸于"黑暗"（其实不是真正的黑暗，只是强调不要分心分神）的状态。

第三，有心即成理。人和情境产生联系的一刹那，心中会发出念头，这个念头即本心。本心快如闪电，你稍一走神，它便消失不见。

16

> 天地间活泼泼地，无非此理，便是吾良知的流行不息。——《传习录·黄以方录》

1527年，王阳明到广西去平乱，途经江西时，一个叫徐樾的弟子跑来求道。

两人相谈，徐樾开始列举自己学习阳明心学的方法。他提出一个方法，王阳明否定一个，接连提了十几个方法，都被王阳明否定。他相当沮丧。

王阳明指点他道:"你太执着于事物。"

徐樾不理解。王阳明就指着船里蜡烛的光说:"这是光。"在空中画了个圈儿说:"这也是光。"又指向船外被烛光照耀的湖面说:"这也是光。"最后指向目力所及处说:"这还是光。"

徐樾先是茫然,但很快就领悟了其中道理,拜谢离开了。

王阳明是通过给徐樾展示"光不仅在烛上",教育他不要太执着于事物。

心中有光,则到处都有光,正如蜡烛有光,则烛光照到处都有光。之所以万物为一体,只是因为我们心中的光(良知)照彻天地,天地间的万物也有了光(良知)而已。

【度阴山曰】

人之良知的一个重要功能是判断,不仅判断事物的是非,还判断事物的价值。比如,一块天然的石头,由于相貌奇特,所以人用良知将其判定为"奇石",这块石头立即从一文不值变得价值连城。一件元代青花瓷,其价值高低不由青花瓷本身决定,而由人决定。

人类社会中的一切,都有价值,都有生命。它们是活泼的,而不是死气沉沉的。归根结底,是人在用良知评定它们,让它们拥有价值和生命,所以它们和我们通过良知结为一体,达成"万物一体"。

我们以心化天地万物之腐朽为神奇,我们以心赋予宇宙生命。

17

此心光明,亦复何言?——《年谱·嘉靖七年》

1529年,王阳明去世时曾留下遗言,但由于史料纷繁,遗言至今已有众多版本。第一个版本出自钱德洪所撰《遇丧于贵溪书哀感》:"渠能是念邪!"第二个版本则是黄绾在《阳明先生行状》中所说的:"他无所念,平生学问方才见得数分,未能与吾党共成之,为可恨耳!"还有一个版本就是我们常常听到的:"此心光明,亦复何言?"出自钱德洪所编《王阳明年谱》。

"此心光明"到底是一种什么状态，很少有人知道。有人猜测说，可能是一种飘飘欲仙的状态，也有可能是死而无憾的状态。王阳明一直讲心，讲良知，那么"此心光明"很可能是良知最肯定他的状态。

在人生的最后关头，王阳明用"此心光明"这四个字告诉我们，人活着其实只要安顿好、搞明白自己那颗心，使其光明而不黑暗，就足够了。能做到这样，也就没有任何遗憾，没有任何多余的话可讲了。

由于天理在心中，所以，心光明就是天理光明，天理光明就是做事都在情理之中。一个人做事能都在情理之中，那就是光明的圣人了。

【度阴山曰】

很多人在走到生命的尽头时都有所反思。当发现一生中没有任何遗憾时，就达成了"此心光明"；反之，就是"此心不明"。

其实绝大多数人都有遗憾，而且遗憾的内容大多源于没有按自己的意愿而活。这多半是由于他们把善恶看得太重，又尤其重视别人对自己的评价。王阳明说"此心光明"，不过是在说："虽然我大半辈子都被一群无知者咒骂，可我是按自己的意愿活着的，没有活在别人的评价中，这就是圣人的无善无恶。"

人能依照自己的意愿度过一生，便可以同王阳明一样，在死前说出"此心光明"这样流传后世的绝句。